Subida do
Monte Carmelo

Dados Internacionais de Catalogação na Publicação (CIP)
(Câmara Brasileira do Livro, SP, Brasil)

São, João da Cruz, 1542-1591
  Subida do Monte Carmelo / São João da Cruz ;
tradução das Carmelitas Descalças do Convento de Santa
Teresa, do Rio de Janeiro. – Petrópolis, RJ : Vozes, 2025.

  Título original: Subida al Monte Carmelo.
  ISBN 978-85-326-7094-6

  1. Cristianismo – Essência, natureza etc.
2. Espiritualidade 3. Igreja Católica – Doutrinas
4. Misticismo – Cristianismo I. Título. II. Série.

24-229845   CDD-248.4

Índices para catálogo sistemático:
1. Espiritualidade : Cristianismo   248.4

Tábata Alves da Silva – Bibliotecária – CRB-8/9253

Subida do Monte Carmelo

São João da Cruz

Tradução das Carmelitas Descalças do
Convento de Santa Teresa

Petrópolis

Tradução do original em espanhol intitulado *Subida al Monte Carmelo*

© desta tradução:
2025, Editora Vozes Ltda.
Rua Frei Luís, 100
25689-900 Petrópolis, RJ
www.vozes.com.br
Brasil

Todos os direitos reservados. Nenhuma parte desta obra poderá ser reproduzida ou transmitida por qualquer forma e/ou quaisquer meios (eletrônico ou mecânico, incluindo fotocópia e gravação) ou arquivada em qualquer sistema ou banco de dados sem permissão escrita da editora.

Texto extraído das *Obras Completas de São João da Cruz*, Petrópolis, Vozes, em coedição com Carmelo Descalço do Brasil, 7. ed., 2002, organizadas por Frei Patrício Sciadini, O.C.D.

Texto-base original

Obras Completas de San Juan de la Cruz (Texto crítico-popular), editadas por P. Simeón de la Sagrada Família, O.C.D., Burgos, Tipografia da Editora "El Monte Carmelo", 1972.

CONSELHO EDITORIAL

Diretor
Volney J. Berkenbrock

Editores
Aline dos Santos Carneiro
Edrian Josué Pasini
Marilac Loraine Oleniki
Welder Lancieri Marchini

Conselheiros
Elói Dionísio Piva
Francisco Morás
Gilberto Gonçalves Garcia
Ludovico Garmus
Teobaldo Heidemann

Secretário executivo
Leonardo A.R.T. dos Santos

PRODUÇÃO EDITORIAL

Aline L.R. de Barros
Jailson Scota
Marcelo Telles
Mirela de Oliveira
Natália França
Otaviano Cunha
Priscilla A.F. Alves
Rafael de Oliveira
Samuel Rezende
Vanessa Luz
Verônica M. Guedes

Editoração: Mônica Glasser
Diagramação: Editora Vozes
Revisão gráfica: Nilton Braz da Rocha
Capa: Nathália Figueiredo

ISBN 978-85-326-7094-6

Este livro foi composto e impresso pela Editora Vozes Ltda.

Sumário

Introdução, 15
Subida do Monte Carmelo, 17
Canções, 19
Prólogo, 21

Livro I – Que é Noite escura: quanto é necessário atravessá-la para alcançar a união divina. Noite escura do sentido e do apetite. Danos resultantes à alma, 27

>Capítulo I – Exposição da 1ª canção Trata das diferentes noites por que passam os espirituais, segundo as duas partes do homem, inferior e superior, e declara a canção seguinte:, 27

>Canção I, 27

>Capítulo II – Explicação do que é a noite escura pela qual passa a alma para alcançar a união divina, 29

>Capítulo III – Declara a primeira causa desta noite, que consiste na privação do apetite em todas as coisas, e dá a razão por que se denomina "noite", 31

>Capítulo IV – Trata de quão necessário seja passar deveras a alma pela noite escura dos sentidos, que é a mortificação dos apetites, para chegar à união divina, 33

Capítulo V – Continuação do mesmo assunto. Provas extraídas de autoridades e figuras da Sagrada Escritura para demonstrar quanto é necessário à alma ir a Deus por esta noite escura da mortificação do apetite em todas as coisas, 37

Capítulo VI – Dos dois principais danos causados à alma pelos apetites: um privativo e outro positivo, 42

Capítulo VII – Como os apetites atormentam a alma. Prova-se também por comparações e textos da Sagrada Escritura, 45

Capítulo VIII – Como os apetites obscurecem e cegam a alma. Testemunhos e comparações da Sagrada Escritura em apoio desta doutrina, 47

Capítulo IX – Diz como os apetites mancham a alma e prova com testemunhos e comparações da Sagrada Escritura, 50

Capítulo X – Os apetites entibiam a alma e a enfraquecem na virtude, 54

Capítulo XI – Necessidade de reprimir os apetites por mínimos que sejam, para chegar a alma à união divina, 56

Capítulo XII – Resposta à segunda pergunta: que apetites são suficientes para causar à alma os danos de que falamos, 60

Capítulo XIII – Trata do modo que há de ter a alma para entrar na noite do sentido, 63

Capítulo XIV – Explicação do segundo verso da primeira canção, 66

Capítulo XV – Explicação dos outros versos da mesma canção, 68

Livro II – Trata do meio próximo para alcançar a união com Deus, que é a fé, e da segunda parte da Noite escura, isto é, da Noite do espírito contida na seguinte canção, 69

Canção II, 69

Capítulo I –Capítulo II – Explicação da segunda parte da Noite, ou da sua causa, que é a fé. Duas razões nos provam ser ela mais obscura do que a primeira e a terceira, 71

Capítulo III – Como a fé é noite escura para a alma, prova-o com razões e autoridades da Sagrada Escritura, 72

Capítulo IV – Deve a alma permanecer em trevas, tanto quanto dela depender, a fim de ser guiada com segurança pela fé à suma contemplação, 75

Capítulo V – Explica-se, por uma comparação, o que é a união da alma com Deus, 78

Capítulo VI – Como as três virtudes teologais devem aperfeiçoar as três potências da alma, produzindo nelas vazio e trevas, 83

Capítulo VII – Quanto é estreita a senda que conduz à vida eterna, e como devem estar despojados e desembaraçados os que hão de caminhar por ela. Começa a falar da desnudez do entendimento, 86

Capítulo VIII – Demonstra de modo geral como nenhuma criatura, nem notícia alguma do entendimento, pode servir de meio próximo para a divina união com Deus, 91

Capítulo IX – Como a fé é para o entendimento o meio próximo e proporcionado para a alma chegar à divina união de amor. Provas extraídas das autoridades e exemplos da Sagrada Escritura, 95

Capítulo X – Enumeração distinta de todas as apreensões e concepções do entendimento, 97

Capítulo XI – Do impedimento e prejuízo que podem causar ao entendimento as apreensões apresentadas sobrenaturalmente aos sentidos corporais exteriores. Atitude da alma nesse caso, 98

Capítulo XII – Das representações imaginárias naturais. Diz o que são, e prova como não podem servir de meio proporcionado para alcançar a união divina. Prejudicam a alma delas não desprendida, 105

Capítulo XIII – Sinais que há de ver em si o espiritual para conhecer quando deve abandonar as formas imaginárias e os discursos da meditação, passando ao estado de contemplação, 110

Capítulo XIV – Conveniência dos sinais mencionados. Razões da necessidade deles para entrar na via da contemplação, 112

Capítulo XV – É conveniente aos que começam a entrar na notícia geral de contemplação voltar algumas vezes ao exercício da meditação e às operações das potências naturais, 119

Capítulo XVI – Trata das apreensões imaginárias produzidas sobrenaturalmente na fantasia. Diz como não podem servir de meio próximo para união divina, 121

Capítulo XVII – Declaração do fim que Deus tem em vista e do modo que usa ao comunicar à alma os bens espirituais por intermédio dos sentidos. Resposta à dúvida surgida no precedente capítulo, 128

Capítulo XVIII – Trata do prejuízo que causam às almas certos mestres espirituais, não as dirigindo convenientemente nas ditas visões. Declara também como pode haver engano mesmo quando as visões procedem de Deus, 134

Capítulo XIX – As visões e palavras de Deus, embora verdadeiras, podem ser para nós ocasiões de erros. Provas tiradas da Sagrada Escritura, 138

Capítulo XX – Autoridades da Sagrada Escritura que provam como as profecias e as palavras divinas, embora sempre verdadeiras em si mesmas, nem sempre são certas em suas causas, 146

Capítulo XXI – Declara-se como Deus não gosta de que lhe sejam feitas perguntas, embora algumas vezes responda. Prova-se como se aborrece, mesmo quando condescende em responder, 150

Capítulo XXII – Solução de uma dúvida. Declara-se por que não é lícito, sob a lei da graça, interrogar a Deus por via sobrenatural, como o era na lei antiga. Prova-se com uma citação de São Paulo, 157

Capítulo XXIII – Começa a tratar das apreensões do entendimento comunicadas por via puramente espiritual. Diz em que consistem, 168

Capítulo XXIV – Trata das duas espécies de visões espirituais que a alma pode receber por via sobrenatural, 170

Capítulo XXV – Trata das revelações e declara o que são. Como se distinguem, 175

Capítulo XXVI – Trata das inteligências, comunicadas ao entendimento, de verdades despidas de toda forma. São de duas espécies. Atitude da alma em relação a elas, 176

Capítulo XXVII – Segundo gênero de revelações ou manifestação de segredos ocultos. Como podem servir à união divina, e em que podem estorvá-la. Quanto pode o demônio enganar as almas neste ponto, 184

Capítulo XXVIII – Das palavras interiores que podem sobrenaturalmente apresentar-se ao espírito. De quantos gêneros são, 187

Capítulo XXIX – Trata do primeiro gênero de palavras que algumas vezes o espírito recolhido forma em si. Diz a sua causa, e o proveito e dano que nelas podem haver, 188

Capítulo XXX – Palavras interiores que se produzem formalmente no espírito por via sobrenatural. Advertência do dano que podem causar e da cautela que deve ter a alma para não ser nelas enganada, 194

Capítulo XXXI – Palavras substanciais que se formam interiormente no espírito. Diferença entre estas e as formais. Proveito que nelas encontra a alma e quanta resignação e reverência deve nelas ter, 197

Capítulo XXXII – Apreensões que o entendimento recebe sobrenaturalmente por sentimentos interiores. Qual a sua causa. Atitude da alma em relação a elas, para que não a estorvem no caminho da união com Deus, 199

Livro III, 203

Capítulo I – A purificação ou noite ativa da memória e da vontade. Como deve proceder a alma em relação às apreensões destas duas potências, a fim de chegar à união com Deus em perfeita esperança e caridade, 203

Capítulo II – Trata das apreensões naturais da memória. Como a alma há de renunciar a elas para poder unir-se com Deus, segundo esta potência, 204

Capítulo III – Três espécies de danos aos quais se expõe a alma não fechando os olhos às notícias e aos discursos da memória. Fala do primeiro dano, 210

Capítulo IV – Do segundo dano que o demônio pode causar à alma por meio dos conhecimentos naturais da memória, 213

Capítulo V – Terceiro dano que as notícias distintas e naturais da memória causam à alma, 214

Capítulo VI – Proveitos proporcionados à alma pelo olvido e vazio de todos os pensamentos e notícias naturais da memória, 215

Capítulo VII – Do segundo gênero de apreensões da memória, isto é, imaginárias, e notícias sobrenaturais, 216

Capítulo VIII – Danos causados à alma que se detém nas apreensões sobrenaturais. – Quantos são, 217

Capítulo IX – Do segundo gênero de danos, isto é, do perigo de se deixar levar pela estima própria e vã presunção, 219

Capítulo X – Do terceiro dano ocasionado à alma da parte do demônio pelas apreensões imaginárias da memória, 220

Capítulo XI – Do quarto dano que as apreensões distintas e sobrenaturais da memória podem causar à alma: consiste em impedir a união divina, 222

Capítulo XII – Do quinto dano causado à alma pelas formas e apreensões imaginárias sobrenaturais, que é julgar baixa e impropriamente a Deus, 222

Capítulo XIII – Dos proveitos que a alma tira em apartar de si as apreensões da imaginação. Resposta a uma objeção. Diferença entre as apreensões imaginárias, naturais e sobrenaturais, 224

Capítulo XIV – Das notícias espirituais, enquanto podem ser percebidas pela memória, 229

Capítulo XV – Modo geral que a alma há de ter para reger-se em relação a este sentido, 230

Capítulo XVI – Começa a tratar da noite escura da vontade. Divisão das afeições da vontade, 232

Capítulo XVII – Começa a tratar da primeira afeição da vontade. Declara o que é gozo e faz a distinção dos objetos de que a vontade pode gozar, 235

Capítulo XVIII – Trata do gozo proveniente dos bens temporais. Diz como neles se há de dirigir o gozo para Deus, 235

Capítulo XIX – Dos danos que provêm à alma quando põe o seu gozo nos bens temporais, 239

Capítulo XX – Dos proveitos encontrados pela alma na renúncia ao gozo das coisas temporais, 244

Capítulo XXI – Declara-se como é vão colocar o gozo da vontade nos bens naturais e como nos devemos dirigir a Deus por meio deles, 247

Capítulo XXII – Danos causados à alma que põe o gozo da vontade nos bens naturais, 248

Capítulo XXIII – Dos proveitos que a alma tira não colocando seu gozo nos bens naturais, 252

Capítulo XXIV – Terceiro gênero de bens em que a vontade pode pôr a afeição do gozo: os bens sensíveis. Sua natureza e variedade. Como a vontade se deve dirigir a Deus, renunciando aos atrativos deles, 254

Capítulo XXV – Exposição dos danos que a alma recebe em querer pôr o gozo da vontade nos bens sensíveis, 257

Capítulo XXVI – Proveitos espirituais e temporais que resultam à alma da renúncia ao gozo nas coisas sensíveis, 259

Capítulo XXVII – Começa a declarar o quarto gênero de bens, que são os morais. Diz quais sejam, e de que modo é lícito pôr neles o gozo da vontade, 262

Capítulo XXVIII – Sete danos aos quais se expõe a alma quando põe o gozo da vontade nos bens morais, 265

Capítulo XXIX – Dos proveitos auferidos pela alma na renúncia ao gozo dos bens morais, 269

Capítulo XXX – Começa a tratar do quinto gênero de bens, que são os sobrenaturais, nos quais a vontade se pode comprazer. Diz em que consistem, e como se distinguem dos bens espirituais. De que modo se deve dirigir a Deus o gozo que neles se encontra, 270

Capítulo XXXI – Dos prejuízos causados à alma quando põe o gozo da vontade neste gênero de bens, 273

Capítulo XXXII – Dos proveitos resultantes da abnegação do gozo nas graças sobrenaturais, 277

Capítulo XXXIII – Começa a tratar do sexto gênero de bens nos quais pode a vontade se comprazer. Diz quais são e faz a primeira classificação deles, 279

Capítulo XXXIV – Dos bens espirituais que podem distintamente cair no entendimento e na memória. Como deve a vontade proceder no gozo que aí encontra, 280

Capítulo XXXV – Dos bens espirituais agradáveis que podem ser objeto claro e distinto da vontade. De quantas espécies são, 281

Capítulo XXXVI – Continua a falar das imagens. Ignorância de certas pessoas a este respeito, 284

Capítulo XXXVII – Como se deve dirigir para Deus o gozo encontrado pela vontade nas imagens, de modo a não constituírem estas motivos de erro ou obstáculo, 287

Capítulo XXXVIII – Continua a explicar os bens que movem a alma à devoção: oratórios e lugares consagrados à oração, 289

Capítulo XXXIX – Como se deve usar dos oratórios e igrejas, encaminhando o espírito para Deus, 291

Capítulo XL – Prossegue, encaminhando o espírito ao recolhimento interior nas coisas já ditas, 293

Capítulo XLI – De alguns danos em que caem as almas entregues ao gozo sensível dos objetos e lugares de devoção, 294

Capítulo XLII – Três espécies de lugares devotos. Como a vontade deve proceder a respeito deles, 295

Capítulo XLIII – De outros meios de que muitas pessoas se servem para orar e que consistem em grande variedade de cerimônias, 297

Capítulo XLIV – Como se deve dirigir para Deus o gozo e a fortaleza da vontade nesses exercícios de devoção, 299

Capítulo XLV – Trata do segundo gênero de bens espirituais distintos, em que a vontade pode comprazer-se vãmente, 302

Introdução
Subida do Monte Carmelo*
(1578-1585)

Provavelmente pouco tempo depois da saída do cárcere de Toledo e suscitadas pela dolorosa recordação, nasceram as 8 estrofes: "Em uma noite escura...", que serviriam para o santo nos introduzir, com graça e elegância, na leitura da "Subida". A pedido de seus filhos e filhas, começou a comentá-las separadamente e com interrupções. Assim nasceu a *Subida do Monte Carmelo*, com longa e penosa gestação, e que o santo, com grande pesar nosso, deixou inacabado. Podemos estabelecer como datas-limite de sua redação os anos 1578-1585. Embora o santo nos declare sua intenção de explicar "cada canção de *per si*", de fato, só a primeira mereceu tal graça, o que faz no Livro I. Da canção seguinte só nos fala brevemente ao começar o Livro II. E o terceiro, incompleto, segue seu curso independente de toda estrutura poética.

Quem lê as estrofes não suspeita, seguramente, a mensagem doutrinal subjacente, de uma ascética tão severa e inflexível. A mensagem das saborosas estrofes é "permanecer na suma desnudez e liberdade de espírito como se requer para a união divina". A *Subida do Monte Carmelo* descreve-nos as noites ativas do sentido e do espírito: é a alma que, com a graça de Deus, tem que realizar este difícil e heroico permanecer "na escuridão, e segura" para poder aspirar à "ditosa ventura" da união com o Amado.

---
* Introdução de Frei Felipe Sainz de Baranda, Ocarm.

Subida do Monte Carmelo

Trata este livro de como poderá a alma dispor-se para chegar em breve à divina união. Dá avisos e doutrina, tanto para os principiantes como para os mais adiantados, muito proveitosos, para saberem desembaraçar-se de tudo o que é temporal e não serem prejudicados mesmo no que é espiritual, ficando em suma desnudez e liberdade de espírito, como se requer para a união divina.

Argumento

Encerra-se nas canções seguintes toda a doutrina que desejo expor na *Subida do Monte Carmelo*, assim como o segredo de alcançar o mais alto cume desta montanha, que outra coisa não é senão o estado de perfeição – estado sublime que chamamos aqui união da alma com Deus. E como tudo que tenho a dizer se apoia sobre estas canções, eu quis reuni-las aqui para apresentar ao leitor, em conjunto, a substância do que devo escrever. Isso, porém, não impedirá que seja depois cada uma delas repetida separadamente, assim como os versos que as compõem, segundo as exigências da matéria e a necessidade da exposição.

Canções

Em que canta a alma a ditosa ventura que teve em passar, pela noite escura da fé, na desnudez e purificação de si mesma, à união com o amado.

I

Em uma noite escura,
De amor em vivas ânsias inflamada,
Oh ditosa ventura!
Saí sem ser notada,
Já minha casa estando sossegada.

II

Na escuridão, segura,
Pela secreta escada disfarçada,
Oh ditosa ventura!
Na escuridão, velada.
Já minha casa estando sossegada.

III

Em noite tão ditosa,
E em um segredo em que ninguém me via,
Nem eu olhava coisa,
Sem outra luz nem guia
Além da que no coração me ardia.

IV

Essa luz me guiava
Com mais clareza que a do meio-dia,
Onde me esperava
Quem eu bem conhecia,
Em sítio onde ninguém aparecia.

V

Oh noite que me guiaste,
Oh noite mais amável que a alvorada;
Oh noite que juntaste
Amado com amada,
Amada já no Amado transformada!

VI

Em meu peito florido
Que inteiro só para Ele se guardava,
Quedou-se adormecido...
E eu, terna, o regalava,
E dos cedros o leque o refrescava.

VII

Da ameia a brisa amena,
Quando eu os seus cabelos afagava, com sua mão serena
Em meu colo soprava,
E meus sentidos todos transportava.

VIII

Esquecida, quedei-me,
O rosto reclinando sobre o Amado,
Cessou tudo e deixei-me,
Largando meu cuidado
Por entre as açucenas olvidado.

Prólogo

1. Para explicar e fazer compreender a noite escura pela qual passa a alma, antes de chegar à divina luz da perfeita união do amor de Deus, na medida do possível neste mundo, seria necessária outra maior luz de experiência e de ciência do que a minha. As ditosas almas destinadas a chegar a este estado de perfeição devem, de ordinário, afrontar trevas tão profundas, suportar sofrimentos físicos e morais tão dolorosos, que a inteligência humana é incapaz de compreendê-los e a palavra de exprimi-los. Somente aquele que por isso passa saberá senti-lo, sem, todavia, poder defini-lo.

2. Para dizer, portanto, alguma coisa desta noite escura, não me fiarei de experiência nem de ciência, porque uma e outra podem falhar e enganar; no entanto, ajudar-me-ei de ambas no que me puderem valer. Para tudo quanto, com o favor divino, hei de dizer, ao menos para as coisas de mais difícil compreensão, apoiar-me-ei na Sagrada Escritura: tomando-a por guia, não há perigo de engano, pois nela fala o Espírito Santo. E, se em algum ponto errar, pelo fato de não entender bem o que com a mesma Escritura ou sem ela disser, declaro não ser minha intenção apartar-me da sã doutrina e sentido da Santa Madre Igreja Católica. Submeto-me e resigno-me inteiramente não só à sua autoridade, mas também à de todos os que oferecerem melhores razões que as minhas.

3. Se me decido a este trabalho não é por crer-me capaz de tratar de assunto tão árduo, mas confiando em que o Senhor me ajudará a dizer alguma coisa, para proveito de grande número de almas muito necessitadas. Estas iniciam o caminho da

virtude e, no momento em que Nosso Senhor quer introduzi--las na noite escura, visando elevá-las à união divina, detêm-se, seja pelo receio de entrar e deixar-se introduzir nessa via, seja por não se entenderem a si mesmas, ou por lhes faltar guia esclarecido e hábil que as conduza até o cume. Causa lástima ver muitas almas às quais Deus dá talento e graças para irem adiante e – se quisessem ter ânimo – chegariam a esse alto estado de perfeição; e ficam paradas, sem progredir, no seu modo de tratar com Deus, não querendo ou não sabendo, por falta de orientação, desapegar-se daqueles princípios. E mesmo se Nosso Senhor lhes concede, enfim, a grande mercê de se adiantarem sem os meios adequados, chegam muito mais tarde, com maior trabalho e menor merecimento, por não corresponderem a Deus nem se deixarem conduzir livremente por Ele no puro e certo caminho da união. Porque, embora Deus que as leva possa certamente prescindir destas ajudas, contudo, com a resistência que tais almas lhe opõem, caminham menos e não merecem tanto, pois não entregam a vontade ao Senhor e encontram deste modo maiores sofrimentos. Ao invés de se abandonarem a Deus e secundá-lo em seus propósitos, o entravam por sua resistência ou ação indiscreta. Assemelham-se às criancinhas que, teimando em caminhar por si mesmas, batem o pé e choram quando suas mães procuram levá-las nos braços, e assim ou não adiantam ou vão a passos de criança.

4. Ensinaremos aqui a alma a deixar-se conduzir pelo Espírito de Deus, quando sua divina Majestade quiser fazê--la chegar à perfeição. Com a ajuda de sua graça, daremos aos que começam, e aos que estão em via de progresso, doutrina e avisos para entender a ação divina ou, ao menos, deixar-se guiar por ela. Existem confessores e diretores espirituais faltos de luz e experiência nestes caminhos: longe de ajudarem as almas, causam-lhes maior prejuízo. Assemelham-se aos obreiros da Torre de Babel: em lugar de transportarem os materiais convenientes, levavam outros diferentes por causa da confusão de línguas, e assim não era possível construir coisa alguma. É

doloroso para a alma não se compreender nem achar quem a compreenda nestes tempos de provação. Pode acontecer que Deus a leve por altíssimo caminho de contemplação obscura e árida, no qual lhe pareça correr o risco de perder-se. Condenada dessa forma à obscuridade, ao sofrimento, às tentações e angústias de toda espécie, talvez encontre quem lhe fale na linguagem dos pretensos consoladores de Jó: vosso estado é resultado da melancolia, da desolação ou do temperamento, ou ainda consequência de alguma falta secreta em punição da qual Deus vos abandonou. Desde logo esses confessores se creem no direito de julgar aquela alma gravemente culpada, já que sofre tais castigos.

5. Haverá também quem lhe diga: está recuando no caminho da virtude por não mais conhecer, como antes, gostos e consolo no serviço de Deus. Duplicam, dessa forma, o martírio da pobre alma cujo maior sofrimento é precisamente o conhecimento de sua própria miséria: vê mais claro do que a luz do dia, como está cheia de pecados e faltas. Deus assim lho revela nesta noite de contemplação, como mais tarde diremos. Se acha quem concorde com o seu modo de pensar, afirmando ser seu estado o castigo de seus pecados, a aflição e as angústias da alma crescem desmedidamente e soem chegar a uma agonia pior que a morte. Nem basta a tais confessores: como, a seu ver, estas aflições constituem a punição de culpas cometidas, obrigam as almas a revolver a vida passada, não cessando de crucificá-las novamente, fazendo-as repetir muitas confissões gerais. Não compreendem já não ser mais tempo de agir assim, mas de deixá-las no estado de purificação em que Deus as pôs, consolando-as e animando-as a aceitar a provação enquanto Deus quiser. Porque até então, por mais que elas façam e eles digam, não há remédio.

6. Favorecendo Deus, trataremos desta questão mais adiante, indicando como a alma deve proceder e também o confessor, e por quais indícios poderá reconhecer se a alma está, verdadeiramente, na via de purificação dos sentidos ou do espírito (a que

chamamos noite escura). Explicaremos ainda como distinguir se o estado procede de melancolia ou de qualquer outra imperfeição, sensível ou espiritual. Realmente, certas almas ou seus confessores podem imaginar estar Deus levando-as pelo caminho da noite escura da purificação interior, quando, na verdade, apenas se trata de algumas das supraditas imperfeições. Sucede também que muitas almas pensam não ter oração e a têm muitíssima; e outras, julgando ter muita oração, quase nenhuma têm.

7. Faz pena ver ainda outras almas trabalharem e se fatigarem inutilmente com grande esforço, e, em vez de progredir, retrocedem, porque pensam achar proveito naquilo que lhes é estorvo. Outras fazem progressos rápidos com descanso e quietação. Muitas, com as mesmas mercês e regalos concedidos por Deus, embaraçam-se e atrasam-se no caminho. Enfim, as almas, no trilhar o caminho da perfeição, passam por diversas alternativas de alegria, de aflição, esperança e dor, nascendo umas de espírito perfeito e outras de espírito imperfeito. Tentaremos, com a graça de Deus, dizer alguma coisa sobre tudo isto, assim cada alma poderá conhecer o caminho que segue e o que deve seguir, se pretende alcançar o cume deste monte.

8. Sendo esta doutrina a da noite escura pela qual a alma há de ir a Deus, não se surpreenda o leitor por lhe parecer algo obscura. Creio assim será apenas no início desta leitura; em se adiantando, compreenderá melhor; nestes assuntos, uma coisa explica a outra. E depois, se vier a reler esta obra, achará mais luz e lhe parecerá mais segura esta doutrina. Se, no entanto, algumas pessoas não se acharem satisfeitas, seria necessário culpar o meu pouco saber e a imperfeição do meu estilo, pois o assunto em si mesmo é bom, e muito útil. Parece-me, contudo, que por mais cabal e perfeitamente se escrevesse, a bem poucos seria de proveito; porque não se trata de matéria muito moral[1]

---

1. É evidente que o santo toma aqui esta palavra em referência à prática das virtudes comuns; e quer dizer que a sua doutrina vai mais além, na renúncia de tudo.

e saborosa, nem de consolações sensíveis, como gostam muitos espirituais. Pretendo ensinar doutrina substancial e sólida para aqueles que estão determinados a passar pelo despojamento interior aqui exposto.

9. Não é, aliás, meu principal intento dirigir-me a todos, mas a algumas pessoas de nossa Santa Ordem dos Primitivos do Monte Carmelo[2], tanto frades como monjas, que me pediram empreendesse esta obra; estes, aos quais Deus concedeu a graça de pôr no caminho desse monte, como já se acham desapegados das coisas do mundo, compreenderão melhor a doutrina da desnudez do espírito.

---

2. Isto é, dos Descalços Reformados da Regra primitiva.

Livro I
Que é Noite escura: quanto é necessário atravessá-la para alcançar a união divina. Noite escura do sentido e do apetite. Danos resultantes à alma.

Capítulo I
Exposição da 1ª canção. Trata das diferentes noites por que passam os espirituais, segundo as duas partes do homem, inferior e superior, e declara a canção seguinte:

Canção I

> Em uma noite escura,
> De amor em vivas ânsias inflamada,
> Oh ditosa ventura!
> Saí sem ser notada,
> Já minha casa estando sossegada.

1. A alma, nesta primeira canção, canta a ditosa sorte e ventura que teve em sair das coisas criadas e livrar-se dos apetites e imperfeições existentes na parte sensível do homem em virtude do desregramento da razão. A exata compreensão desta doutrina, porém, exige que se saiba não ser possível à alma alcançar o estado de perfeição sem passar ordinariamente por duas espécies principais de noites, denominadas pelos mestres

da vida espiritual "vias purgativas" ou "purificações da alma". Aqui as chamamos "noites", porque, em uma e outra, a alma caminha às escuras como de noite.

2. A primeira noite ou purificação se realiza na região sensitiva da alma: será explicada nesta canção e na primeira parte deste livro. A segunda noite, que visa às faculdades espirituais, será tratada na segunda canção e na segunda e terceira partes, no que diz respeito à atividade da alma. Quanto à purificação passiva, trataremos dela na quarta parte.

3. Esta primeira noite refere-se aos principiantes, quando Deus começa a pô-los no estado de contemplação; dela também participa o espírito, como a seu tempo diremos. A segunda noite ou purificação refere-se aos já aproveitados, quando Deus os quer pôr no estado de união com Ele; e esta é mais obscura, tenebrosa e terrível purificação, conforme explicaremos mais adiante.

Explicação da canção

4. A alma revela sumariamente, nesta canção, que saiu, levada por Deus, só por amor dele e inflamada neste amor, para procurá-lo em uma noite escura. Esta noite é a privação e a purificação de todos os seus apetites sensitivos, relativamente a todas as coisas exteriores deste mundo, aos prazeres da carne como também aos gostos da vontade. Este trabalho é feito pela purificação dos sentidos; e por isso diz ter saído "quando sua casa se achava sossegada", isto é, tendo pacificada a parte sensível, e todos os apetites nela adormecidos; porque, em verdade, não pode sair das penas e angústias dos cárceres dos apetites sem estes estarem mortificados ou adormecidos. Ditosa ventura foi "sair sem ser notada", isto é, sem que qualquer apetite da carne, ou outra qualquer coisa, pudesse impedi-la, por ter saído "de noite", isto é, quando Deus a privava de todos os apetites. A esta privação, a alma chamava "noite".

5. Foi verdadeiramente "ditosa ventura" para ela o ter-se deixado levar por Deus nesta noite na qual lucrou tantos bens. Seria incapaz de nela entrar com os próprios esforços, pois é bem difícil acertar alguém a desprender-se por si mesmo de todos os seus apetites, para chegar à união com Deus.

6. Em resumo, tal a explicação da canção. Daremos, agora, a cada verso o seu desenvolvimento, declarando o que vem a nosso propósito. Do mesmo modo faremos com as demais canções como ficou dito no prólogo, isto é, primeiro cada canção e depois cada verso.

Capítulo II
Explicação do que é a noite escura pela qual passa a alma para alcançar a união divina.

Em uma noite escura

1. A purificação que leva a alma à união com Deus pode receber a denominação de noite por três razões. A primeira, quanto ao ponto de partida, pois, renunciando a tudo o que possuía, a alma priva-se do apetite de todas as coisas do mundo, pela negação delas. Ora, isto, sem dúvida, constitui uma noite para todos os sentidos e todos os apetites do homem. A segunda razão, quanto à via a tomar para atingir o estado da união. Esta via é a fé, noite verdadeiramente escura para o entendimento. Enfim, a terceira razão se refere ao termo ao qual a alma se destina – termo que é Deus (ser incompreensível e infinitamente acima das nossas faculdades)[3] –, e que, por isso mesmo, pode ser denominado uma noite escura para a alma nesta vida. Estas três noites hão de passar pela alma, ou melhor, por estas três noites há de passar a alma a fim de chegar à divina união.

---

3. Estas palavras se tomam da "edição príncipe".

2. No Livro de Tobias são elas figuradas pelas três noites que, em obediência ao anjo, o jovem Tobias deixou passar antes de se unir à esposa. O Anjo Rafael ordenou-lhe que queimasse, durante a primeira noite, o coração do peixe, símbolo de um coração afeiçoado e preso às coisas criadas. A fim de começar a elevar-se a Deus deve-se, desde o início, purificar o coração no fogo do amor divino e aí deixar consumir-se tudo o que é criatura. Esta purificação põe em fuga o demônio que tem poder sobre a alma apegada às coisas temporais e corporais.

3. Na segunda noite o anjo disse a Tobias que seria admitido na companhia dos santos patriarcas, que são os pais da fé. A alma, do mesmo modo, após passar a primeira noite, figurada pela privação de todos os objetos sensíveis, logo penetra na segunda noite. Aí repousa na solidão da fé que exclui, não a caridade, mas todas as notícias do entendimento; pois, como adiante diremos, a fé não cai sob os sentidos.

4. Afinal, durante a terceira noite, foi prometida a Tobias a bênção. Esta bênção é o próprio Deus que, pela segunda noite – a da fé – se comunica à alma de forma tão secreta e íntima que se torna outra noite para ela. E, como veremos depois, esta última comunicação se realiza em uma obscuridade mais profunda do que a das outras duas noites. Passada esta terceira noite – que é quando se acaba de fazer a comunicação de Deus ao espírito, ordinariamente em grande treva para a alma –, logo se segue a união com a esposa, que é a Sabedoria de Deus. O anjo disse a Tobias que após a terceira noite se unisse com a esposa no temor do Senhor, para significar que, quando o temor é perfeito, o amor divino também o é, e a transformação da alma em Deus por amor logo se opera.

5. Para compreensão, vamos explicar com clareza cada uma dessas noites; observamos, porém, que as três são uma só noite dividida em três partes[4]. A primeira noite – a dos sentidos – pode ser comparada ao crepúsculo: momento em que já

---

4. Idem.

não mais se distinguem os objetos entre si. A segunda noite – a da fé – assemelha-se à meia-noite, quando a obscuridade é total. A terceira, finalmente, comparada ao fim da noite, e que dissemos ser o próprio Deus, precede imediatamente a luz do dia.

Capítulo III
Declara a primeira causa desta noite, que consiste na privação do apetite em todas as coisas, e dá a razão por que se denomina "noite".

1. Damos aqui o nome de "noite" à privação do gosto no apetite de todas as coisas. Com efeito, sendo a noite a privação da luz, e consequentemente de todos os objetos visíveis, ficando a potência visual às escuras e sem nada, assim podemos chamar "noite para a alma" à mortificação dos apetites, pois a privação de todos eles a deixa na obscuridade e no vazio. Assim como a potência visual, por meio da luz, se satisfaz e se impregna dos objetos que não mais se veem quando esta se extingue, de modo análogo a alma, por meio do apetite, se deleita e se satisfaz nas coisas saboreadas pelas suas potências; uma vez apagado, ou, por melhor dizer, mortificado o apetite, a alma deixa de satisfazer-se no gosto de todas as coisas e fica, segundo o mesmo apetite, às escuras e no vazio.

2. Ponhamos exemplo em todas as potências[5]. Quando a alma priva o seu apetite no gosto de tudo quanto pode deleitar o sentido auditivo, permanece às escuras e no vazio quanto a esta potência. Ao renunciar ao gosto nas coisas que podem agradar ao sentido da vista, fica igualmente, segundo este, às escuras e no vazio. Ao negar ao sentido do olfato toda a suavidade que lhe advém dos olores, do mesmo modo se põe na obscuridade e no vazio relativamente a esta potência; e se renunciar ao sabor de todos os manjares que podem satisfazer ao

---

5. O S. Doutor emprega aqui a palavra potência com a significação de *sentido*, como se pode deduzir de todo o parágrafo 2.

paladar, também permanece, quanto a este sentido, às escuras e sem nada. Finalmente, mortificando-se em todos os deleites e contentamentos que pode receber quanto ao sentido do tato, do mesmo modo fica a alma, segundo esta potência, na obscuridade e no vazio. Por conseguinte, a alma, renunciando e afastando de si o gosto de todas as coisas, mortificando nelas o seu apetite, está às escuras como de noite, o que não é outra coisa senão um vazio em relação a tudo.

3. A razão disso, segundo os filósofos, é o assemelhar-se a alma, no momento em que Deus a une ao corpo, a uma *tabula rasa*, na qual nada se houvesse gravado; nenhum meio natural tem de adquirir qualquer conhecimento a não ser através dos sentidos. É semelhante ao prisioneiro retido em um cárcere escuro, onde nada distingue, com exceção do que pode ser entrevisto pelas janelas da prisão; se não olhar por elas, nada verá. Desse modo, se a alma nada percebesse pelos sentidos – que são as janelas da prisão –, nada poderia perceber por outro meio.

4. Renunciar às noções que vêm dos sentidos e rejeitá-las é, evidentemente, colocar-se na obscuridade e no vazio, pois, repetimos, segundo as leis da natureza, a luz não lhe pode chegar por outro meio. Porque, embora a alma não possa deixar de ouvir, ver, cheirar, gostar e sentir, todavia, se recusa usar destes meios, e não se embaraça com eles, é para ela a mesma coisa do que se não visse, não ouvisse etc. Assim, quem fecha os olhos fica tão às escuras como o cego privado da vista. Davi, a este respeito, diz: "Sou pobre e vivo em trabalhos desde a minha mocidade" (Sl 87,15). No entanto, está claro que era rico, mas dizia-se pobre porque sua vontade estava livre das riquezas, e tão absoluto era o seu desprendimento como se fosse, de fato, pobre. Ao contrário, se o fosse realmente sem o ser pela vontade, não seria verdadeiramente pobre, pois a alma estaria rica e cheia no apetite. Com razão, pois, dizemos ser esta desnudez noite para a alma. Ora, não pretendemos falar aqui da pobreza material que não despoja o coração ávido dos bens deste mundo, mas nos ocupamos da desnudez do gosto e ape-

tite, que deixa a alma livre e vazia de tudo, mesmo possuindo muitas riquezas. Efetivamente, não são as coisas deste mundo que ocupam a alma nem a prejudicam, pois lhe são exteriores, mas somente a vontade e o apetite que nela estão e a inclinam para estes mesmos bens.

5. Esta primeira espécie de noite, como depois diremos, relaciona-se com a parte sensível do homem, e é uma das duas de que falamos, pela qual há de passar a alma para chegar à união.

6. Vamos explicar agora como convém à alma sair de sua morada, na noite escura dos sentidos, a fim de alcançar a união divina.

Capítulo IV
Trata de quão necessário seja passar deveras a alma pela noite escura dos sentidos, que é a mortificação dos apetites, para chegar à união divina.

1. Para atingir este estado sublime de união com Deus é indispensável à alma atravessar a noite escura da mortificação dos apetites e da renúncia a todos os prazeres deste mundo. As afeições às criaturas são diante de Deus como profundas trevas, de tal modo que a alma, quando aí fica mergulhada, torna-se incapaz de ser iluminada e revestida da pura e singela claridade divina. A luz é incompatível com as trevas, como no-lo afirma São João, ao dizer que as trevas não puderam compreender a luz (Jo 1,5).

2. A razão está em que dois contrários, segundo o ensinamento da filosofia, não podem subsistir ao mesmo tempo em um só sujeito. Ora, as trevas, que consistem no apego às criaturas, e a luz, que é Deus, são opostas e dessemelhantes. É o pensamento de São Paulo escrevendo aos coríntios: "Que pode haver de comum entre a luz e as trevas?" (2Cor 6,14). Portanto, se a alma não rejeita todas as afeições às criaturas, não está apta a receber a luz da união divina.

3. Para dar mais evidência a esta doutrina, observemos que o afeto e o apego da alma à criatura a torna semelhante a esta mesma criatura. Quanto maior a afeição, maior a identidade e semelhança, porque é próprio do amor fazer o que ama semelhante ao amado. Davi, falando dos que colocavam o amor nos ídolos, disse: "Sejam semelhantes a eles os que os fazem; e todos os que confiam neles" (Sl 113,8). Assim, o que ama a criatura desce ao mesmo nível que ela, e desce, de algum modo, ainda mais baixo, porque o amor não somente iguala, mas ainda submete o amante ao objeto do seu amor. Desse modo, quando a alma ama alguma coisa fora de Deus, torna-se incapaz de se transformar nele e de se unir a Ele. A baixeza da criatura é infinitamente mais afastada da soberania do Criador do que as trevas o são da luz. Todas as coisas da terra e do céu, comparadas com Deus, nada são, como disse Jeremias: "Olhei para a terra, e eis que estava vazia, e era nada; e para os céus, e não havia neles luz" (Jr 4,23). Dizendo ter visto a terra vazia, dá a entender serem nada todas as criaturas e a própria terra. Acrescentando: "Contemplei o céu e não vi luz" – quer significar que todos os astros do céu, comparados com Deus, são puras trevas. Daí se conclui que todas as criaturas nada são, e as inclinações que nos fazem pender para elas, menos que nada, pois são um entrave para a alma e a privam da mercê da transformação em Deus; assim como as trevas, igualmente, por serem a privação da luz, são nada e menos que nada. Quem está nas trevas não compreende a luz; da mesma forma a alma, colocando sua afeição na criatura, não compreenderá as coisas divinas; porque, até que se purifique completamente, não poderá possuir Deus neste mundo pela pura transformação do amor, nem no outro pela clara visão. Para esclarecer ainda mais esta doutrina, vejamos algumas particularidades.

4. Todo o ser das criaturas comparado ao ser infinito de Deus nada é. Resulta daí que a alma, dirigindo suas afeições para o criado, nada é para Deus, e até menos que nada, pois, conforme já dissemos, o amor a assemelha e torna igual ao objeto amado e a faz descer ainda mais baixo. Esta alma tão

apegada às criaturas não poderá de forma alguma unir-se ao ser infinito de Deus, porque não pode existir conveniência entre o que é e o que não é. Descendo a alguns exemplos particulares, vemos que toda a beleza das criaturas, comparada à infinita beleza de Deus, não passa de suma fealdade, segundo diz Salomão nos Provérbios: "A graça é enganadora e vã a formosura" (Pr 31,30). A alma, presa pelos encantos de qualquer criatura, é sumamente feia diante de Deus, e não pode de forma alguma transformar-se na verdadeira beleza, que é Deus, pois a fealdade é de todo incompatível com a beleza. Todas as graças e todos os encantos das criaturas, comparados às perfeições de Deus, são disformes e insípidos. A alma, subjugada por seus encantos e agrados, torna-se, por si mesma, desgraciosa e desagradável aos olhos de Deus, sendo, deste modo, incapaz de unir-se à sua infinita graça e beleza. Porque o feio está separado do infinitamente belo, por imensa distância. E toda a bondade das criaturas posta em paralelo com a bondade infinita de Deus mais parece malícia. Ninguém é bom, senão só Deus (Lc 18,19). A alma, prendendo seu coração aos bens deste mundo, torna-se viciosa aos olhos de Deus; e assim como a malícia não pode entrar em comunhão com a bondade, também esta alma não se poderá unir perfeitamente ao Senhor, que é a bondade por essência. Toda a sabedoria do mundo e toda a habilidade humana, comparadas à sabedoria infinita de Deus, são pura e suprema ignorância. São Paulo o ensina aos coríntios: "A sabedoria deste mundo é estultícia diante de Deus" (1Cor 3,19).

5. A alma, apoiando-se em seu saber e na habilidade para alcançar a união com a Sabedoria divina, jamais a alcançará, permanecendo muito afastada, pois a ignorância não sabe o que seja a sabedoria, ensinando São Paulo que tal sabedoria parece a Deus estultícia. Aos olhos de Deus, os que creem algo saber são os mais ignorantes. O Apóstolo, falando desses homens, teve razão em dizer aos romanos: "Porque atribuindo-se o nome de sábios se tornaram estultos" (Rm 1,22). Só chegam a adquirir a sabedoria divina aqueles que, assemelhando-se aos pequeninos e ignorantes, renunciam ao próprio saber para caminhar com

amor no serviço de Deus. São Paulo nos ensina esta espécie de sabedoria quando diz: "Se algum dentre vós se tem por sábio neste mundo, faça-se insensato para ser sábio; porque a sabedoria deste mundo é uma estultícia diante de Deus" (1Cor 3,18-19). Em consequência, a alma se unirá à Sabedoria divina antes pelo não saber do que pelo saber. Todo o poder e toda a liberdade do mundo, comparados com a soberania e a independência do espírito de Deus, são completa servidão, angústia e cativeiro.

6. A alma enamorada das grandezas e dignidades ou muito ciosa da liberdade de seus apetites está diante de Deus como escrava e prisioneira, e como tal – e não como filha – é tratada por Ele, porque não quis seguir os preceitos de sua doutrina sagrada que nos ensina: quem quer ser o maior deve fazer-se o menor, e o que quiser ser o menor seja o maior. A alma não poderá, portanto, chegar à verdadeira liberdade de espírito que se alcança na união divina, porque, sendo a escravidão incompatível com a liberdade, não pode esta permanecer em um coração de escravo, sujeito a seus próprios caprichos, mas somente no que é livre, isto é, em um coração de filho. Neste sentido, Sara diz a Abraão, seu esposo, que expulse de casa a escrava e seu filho: "Expulsa esta escrava e seu filho, porque o filho da escrava não será herdeiro com meu filho Isaac" (Gn 21,10).

7. Todas as delícias e doçuras que a vontade saboreia nas coisas terrenas, comparadas aos gozos e às delícias da união divina, são suma aflição, tormento e amargura. Assim, todo aquele que prende o coração aos prazeres terrenos é digno diante do Senhor de suma pena, tormento e amargura, e jamais poderá gozar os suaves abraços da união de Deus. Toda a glória e todas as riquezas das criaturas, comparadas à infinita riqueza que é Deus, são suma pobreza e miséria. Logo, a alma afeiçoada à posse das coisas terrenas é profundamente pobre e miserável aos olhos do Senhor, e por isto jamais alcançará o bem-aventurado estado da glória e riqueza, isto é, a transformação em Deus, porque há infinita distância entre o pobre e o indigente, e o sumamente rico e o glorioso.

8. A Sabedoria divina, ao se queixar das almas que caem na vileza, miséria e pobreza, em consequência da afeição que dedicam ao que é elevado, grande e belo segundo a apreciação do mundo, fala assim nos Provérbios: "A vós, ó homens, é que eu estou continuamente clamando, aos filhos dos homens é que se dirige a minha voz. Aprendei, ó pequeninos, a astúcia, e vós, insensatos, prestai-me atenção. Ouvi, porque tenho de vos falar acerca de grandes coisas. Comigo estão as riquezas e a glória, a magnífica opulência, e a justiça. Porque é melhor o meu fruto que o ouro e que a pedra preciosa, e as minhas produções melhores que a prata escolhida. Eu ando nos caminhos da justiça, no meio das veredas do juízo, para enriquecer aos que me amam e para encher os seus tesouros" (Pr 8,4-6.18-21). A divina Sabedoria se dirige aqui a todos os que põem o coração e a afeição nas criaturas. Chama-os de "pequeninos" porque se tornam semelhantes ao objeto de seu amor, que é pequeno. Convida-os a ter prudência e a observar que ela trata de grandes coisas e não de pequenas, como eles. Com ela e nela se encontram a glória e as verdadeiras riquezas desejadas, e não onde eles supõem. A magnificência e a justiça lhe são inerentes, e exorta os homens a refletir sobre a superioridade de seus bens em relação aos do mundo. Ensina-lhes que o fruto nela encontrado é preferível ao ouro e às pedras preciosas; afinal, mostra que sua obra na alma está acima da prata mais pura que eles amam. Nestas palavras se compreende todo gênero de apego existente nesta vida.

Capítulo V
Continuação do mesmo assunto. Provas extraídas de autoridades e figuras da Sagrada Escritura para demonstrar quanto é necessário à alma ir a Deus por esta noite escura da mortificação do apetite em todas as coisas.

1. Pelo que ficou dito até agora, podemos conhecer, de algum modo, qual o abismo separando as criaturas do Criador, e como as almas, que em algumas destas põem sua afeição, se

acham a essa mesma distância de Deus; pois, como dissemos, o amor produz igualdade e semelhança. Santo Agostinho compreendeu esta verdade quando disse ao Senhor em seus solilóquios: "Miserável que sou! Em que a minha pequenez e minha imperfeição poderão se comparar com a vossa retidão? Sois verdadeiramente bom, e eu mau; sois piedoso, e eu ímpio; sois santo, e eu miserável; sois justo, e eu injusto; sois luz, e eu cego; sois vida, e eu morte; sois remédio, e eu enfermo; sois suprema verdade, e eu tão somente vaidade"[6]. Tudo isto diz o santo.

2. É, portanto, grande ignorância da alma ousar aspirar a esse estado tão sublime da união com Deus, antes de haver despojado a vontade do apetite de todas as coisas naturais e sobrenaturais que lhe podem servir de impedimento, como em seguida veremos; pois é incomensurável a distância existente entre elas e o dom recebido no estado da pura transformação em Deus. Nosso Senhor Jesus Cristo, ensinando-nos este caminho, diz por São Lucas: "Quem não renuncia a tudo que possui, pela vontade, não pode ser meu discípulo" (Lc 14,33). É verdade evidente, pois a doutrina ensinada pelo Filho de Deus ao mundo consiste neste desprezo de todas as coisas, a fim de nos tornar capazes de receber a recompensa do espírito de Deus. E, enquanto a alma não se despojar de tudo, não terá capacidade para receber esse espírito de Deus em pura transformação.

3. Encontramos uma figura dessa verdade no Livro do Êxodo, onde se lê que Deus enviou o maná do céu aos filhos de Israel só quando lhes faltou a farinha trazida do Egito. Quis assim dar-nos a entender a necessidade de primeiramente renunciar a todas as coisas, pois este manjar dos anjos não convém ao paladar que toma sabor no alimento dos homens. E não somente se torna incapaz do espírito divino a alma detida e apascentada por gostos estranhos, mas ainda causam grande enfado à Majestade de Deus os que, buscando o manjar do espírito, não se contentam puramente com o Senhor e querem

---

6. Migne, Patr. Lat., t. XL, p. 866, cap. II.

conservar ao mesmo tempo o apetite e a afeição de outras coisas. A Sagrada Escritura ainda nos narra, no mesmo Livro do Êxodo, que os israelitas, pouco satisfeitos com aquele manjar tão leve, apeteceram e pediram carne. E Nosso Senhor ficou gravemente irado por ver que queriam misturar comida tão baixa e grosseira com manjar tão alto e simples, que encerrava em si o sabor e a substância de todos os alimentos. Também Davi nos diz que aquelas carnes estavam ainda em sua boca, quando a cólera de Deus rebentou sobre eles e o fogo do céu consumiu muitos milhares (Sl 77,31), mostrando assim o Senhor julgar coisa abominável terem eles apetite de outro alimento, quando lhes era dado manjar do céu.

4. Oh se soubessem as almas interiores a abundância de graças e de bens espirituais de que se privam, recusando desapegar-se inteiramente do desejo das ninharias deste mundo! Como achariam, nesta simples alimentação do espírito, o gosto de todas as melhores coisas! Mas, por causa desta persistência em não querer contentar-se, não podem apreciar a delicadeza do maná celeste, assim como os israelitas não descobriram os variados sabores do maná, porque não concentravam somente nele o seu apetite. No entanto, se ali não acharam gosto, conforme os seus desejos, não era por não possuir o maná: o verdadeiro motivo foi buscarem eles outra coisa. A alma cujo amor se reparte entre a criatura e o Criador testemunha sua pouca estima por este, ousando colocar na mesma balança Deus e um objeto que dele está infinitamente distante.

5. Sabe-se bem, por experiência, que a vontade, quando afeiçoada a um objeto, prefere-o a qualquer outro que seria melhor em si, porém satisfaria menos o seu gosto. Se quiser gozar de um e de outro ao mesmo tempo, injuriará necessariamente ao que é superior, e isto porque estabelece igualdade entre eles. Ora, como não há na terra coisa que se possa igualar a Deus, a alma lhe faz muito agravo quando juntamente com Ele ama outra coisa e a ela se prende. Que acontecerá, então, se vier a amá-la mais do que ao próprio Deus?

6. Vemos, no Livro do Êxodo, um exemplo confirmando este ponto. Quando Deus ordenou a Moisés que subisse ao Monte Sinai para conversar com Ele, não somente ordenou que fosse sozinho, deixando embaixo os filhos de Israel, como ainda proibiu que apascentassem os rebanhos nas encostas da montanha. Quis Ele dar-nos a entender que a alma, desejosa de subir a montanha da perfeição para entrar em comunhão com Deus, não só há de renunciar a todas as coisas, mas também aos apetites, figurados nos animais; não lhes deve permitir que venham apascentar-se nas encostas da montanha, isto é, naquilo que não é exclusivamente Deus, em quem todos os apetites cessam; o que acontece no estado de perfeição. Durante a ascensão desta montanha, é necessário reprimir e mortificar, com cuidado incessante, todos os apetites. E tanto mais depressa chegará a seu fim quanto mais rapidamente isto fizer. Se assim não for, jamais subirá ao cume, por mais virtudes que pratique, pois não as exercita com a perfeição, que consiste em ter a alma vazia, nua e purificada de todo apetite. Outra viva figura do que afirmamos nos dá o *Gênesis*: querendo o patriarca Jacó subir ao Monte Betel, para aí edificar um altar a Deus e oferecer-lhe sacrifícios, ordenou primeiro três coisas às pessoas de sua casa. A primeira, que arrojassem de si todos os deuses estranhos; a segunda, que se purificassem; a terceira, que mudassem suas vestes (Gn 35,2).

7. Estas três coisas nos indicam as disposições da alma que pretende subir a montanha da perfeição e fazer de si mesma altar para oferecer a Deus o tríplice sacrifício de puro amor, louvor e adoração pura. Antes de chegar com segurança ao cume desta montanha, deve ter cumprido perfeitamente os três avisos citados: primeiro, rejeitar todos os deuses estranhos, isto é, os apegos e afeições do coração; a seguir, purificar-se na noite escura do sentido, dos ressaibos deixados por esses apetites, negando-os e arrependendo-se deles ordenadamente, e, por último, trocar as vestes que, em consequência das duas primeiras condições, mudará Deus de velhas em novas, pondo na alma

novo conhecimento de Deus em Deus, e novo amor de Deus em Deus, despojada a vontade de todos os velhos quereres e gostos humanos; e nova notícia e deleite abismal ser-lhe-ão comunicados, rejeitadas todas as suas antigas concepções. Posto de lado tudo o que havia no velho homem – as aptidões naturais – e substituído por sobrenatural aptidão em todas as suas potências, será seu modo de agir transformado de humano em divino. Tal é o resultado deste estado de união no qual a alma se torna altar onde somente Deus reside e recebe o sacrifício de adoração, louvor e amor. Determinou o Senhor que o altar onde devia estar a arca do Testamento fosse oco por dentro[7], a fim de nos dar a entender quanto nossa alma deve estar despida de tudo, para que seja altar digno de servir de morada à divina Majestade. Sobre esse altar, cujo fogo próprio jamais deveria extinguir-se, não era permitido que houvesse fogo estranho. E porque Nadab e Abiud, filhos do sumo sacerdote Aarão, transgrediram esta ordem, o Senhor, irritado, lhes deu a morte diante do mesmo altar (Lv 10,1). Mostra-nos esta figura como, para ser a alma digno altar de Deus, jamais há de carecer de amor divino, tampouco há de mesclá-lo com qualquer outro amor.

8. Não consente Deus que outra coisa more juntamente com Ele no mesmo altar. Lê-se no primeiro Livro de Samuel que os filisteus colocaram a Arca do Testamento no templo com seu ídolo: cada dia, o ídolo era jogado por terra, feito em pedaços. O único desejo que o Senhor admite consigo em uma alma é o de guardar a lei divina e levar a cruz de Cristo. E assim, no Antigo Testamento, não consentia Deus que se conservasse na Arca, onde estava o maná, objeto algum além do livro da lei (Dt 31,26) e da vara de Moisés, imagem da cruz. Porque a alma, cuja única pretensão é cumprir perfeitamente a lei do Senhor e carregar a cruz de Cristo, tornar-se-á arca viva, que encerrará o verdadeiro maná, o próprio Deus, quando chegar a ter em si esta lei e esta vara perfeitamente, sem mistura de outra coisa.

---

7. Ex 27,8. A *Escritura* diz: "Altar dos sacrifícios".

Capítulo VI
Dos dois principais danos causados à alma pelos apetites: um privativo e outro positivo.

1. Será bom, para maior esclarecimento do que foi dito, explicarmos aqui o duplo prejuízo causado à alma por seus apetites. Primeiro, privam-na do espírito de Deus. Segundo, fatigam, atormentam, obscurecem, mancham e enfraquecem a alma em que vivem, segundo a palavra de Jeremias: "Dois males fez o meu povo: deixaram-me a mim, fonte de água viva, e cavaram para si cisternas, cisternas rotas, que não podem reter as águas" (Jr 2,13). Estes dois males – privativo e positivo – são causados por qualquer ato desordenado do apetite. Quanto ao primeiro, é evidente que, afeiçoando-se a alma à criatura, quanto mais tal apetite ocupar a alma, tanto menos capacidade terá ela para possuir a Deus. Explicamos no capítulo IV que dois contrários não podem existir em um mesmo sujeito ao mesmo tempo. Ora, a afeição a Deus e à criatura são dois contrários: não podem, desse modo, existir em uma só vontade. Que relação existe entre a criatura e o Criador, entre o material e o espiritual, entre o visível e o invisível, entre o temporal e o eterno, entre o alimento celeste, puro e espiritual e o alimento grosseiro dos sentidos, entre a desnudez de Cristo e o apego a alguma coisa?

2. Assim como, na ordem natural, uma forma não pode ser introduzida em um recipiente sem ser primeiramente expelida do mesmo a forma contrária, e, enquanto uma permanecer, se tornará obstáculo à outra devido à incompatibilidade existente, do mesmo modo a alma cativa do espírito sensível jamais poderá receber o espírito puramente espiritual. Nosso Senhor diz em São Mateus: "Não é bom tomar o pão dos filhos e lançá-lo aos cães" (Mt 15,26); e, em um outro trecho: "Não deis aos cães o que é santo" (Mt 7,6). Nestas palavras, Nosso Senhor compara aos filhos de Deus aqueles que, renunciando a todos os apetites de criaturas, se dispõem a receber puramente o espírito de Deus; e compara aos cães os que procuram encon-

trar nas mesmas criaturas alimento para seus apetites. Porque cabe aos filhos comerem à mesa de seu pai e dos manjares que lhe são servidos, isto é, nutrirem-se de seu espírito, enquanto os cães se regalam com as migalhas caídas da mesa.

3. Ora, todas as criaturas são na realidade migalhas caídas da mesa de Deus; portanto, os que procuram alimentar-se das coisas criadas são justamente chamados cães. É razoável que se lhes tire o pão dos filhos, pois não se querem elevar acima das migalhas das criaturas até à mesa do espírito incriado de seu Pai. Caminham sempre famintos, como cães, e as migalhas que conseguem juntar servem antes para excitar o apetite do que saciar a fome. Falando deles Davi diz: "Padecerão fome como cães e rodearão a cidade; e, se não se fartarem, ainda murmurarão" (Sl 58,15-16). Tal é o estado de quem se abandona aos seus apetites: vive sempre inquieto e descontente como um faminto. Que comparação se pode estabelecer entre a fome causada por todas as criaturas e a fartura que proporciona o divino espírito? A alma não receberá a fartura incriada de Deus enquanto não houver perdido aquela fome criada de seus apetites; pois, como dissemos, não cabem em um só sujeito dois contrários, que neste caso são a fome e a fartura.

4. Podemos entender, pelo que foi dito, como Deus realiza maior obra purificando a alma de suas imperfeições do que a criando do nada. O desregramento dos apetites e das afeições opõe mais obstáculos à ação divina do que o nada, pois o nada não resiste a Deus como o faz a vontade da criatura. E isto baste para declarar o primeiro dano causado à alma por seus apetites imortificados: a resistência ao espírito de Deus, pois já falamos suficientemente a tal respeito.

5. Tratemos agora do segundo dano, chamado positivo, que produz cinco principais efeitos: porque os apetites cansam, atormentam, obscurecem, mancham e enfraquecem a alma. Expliquemos cada um desses efeitos em particular.

6. É manifesto que os apetites fatigam e cansam a alma; assemelham-se às criancinhas inquietas e descontentes que sempre estão pedindo à sua mãe ora uma coisa, ora outra, e jamais se satisfazem. Como os que procuram tesouros se cansam e se fatigam pelas contínuas escavações que são obrigados a fazer, igual cansaço experimenta a alma quando procura o objeto de seus apetites. E ainda que afinal o consiga, sempre se cansa, porque nunca se contenta. É como cavar cisternas rotas, incapazes de conter a água que poderia saciar-lhe a sede. E assim, como diz Isaías, "Fatigado ainda tem sede, e sua alma está vazia" (Is 29,8). A alma presa aos apetites efetivamente se cansa: é como um doente febril, cuja sede aumenta a cada instante, e que não se sentirá bem enquanto a febre não houver passado. Lemos no Livro de Jó: "Depois que se fartar, padecerá ânsias, e se abrasará; e toda a sorte de dores virá sobre ele" (Jó 20,22). Cansa-se e fatiga-se a alma com seus apetites porque é ferida e perturbada por eles, como a água agitada pelos ventos que a revolvem sem deixá-la sossegar: em lugar nenhum, nem em coisa alguma pode achar repouso. De tal alma diz Isaías: "O coração do ímpio é como um mar agitado" (Is 57,20). Ora, é ímpio todo aquele que não sabe vencer os seus apetites. É como homem faminto que abre a boca para se alimentar de vento. Bem longe de satisfazer a fome, definha, porque o ar não é o seu alimento. "Abrasada no seu apetite chamou a si o vento do que ama" (Jr 2,24), diz Jeremias. E, para explicar a secura a que se expõe esta alma, o profeta, adiante, acrescenta: "Guarda o teu pé, isto é, o teu pensamento, da nudez, e a tua garganta da sede" (Jr 2,25), isto é, afasta tua vontade da satisfação do teu apetite que produz maior secura. O homem apaixonado se cansa e se exaure com as próprias esperanças frustradas; assim, a alma que busca saciar os apetites nada mais faz senão aumentar a fome e os desejos. Porque, como se diz vulgarmente, o apetite é semelhante ao fogo: lançai-lhe a lenha, ele crescerá em proporção dela e diminuirá à medida que a for consumindo.

7. E ainda os apetites estão, neste caso, em condições mais deploráveis: porque o fogo, ao faltar a lenha, se amortece, mas o apetite não diminui quando se acaba aquilo que o satisfaz; e, longe de se extinguir como o fogo sem combustível, cansa-se em desejos, pela fome aumentada e o alimento diminuído. Isaías, a este respeito, diz: "E virá à direita e terá fome; e comerá à esquerda e não se fartará" (Is 9,20). Aqueles que não mortificam seus apetites justamente são torturados pela fome, quando se desviam do caminho de Deus que está à direita, pois não merecem a fartura do espírito de suavidade. E quando, à esquerda, vão procurar alimento, isto é, quando satisfazem seus apetites na criatura, justo é então que não sejam saciados, porque, rejeitando o que lhes podia satisfazer, nutrem-se do que lhes aumenta a fome. Claro está, pois, que os apetites cansam e fatigam a alma.

Capítulo VII
Como os apetites atormentam a alma. Prova-se também por comparações e textos da Sagrada Escritura.

1. Os apetites causam na alma o segundo efeito do dano positivo, que consiste em atormentá-la e afligi-la, tornando-a semelhante a uma pessoa carregada de grilhões, privada de qualquer repouso até a completa libertação. Destes tais diz Davi: "Laços de pecados, isto é, de apetites desregrados, me cingiram por todas as partes" (Sl 118,61). Do mesmo modo que se atormenta e aflige quem, despojado das vestes, se deita sobre espinhos e aguilhões, assim a alma sente os mesmos tormentos quando sobre os seus apetites se recosta; porque estes, como os espinhos, ferem, magoam e deixam dor. A esse propósito, disse também Davi: "Cercaram-me como abelhas pungindo-me com seus aguilhões, e se incendiaram contra mim como fogo em espinhos" (Sl 117,12). Efetivamente, o fogo da angústia e da dor se aviva em meio aos espinhos dos apetites. Como o lavrador, desejoso da colheita, excita e atormenta o

boi que está sob o jugo, assim a concupiscência aflige a alma que se sujeita ao jugo dos seus apetites para obter o que aspira. O desejo que tinha Dalila de conhecer o segredo da força de Sansão prova esta verdade. A Escritura diz que, preocupada e atormentada, desfaleceu quase até morrer: "Sua alma caiu em um mortal desfalecimento" (Jz 16,16).

2. Quanto mais intenso é o apetite, tanto maior tormento traz à alma, de sorte que ela tanto mais tormento tem quanto mais os apetites a possuem. Vê-se, então, desde esta vida, cumprir-se nela a sentença do Apocalipse: "Quanto se tem glorificado e tem vivido em deleites, tanto lhe dai de tormento e pranto" (Ap 18,7). A alma presa aos seus apetites sofre dor e suplício comparáveis aos da pessoa que cai em mãos de inimigos. O forte Sansão disso nos oferece exemplo: era juiz de Israel, célebre por seu valor, gozava de grande liberdade. Tendo caído em poder de seus inimigos, privaram-no de sua força, vazaram-lhe os olhos, obrigaram-no a rodar a mó do moinho e lhe infligiram as mais cruéis torturas. Tal é a condição da alma na qual os seus apetites vivem e vencem. Causam-lhe um primeiro mal, que é o de enfraquecê-la e cegá-la, como explicaremos mais adiante. Atormentam-na e afligem-na depois, atando-a à mó da concupiscência. E os laços com que está presa são seus próprios apetites.

3. Deus, tocado de compaixão para com as almas que tão penosamente procuram satisfazer nas criaturas a fome e a sede de seus apetites, disse-lhes por Isaías: "Todos vós os que tendes sede, vinde às águas; e os que não tendes prata, isto é, vontade própria, apressai-vos, comprai, e comei; vinde, comprai sem prata, e sem comutação alguma, como sois obrigados a fazer para vossos apetites: comprai vinho e leite, ou seja, a paz e a doçura espirituais. Por que motivo empregais o dinheiro não em pães, isto é, em coisas que não são o espírito divino, e o vosso trabalho não em fartura? Ouvi-me com atenção, comei do bom alimento, e a vossa alma se deleitará com o suco nutritivo dele" (Is 55,1-2).

4. Para chegar a esta fartura é preciso livrar-se do gosto de todas as coisas criadas, pois a criatura atormenta e o espírito de Deus gera alegria. O Senhor nos convida nesta passagem de São Mateus: "Vinde a mim todos os que andais em trabalho, e vos achais carregados, e eu vos aliviarei" (Mt 11,28-29). Como se dissesse: "Todos vós que andais atormentados, aflitos e carregados com o fardo de vossos cuidados e apetites, vinde a mim, e achareis o repouso que os mesmos apetites tiram às vossas almas, pois são pesada carga". "Como carga pesada se agravaram sobre mim" (Sl 37,5), neste sentido diz Davi.

Capítulo VIII
Como os apetites obscurecem e cegam a alma. Testemunhos e comparações da Sagrada Escritura em apoio desta doutrina.

1. O terceiro dano que causam na alma os apetites é obscuridade e cegueira. Assim como os vapores obscurecem o ar e interceptam os raios solares, ou como o espelho embaciado não pode refletir com nitidez a imagem que lhe é apresentada; assim como a água turva não pode reproduzir distintamente os traços do rosto que nela se mira; do mesmo modo a alma, cujo entendimento é cativo dos apetites, se acha obscurecida e não permite ao sol da razão natural nem ao sol sobrenatural, que é a Sabedoria de Deus, a liberdade de penetrá-la e iluminá-la com os seus esplendores. Sobre isso diz Davi: "Senhorearam-me as minhas iniquidades, e eu não pude ver" (Sl 39,13).

2. Quando o entendimento é sepultado nas trevas, a vontade desfalece e a memória fica embotada. Ora, como estas duas potências dependem, em suas operações, da primeira, cegando-se o entendimento as outras caem necessariamente na perturbação e na desordem. E assim diz Davi: "E a minha alma se turbou em extremo" (Sl 6,4). Em outros termos: as suas potências estão desordenadas. Neste estado o entendimento, como já dissemos, não está mais apto a receber a luz da Sabe-

doria divina do que o ar carregado de pesados vapores para receber a luz do sol. A vontade fica impotente para abraçar em si a Deus com amor puro, assim como o espelho embaciado não pode refletir claramente a imagem que lhe é oferecida. Menos habilidade tem ainda a memória, obscurecida pelas trevas do apetite: torna-se incapaz de se deixar penetrar tranquilamente pela imagem de Deus, como acontece com a água turva que não reproduz com nitidez o rosto de quem nela se mira.

3. O apetite cega e ainda obscurece a alma porque, enquanto apetite, é cego e necessita da razão como guia. Disto se depreende que, todas as vezes que a alma cede às tendências do apetite, assemelha-se ao que, tendo boa vista, se deixa guiar por quem não enxerga. Então, são dois cegos. E a palavra de Nosso Senhor, segundo São Mateus, encontra aqui a exata aplicação: "E se um cego guia a outro cego, ambos vêm a cair no barranco" (Mt 15,14). Para que servem os olhos à mariposa, quando, ofuscada pela formosura da luz, precipita-se dentro da mesma chama? Assim podemos comparar quem se entrega aos seus apetites ao peixe fascinado pelo archote cuja luz antes lhe serve de trevas, impedindo-o de ver as redes armadas pelo pescador. Explica-o muito bem o profeta em um dos seus salmos, quando diz: "Caiu fogo de cima e não viram o sol" (Sl 57,9). O apetite é verdadeiramente um fogo cujo calor aquece e cuja luz fascina, isto é, acende a concupiscência e deslumbra o entendimento de modo a esconder a luz que lhe é própria. O deslumbramento é o resultado de uma luz estranha colocada diante dos olhos. A vista recebe então a luz interposta e não vê mais a outra. Assim, o apetite cinge tão de perto a alma e se interpõe a seus olhos tão fortemente que ela se detém nesta primeira luz, contentando-se com ela, não mais percebendo a verdadeira luz do entendimento. Só poderá vê-la novamente quando o deslumbramento do apetite desaparecer.

4. A ignorância de certas pessoas sobre este ponto é digna de muitas lágrimas: sobrecarregam-se de penitências excessi-

vas e outras muitas práticas extraordinárias, de todo arbitrárias, e imaginam que somente isto basta para chegar à união com a Sabedoria divina, sem a mortificação dos seus apetites desordenados. O erro é manifesto e, a não ser que façam esforços constantes para triunfar das próprias inclinações, jamais atingirão o seu fim. Se quisessem esforçar-se por empregar, nessa renúncia dos apetites, ao menos a metade do trabalho que têm nos seus muitos exercícios, em um mês lucrariam muito mais do que nestes em muitos anos. Porque, assim como é indispensável lavrar a terra para fazê-la frutificar, e sem ser lavrada só produzirá ervas daninhas, também à alma se faz necessária a mortificação dos apetites se quiser progredir na virtude. Tudo o que empreender fora disso para conquistar o conhecimento de Deus e de si mesma, ouso dizer, será perdido, assim como a semente lançada em terra sem cultura não pode germinar. Por conseguinte, a alma permanecerá nas trevas e na incapacidade até se apagarem os apetites. Estes são como a catarata ou os argueiros nos olhos: impedem a vista até serem eliminados.

5. Davi considerando, de um lado, qual a cegueira dessas almas cujos apetites não mortificados as privam de ver a luz da verdade, e, de outro lado, quanto Deus se irrita contra elas, lhes dirige estas palavras: "Antes que vossos espinhos, que são os vossos apetites, entendam, assim como os vivos, dessa maneira Ele, na sua ira, os devorará" (Sl 57,10). Deus destruirá em sua cólera os apetites conservados vivos e que são obstáculo para o conhecimento de Deus. Ele os destruirá, seja nesta vida ou na outra, com castigo e correção, isto é, com a purificação. Diz que os absorverá em sua ira, porque o sofrimento que se padece na mortificação dos apetites é o castigo do estrago causado por eles à alma.

6. Oh se os homens soubessem de quantos bens de luz divina os priva esta cegueira causada pelos seus apegos e afeições desregradas, e em quantos males e danos os fazem cair cada dia por não se quererem mortificar! Porque não há que fiar de

bom entendimento, nem de dons recebidos de Deus, para julgar que deixará a alma de ficar cega e obscura, e de ir caindo de mal a pior, se tiver alguma afeição ou apetite. Poderia alguém acreditar que um varão tão perfeito, sábio e dotado dos favores do céu, como foi Salomão, havia de cair na velhice em tal desvario e endurecimento da vontade, a ponto de levantar altares a tantos ídolos e os adorasse? (1Rs 11,4). Para isto foi suficiente aquela afeição que tinha às mulheres, e a negligência em reprimir os apetites e deleites de seu coração. Falando de si mesmo, no Eclesiastes, Salomão reconhece que assim fez, dizendo que não negou ao seu coração quanto lhe pediu (Ecl 2,10). E se, na verdade, a princípio ele se conduziu com prudência, mais tarde, por não ter renunciado aos apetites e a eles se ter entregado sem moderação, tornou-se pouco a pouco cego e obscurecido no entendimento a ponto de vir extinguir-se a grande luz da sabedoria com que Deus o favorecera, e, assim, na velhice, abandonou o Senhor.

7. Se as paixões não mortificadas tiveram tal domínio sobre quem era tão versado na ciência do bem e do mal, que serão para nossa ignorância os apetites não mortificados? Neste ponto, podemos ser comparados aos ninivitas, dos quais dizia o Senhor ao Profeta Jonas: "Não sabem distinguir entre a mão direita e a esquerda" (Jn 4,11). Porque tomamos a cada passo o mal por bem e o bem por mal: isto é o fruto da nossa própria colheita. Que será, então, se o apetite se juntar às trevas de nossa natural ignorância? Seremos como aqueles de quem se queixa Isaías ao dirigir-se aos homens que se divertiam em satisfazer os próprios apetites: "Andamos como cegos apalpando as paredes, e, como se não tivéssemos olhos, fomos pelo tato, e nossa cegueira chegou ao ponto de tropeçarmos ao pino do meio-dia como em trevas" (Is 59,10). Tal é, com efeito, o estado de quem se deixou cegar pelos apetites: colocado em face da verdade e do dever, nada percebe, como se estivesse mergulhado na mais profunda obscuridade.

Capítulo IX
Diz como os apetites mancham a alma e prova com testemunhos e comparações da Sagrada Escritura.

1. O quarto dano que fazem os apetites à alma é que a sujam e mancham, segundo o ensinamento do Eclesiástico: "Quem tocar o piche ficará manchado dele" (Eclo 13,1). Ora, tocar o piche é satisfazer com qualquer criatura o apetite de sua vontade. Nessa passagem da Sagrada Escritura, compara o Sábio as criaturas com o piche; porque, entre a excelência da alma e o que há de mais perfeito nas outras criaturas, é maior a diferença do que entre o fúlgido diamante ou fino ouro e o piche. E assim como o ouro ou diamante se caísse, aquecido, no piche ficaria disforme e besuntado, porquanto o calor derrete e torna mais aderente o piche, assim a alma, dirigindo o ardor de seus apetites para qualquer criatura, dela recebe, pelo calor do mesmo apetite, máculas e impureza. Existe ainda entre a alma e as criaturas corpóreas diferença maior do que há entre o licor mais límpido e a água mais lodosa; esse licor, sem dúvida, se turvaria se fosse misturado com a lama; deste modo se mancha e suja a alma que se apega à criatura, pois nisto se faz semelhante à mesma criatura. Assim como ficaria desfigurado o rosto mais formoso, com manchas de fuligem, a alma, igualmente, que é em si muito perfeita e acabada imagem de Deus, fica desfigurada pelos apetites desregrados que conserva.

2. Jeremias, deplorando o estrago que os afetos desordenados produzem na alma, descreve primeiro a sua formosura, para em seguida declarar-lhe a fealdade: "Os seus cabelos, dizia, eram mais alvos que a neve, mais nítidos que o leite, mais vermelhos que o marfim antigo, mais formosos que a safira. Denegrida está a face deles mais do que os carvões, e não são conhecidos nas praças" (Lm 4,78). Por cabelos entendemos as afeições e os pensamentos da alma que são mais alvos que a neve, mais claros que o leite, mais vermelhos que o marfim antigo e mais formosos que a safira, quando estão de acordo com a vontade divina. Estas quatro qualidades representam a

beleza e a excelência de todas as criaturas corporais; porém a alma e as suas ações lhes são muito superiores e eis por que é comparada aqui aos cabelos, que são o ornamento da cabeça. Quando as suas ações são desregradas e dirigidas a fins contrários à Lei de Deus, isto é, quando a alma se deixa absorver pelas criaturas, Jeremias assegura que o seu rosto se torna mais negro que o carvão.

3. Todos estes danos, e outros ainda maiores, causam na beleza interior da alma os apetites desordenados de coisas do século. Chegam a tal ponto que, se tivéssemos de tratar expressamente da abominável e suja figura que nela deixam, não acharíamos coisa, por mais manchada e imunda, ou lugar tão cheio de teias de aranha e répteis repelentes, nem podridão de corpo morto, a que pudéssemos compará-la. Porque, embora a alma desordenada permaneça, quanto à sua substância e natureza, tão perfeita quanto no momento em que Deus a tirou do nada, todavia, na parte racional do seu ser, torna-se feia, obscura, manchada e exposta a todos estes males e ainda a grande número de outros. Uma só destas inclinações desordenadas, ainda mesmo não sendo matéria de pecado mortal, é suficiente para manchar, enfear e tornar a alma incapaz de chegar à união perfeita com Deus. Qual não será, pois, a fealdade de uma alma completamente dominada pelas próprias paixões e entregue a todos os seus apetites? Quão afastada estará de Deus e de sua infinita pureza!

4. A língua não pode dizer, nem a inteligência conceber, a multiplicidade de impurezas que os diversos apetites acumulam na alma. Se fosse possível dar a entender, seria admirável, digna de compaixão, ver cada apetite apor na alma o sinal do seu caráter e aí imprimir as suas próprias manchas e fealdades, e como uma só desordem de razão pode conter inúmeras manchas de intensidades diferentes. Porque assim como a alma do justo possui em uma só perfeição, que é a retidão da alma, grande número de sublimes virtudes e inumeráveis dons precisos, cada um com seu encanto particular, segundo o nú-

mero e a diversidade dos impulsos de amor que a levam para Deus, também a alma desordenada possui em si lamentável variedade de manchas e baixezas em relação à multiplicidade das inclinações que a fazem pender para as criaturas.

5. Ezequiel nos oferece exata imagem dessa verdade quando diz que Deus lhe mostrou, pintadas nos muros interiores do templo, todas as figuras dos répteis que rastejam pela terra, assim como todas as abominações dos animais impuros (Ez 8,10). Deus diz ao profeta: "Por certo, filho do homem, que tu vês o que fazem nas trevas, o que cada um deles pratica no secreto da sua câmara? E o Senhor lhe ordenou, em seguida, que entrasse mais adentro a fim de ver abominações ainda maiores. Ezequiel, então, percebeu umas mulheres assentadas, chorando a Adônis, deus dos amores" (Ez 8,14). Afinal, o Senhor lhe ordenou que entrasse ainda mais adentro, e o profeta viu vinte e cinco velhos que tinham as costas voltadas para o templo (Ez 8,16).

6. Esses diferentes répteis e animais imundos, pintados na primeira parte do templo, são os pensamentos e concepções que o entendimento faz das coisas baixas deste mundo e, em geral, de todas as criaturas. Ora, estas coisas, tais quais são, pintam-se no santuário da alma, quando esta embaraça nelas o entendimento, que é o seu primeiro aposento. Essas mulheres sentadas mais adentro, no segundo aposento do templo, que choram o deus Adônis, representam os apetites localizados na segunda potência da alma, a vontade. As suas lágrimas exprimem esses desejos aos quais a vontade está presa, isto é, os répteis já representados no entendimento. Enfim, os homens no terceiro aposento são o símbolo das imaginações e fantasmas de criaturas que a memória, terceira potência da alma, guarda e revolve em si. Foi dito que eles tinham as costas voltadas para o templo porque a alma, cujas potências são voluntárias e resolutamente dirigidas para alguma criatura, volta, por assim dizer, as costas ao templo de Deus, que é a reta razão, a qual não admite em si coisa alguma de criatura.

7. O que acabamos de dizer é suficiente para dar alguma ideia da feia desordem produzida pelos apetites na alma. Este assunto seria interminável se tratássemos particularmente da fealdade que causam na mesma alma as imperfeições, bem como da que produzem os pecados veniais, mais considerável, e, enfim, da total deformidade dos apetites de pecados mortais. Se fôssemos enumerar toda a variedade e multidão dessas três espécies de apetites, não haveria entendimento angélico que bastasse para chegar a compreender semelhantes coisas. Contento-me em dizer, e isto vem a propósito do nosso assunto, que qualquer apetite, ainda mesmo de mínima imperfeição, mancha e suja a alma.

Capítulo X
Os apetites entibiam a alma e a enfraquecem na virtude.

1. Os apetites entibiam e enfraquecem a alma, tirando-lhe a força de progredir e perseverar na virtude: tal é o quinto prejuízo que lhe causam. Com efeito, se a força do apetite é repartida, o seu vigor se torna menos intenso do que se fosse concentrado inteiro em um só ponto; quanto mais numerosos são os objetos em que se reparte, tanto menos intensidade de afeto emprega em cada um deles. Verifica-se, assim, este axioma da filosofia: a força unida tem mais poder que a dividida. Por conseguinte, se a vontade gasta a sua energia em algo fora da virtude, necessariamente se tornará mais fraca na mesma virtude. A alma cuja vontade se perde em ninharias assemelha-se à água que, encontrando saída embaixo para escoar-se, não sobe para as alturas e perde assim sua utilidade. O patriarca Jacó compara seu filho Rubens à água derramada, porque ele dera curso aos seus apetites cometendo um pecado secreto: "Derramaste-te como a água: não cresças" (Gn 49,4). Isto significa: porque estás derramado em teus desejos, como a água que se escoa, não crescerás em virtude. Se descobrimos um vaso de água quente, esta perde facilmente o calor; as essências aromáticas, quando expostas ao ar, se evaporam gradualmente,

perdendo a fragrância e a força do perfume; a alma, do mesmo modo, não concentrando os seus apetites só em Deus, perde o ardor e o vigor da virtude. Davi possuía perfeita compreensão desta verdade quando se dirigia ao Senhor nestes termos: "Guardarei para vós toda a minha fortaleza" (Sl 58,10), isto é, recolherei toda a força das minhas afeições somente para vós.

2. Os apetites enfraquecem a virtude da alma, como as vergônteas que, crescendo em torno da árvore, lhe sugam a seiva e a impedem de dar frutos em abundância. O Senhor, no santo evangelho, diz: "Ai das mulheres grávidas e das lactantes naqueles dias" (Mt 24,19). Esta é a figura dos apetites não mortificados que consomem pouco a pouco a virtude da alma e se desenvolvem em detrimento dela, como as vergônteas que tanto prejudicam a árvore. Nosso Senhor também nos dá este conselho: "Estejam cingidos os vossos rins" (Lc 12,35), que significam os apetites. Também se parecem estes com as sanguessugas sempre chupando o sangue das veias; é o nome que lhes dá o Sábio, quando diz: sanguessugas são as filhas, isto é, os apetites; sempre dizem: dá-me, dá-me (Pr 30,15).

3. Evidentemente, os apetites não trazem à alma bem algum, mas, ao contrário, roubam-lhe o que possui. Se ela não os mortificar, irão os apetites adiante até fazerem à alma o que, como alguns dizem, fazem à mãe as viborazinhas que a mordem e matam à medida que crescem em seu ventre, conservando a própria vida às expensas da de sua mãe. Assim, os apetites não mortificados chegam ao ponto de matar na alma a vida divina, porque a mesma alma não os matou primeiro, mas deixou-os viver em si. Diz, com razão, o Eclesiástico: "Afastai de mim a concupiscência da carne" (Eclo 23,6).

4. Mesmo que não cheguem a tanto, é grande lástima considerar em que estado deixam a pobre alma os apetites quando nela vivem, tornando-a infeliz consigo mesma, áspera para com o próximo, pesada e preguiçosa para as coisas de Deus. Porque não há humor maligno que de tão difícil e pesado ponha um enfermo para caminhar, causando-lhe fastio para todo

alimento, quanto o apetite de criaturas torna a alma triste e pesada para praticar a virtude. E assim, ordinariamente, sucede muitas almas não terem diligência e vontade para progredir na perfeição: e a causa disso são os apetites e afeições conservados e o não terem a Deus puramente por objeto.

Capítulo XI
Necessidade de reprimir os apetites por mínimos que sejam, para chegar a alma à união divina.

1. O leitor parece-me estar há muito desejoso de saber se para atingir este alto estado de perfeição é preciso ter reprimido totalmente os apetites, grandes e pequenos, ou se é suficiente mortificar alguns sem se ocupar dos menos importantes. Parece extremamente difícil e árduo atingir a alma grau de desnudez tão completa e pureza tão grande, não tendo mais vontade nem afeição posta em coisa alguma.

2. Respondendo à pergunta, começo por dizer que, na verdade, todos os apetites não são igualmente prejudiciais nem perturbam a alma do mesmo modo. Refiro-me aos voluntários, porque os apetites naturais pouco ou nada impedem à união da alma, quando não são consentidos nem passam de primeiros movimentos. Entendo aqui por apetites naturais e primeiros movimentos todos aqueles em que a vontade racional não toma parte nem antes nem depois do ato. Porque é impossível mortificá-los inteiramente e fazê-los desaparecer nesta vida; aliás, não impedem a união divina, ainda que não estejam de todo mortificados. Pode muito bem acontecer que subsistam na parte inferior da alma, e deles esteja livre a parte superior. Sucederá estar a alma elevada a altíssima união, em oração de quietude na vontade, enquanto os seus apetites se agitam na parte sensitiva sem perturbar a parte superior que permanece em oração. Mas, em relação a todos os apetites voluntários, a alma deve purificar-se e desembaraçar-se deles completamente; não só dos mais graves que a levam ao peca-

do mortal, mas ainda dos menores que a induzem ao pecado venial, e até dos mais leves que a fazem cair em imperfeições. Sem isto, inutilmente pretenderá chegar à perfeita união com Deus. Com efeito, esta união consiste na transformação total da vontade humana na divina, de modo que não haja nela coisa contrária a essa vontade, mas seja sempre movida, em tudo e por tudo, pela vontade de Deus.

3. Por esta causa dizemos que, neste estado, as duas vontades fazem uma só, que é a de Deus, e, portanto, a vontade de Deus é também a da alma. Ora, se esta alma quisesse alguma imperfeição, o que evidentemente Deus não pode querer, nasceria daí divergência, pois a alma poria sua vontade onde não está a de Deus. Para se unir pela vontade e pelo amor a seu soberano Bem, a alma deve renunciar primeiro a todo o apetite voluntário, por mínimo que seja, o que significa não dever consentir, com pleno conhecimento e advertência, em imperfeição alguma, e chegar a um estado de liberdade e posse tão completa de si mesma que possa reprimir as imperfeições assim que as perceba. Com advertência, digo, porque muitas vezes cairá de surpresa em imperfeições e faltas veniais, bem como nos apetites naturais de que falamos. Destes pecados, nos quais a vontade toma tão fraca parte, está escrito que o justo cairá sete vezes, e tornar-se-á a levantar (Pr 24,16). Quanto aos apetites deliberados e voluntários, e pecados veniais de advertência, ainda sendo em coisa mínima, basta um só deles que não se vença para impedir a união da alma com Deus. Refiro-me a um tal hábito não mortificado, e não a alguns atos passageiros de apetites diferentes que não causam tanto prejuízo. Contudo, até mesmo esses últimos hão de ser vencidos, pois se originam de hábito de imperfeição. Quanto a certos hábitos de voluntárias imperfeições, dos quais a alma não consegue corrigir-se, não somente impedem a união com Deus, como também detêm os progressos espirituais.

4. Estas imperfeições habituais são: costume de falar muito, apegozinho a alguma coisa que jamais se acaba de

querer vencer, seja a pessoa, vestido, livro ou cela; tal espécie de alimento; algumas coisinhas de gostos, conversações, querendo saber e ouvir notícias, e outros pontos semelhantes. Qualquer dessas imperfeições, a que tenha a alma apego ou hábito, se opõe mais ao adiantamento na virtude do que grande número de faltas, mesmo veniais e diárias, não procedentes de hábito ou mau costume. Porque, enquanto houver apego a alguma coisa, por mínima que seja, é escusado poder progredir a alma na perfeição. Pouco importa estar o pássaro amarrado por um fio grosso ou fino; desde que não se liberte, tão preso estará por um como por outro. Verdade é que, quanto mais tênue for o fio, mais fácil será de se partir. Todavia, por frágil que seja, o pássaro estará sempre retido por ele enquanto não o quebrar para alçar voo. Assim sucede à alma cativa por afeição a qualquer coisa: jamais chegará à liberdade da união divina, por mais virtudes que possua. Os apetites têm ainda, com relação à alma, a mesma propriedade que tem o peixe chamado rêmora em relação ao navio ao qual se agarra; não obstante o seu pequeno tamanho, detém o navio, como alguns dizem, na própria marcha, impedindo-o de chegar ao porto. É lamentável ver certas almas, semelhantes a navios ricamente carregados de boas obras, exercícios espirituais, virtudes e favores celestes, sem coragem para vencer completamente algum pequeno apego, ou afeição, ou gosto natural (que é tudo o mesmo), e, por este motivo, nunca vão adiante nem chegam ao porto da perfeição; e apenas bastaria um esforço corajoso para quebrar completamente aquele fio de apego que a prende, ou arrancar aquela rêmora de apetite que a detém.

5. Depois de Deus lhes ter dado a graça de quebrar outros laços muito mais fortes, como os das afeições ao pecado e às vaidades do mundo, como é triste ver almas que, por falta de generosidade em desapegar-se de uma ninharia – um simples fio que o Senhor lhes deixa para romper por seu amor –, deixam de chegar a tão grande bem! O pior é que, por aquele

pequenino apego, não somente se atrasam, mas também perdem o que tinham adquirido em tanto tempo e com tanto trabalho; pois ninguém ignora que, no caminho da perfeição, não ir adiante é recuar; e não ir ganhando é ir perdendo. Nosso Senhor quis dar-nos a entender esta doutrina quando disse: "Quem não é comigo é contra mim; e quem comigo não ajunta, espalha" (Mt 12,30). É bastante não vedar a menor fenda de um vaso para que todo o licor que ele encerra se derrame e perca. Quem desprezar as menores coisas cairá pouco a pouco nas maiores (Eclo 19,1), diz o Eclesiástico. O mesmo livro nos ensina que basta "uma centelha para dar início a um incêndio" (Eclo 11,34); de modo idêntico, basta uma imperfeição para atrair outra, e outras ainda. Raramente haverá uma alma negligente em vencer um apetite que não tenha outros muitos que do primeiro se originam. E assim sempre vão caindo. Temos encontrado, por várias vezes, pessoas a quem Deus concedera a graça de adiantar-se muito no caminho do desprendimento e da liberdade de espírito e que, por conservarem a vontade presa em algum pequeno apego, sob pretexto de algum bem, conveniência ou amizade, daí vieram a perder gradualmente o espírito da santa solidão, o gosto das coisas de Deus, a alegria e a constância nos exercícios espirituais. Precipitaram-se, enfim, em uma ruína total, devido a não se terem privado, desde o início, desse apetite ou desse gosto sensível, e de não haverem guardado o coração unicamente para Deus.

6. Nesse caminho sempre se há de ir adiante para chegar ao fim, isto é, faz-se necessário repelir todos os desejos e nunca alimentá-los, pois, se não se acaba de os reprimir, jamais se há de chegar. Porque, assim como a lenha não se transformará em fogo se lhe faltar um único grau de calor, do mesmo modo a alma não se transformará perfeitamente em Deus por uma única imperfeição que tenha, embora esta seja menos do que um apetite voluntário. Pois – como mais tarde se dirá na noite da fé – a alma não possui mais do que uma só vontade e, se a

ocupa ou embaraça em algo, não fica livre, só e pura, como se requer para a transformação divina.

7. Disto temos figura no Livro dos Juízes, onde está escrito que o anjo veio censurar os filhos de Israel por não terem exterminado completamente os seus inimigos, e, ao contrário, terem feito aliança com alguns dentre eles; por isso resolvera deixar estes entre o povo eleito para que lhe fossem ocasião de quedas e perdição (Jz 2,3). Deus procede justamente assim com muitas almas. Tirou-as do mundo, matou os gigantes dos seus pecados, exterminou a multidão dos seus inimigos, que são as ocasiões perigosas encontradas neste mundo, a fim de lhes facilitar o acesso à terra da Promissão da união divina. Mas, ao invés de responderem a tantos favores do Senhor, elas fazem amizade e aliança com a plebe das imperfeições, em lugar de exterminá-la sem piedade. À vista de tal ingratidão, Nosso Senhor se enfada, deixando-as cair nos seus apetites de mal a pior.

8. O Livro de Josué nos oferece igualmente outro exemplo. No momento de tomar posse da terra prometida, o Senhor ordenou aos israelitas que destruíssem todos os seres vivos da cidade de Jericó, homens e mulheres, velhos e crianças, e também todos os animais. Ordenou-lhes ainda que não levassem despojos e nada cobiçassem (Js 6,21). Esta ordem nos ensina que, para entrar na divina união, devem morrer todos os afetos que vivem na alma, poucos ou muitos, pequenos ou grandes; e a alma deve estar tão desapegada deles como se não existissem para ela, nem ela para eles. São Paulo, escrevendo aos coríntios, nos ensina a mesma coisa. "Isto finalmente vos digo, irmãos: o tempo é breve; resta que os que têm mulheres sejam como se as não tivessem; os que choram, como se não chorassem; os que folgam, como se não folgassem; os que compram, como se não possuíssem; e os que usam deste mundo, como se dele não usassem" (1Cor 7,29-31). Estas palavras do Apóstolo nos mostram quão desprendida de todas as coisas deve estar nossa alma, se quisermos ir a Deus.

Capítulo XII
Resposta à segunda pergunta: que apetites são suficientes para causar à alma os danos de que falamos.

1. Poderíamos estender-nos longamente neste assunto da noite dos sentidos, pois teríamos muito que dizer sobre os prejuízos que os apetites trazem à alma, não somente pelas maneiras já explicadas, mas ainda sob muitos outros pontos de vista. Todavia, com relação ao fim que nos propomos, desenvolvemos suficientemente o assunto. O leitor deve ter compreendido, parece-me, por que denominamos noite a mortificação dos apetites, e quanto importa atravessar esta noite para ir a Deus. No entanto, poderia surgir uma dúvida sobre o que foi dito; vamos então responder, antes de tratar da maneira de penetrar na noite dos sentidos.

2. Pode-se perguntar, em primeiro lugar, se qualquer apetite é suficiente para produzir na alma as duas espécies de males, a saber: o privativo, que consiste em privar a alma da graça de Deus, e o positivo, que produz os cinco danos já referidos. Em segundo lugar, se um apetite qualquer, por mínimo que seja, é suficiente para trazer à alma todos os cinco danos de uma só vez, ou então se cada um deles produz seu dano particular; por exemplo, um traz o tormento, outro a fadiga e um terceiro a cegueira etc.

3. Respondendo à primeira pergunta: só os apetites voluntários que são matéria de pecado mortal podem operar, e na verdade operam de maneira total, este dano privativo, porque roubam à alma a graça nesta vida e na outra, a glória, que é a posse de Deus. À segunda pergunta respondo: cada apetite voluntário, não só em matéria de pecado mortal, mas também em matéria de pecado venial, ou ainda de faltas consideradas como simples imperfeições, é suficiente para causar de uma vez todos os danos positivos. Embora sob determinado ponto de vista possam chamar-se privativos, nós os denominamos aqui positivos, porque correspondem à conversão da alma para a criatura, como o privativo corresponde ao seu afastamento de Deus. Mas observemos a diferença: os apetites que levam

a pecado mortal produzem cegueira completa, tormento, nódoa e fraqueza absolutas etc. Todavia, os que não passam de pecado venial ou de imperfeições voluntárias não produzem estes danos em grau tão excessivo, pois não privam da graça; só os causam em parte e em grau menor, proporcionado à tibieza e ao relaxamento que introduzem na alma. Portanto, quanto maior a tibieza, mais aumentarão os tormentos, a cegueira e as manchas.

4. Deve-se notar: se cada apetite traz consigo todos os males que denominamos positivos, há alguns que causam diretamente certos danos, embora produzam, de maneira indireta, todos os outros. Por exemplo: conquanto o apetite sensual cause todos os males reunidos, o seu efeito próprio e principal é manchar a alma e o corpo. O apetite de avareza os produz igualmente a todos, mas cria direta e especialmente a aflição. O apetite de vanglória igualmente os faz nascer a todos, mas causa principal e imediatamente as trevas e a cegueira. E se o apetite da gula gera todos os males, o seu principal resultado é trazer tibieza na virtude; e assim por diante.

5. Se todos esses efeitos reunidos redundam na alma em resultado de um ato qualquer de apetite voluntário, é pela sua oposição aos atos da virtude que produzem na alma os efeitos contrários. Como a virtude produz suavidade, paz, consolação, luz, pureza e força, assim o apetite desordenado causa tormento, cansaço, fadiga, cegueira e fraqueza. E como a prática de uma só virtude aumenta e fortalece todas as outras, assim, sob a ação de um único vício, todos os vícios crescem e multiplicam na alma as suas consequências. Sem dúvida, todos esses tristes resultados não se manifestam no momento em que se satisfaz o apetite, porque o gosto então sentido não permite percebê-los. A sua má influência, porém, se manifesta antes ou depois. Temos exemplo disso no Apocalipse, onde se narra que o anjo mandou São João comer aquele livro cujo sabor na boca lhe foi doce, e no ventre se lhe tornou amargo (Ap 10,9). Quem se abandona aos apetites sabe por experiência que, no princípio, a paixão parece doce e agradável e que, somente mais tarde, se produzem seus efeitos cheios de amargor. No entanto,

não ignoro a existência de pessoas tão cegas e endurecidas que não lhes sintam os efeitos; pouco ciosas de se inclinarem para Deus, não percebem os obstáculos que dele as afastam.

6. Não trato aqui dos apetites irrefletidos da natureza, dos pensamentos que não passam de primeiro movimento ou das tentações não consentidas, porque tudo isso nenhum dos ditos males causa à alma. Embora a pessoa que por essas coisas passa julgue estar manchada e cega, por causa da perturbação e paixão que tais tentações lhe causam, não sucede deste modo: antes, lhe trazem os proveitos contrários. Ao resistir, adquire força, pureza, luz, consolação e outros muitos bens, segundo a palavra de Nosso Senhor a São Paulo: "A virtude se aperfeiçoa na enfermidade" (2Cor 12,9). Os apetites voluntários, porém, causam à alma todos os males de que já falamos e maiores ainda. Eis por que o principal cuidado dos mestres na vida espiritual deve ser mortificar logo a seus discípulos em qualquer apetite, ensinando-lhes a ficar na privação do que desejavam, a fim de os livrar de tanta miséria.

Capítulo XIII
Trata do modo que há de ter a alma para entrar na noite do sentido.

1. Resta agora dar alguns avisos sobre a maneira de saber e poder entrar nesta noite do sentido. Para isso devemos observar que a alma, ordinariamente, entra nesta noite sensitiva de duas maneiras, ativa e passiva. Ao que pode fazer e faz por si mesma para entrar, denominamos "noite ativa", e dela trataremos nos avisos seguintes. Na passiva, a alma nada faz e limita-se a consentir livremente no trabalho de Deus, sob o qual se comporta como paciente. Será na noite escura, quando nos referirmos aos principiantes, que trataremos dela. E como ali, com o favor divino, darei muitos avisos aos principiantes, a respeito das numerosas imperfeições em que costumam cair neste caminho, não me estenderei agora sobre este assunto. Aliás, não é aqui o lugar próprio para esses conselhos; agora quere-

mos somente explicar por que se chama noite esta passagem, em que consiste e quais as suas partes. Todavia, no receio de ser muito conciso e de prejudicar o progresso das almas, não lhes dando imediatamente alguns avisos, indicar-lhes-ei aqui um meio breve que as poderá iniciar na prática desta noite dos apetites. E, no fim de cada uma das outras duas partes desta noite, das quais tratarei mais tarde, com o auxílio do Senhor, usarei o mesmo método.

2. Os avisos que se seguem, sobre o modo de vencer os apetites, embora poucos e breves, são tão proveitosos e eficazes quanto são compendiosos. Portanto, quem verdadeiramente quiser pô-los em prática, não sentirá falta de outros ensinamentos, porque nestes estão encerrados todos.

3. Primeiramente: tenha sempre na alma o desejo contínuo de imitar a Cristo em todas as coisas, conformando-se à sua vida que deve meditar para saber imitá-la, e agir em todas as circunstâncias como Ele próprio agiria.

4. Em segundo lugar, para bem poder fazer isto, se lhe for oferecida aos sentidos alguma coisa de agradável que não tenda exclusivamente para a honra e a glória de Deus, renuncie e prive-se dela pelo amor de Jesus Cristo, que, durante a vida, jamais teve outro gosto nem outra coisa quis senão fazer a vontade do Pai, a que chamava sua comida e manjar. Por exemplo: se acha satisfação em ouvir coisas em que a glória de Deus não está interessada, rejeite esta satisfação e mortifique a vontade de ouvir. Se tem prazer em olhar objetos que não a levam a Deus, afaste este prazer e desvie os olhos. Igualmente nas conversações e em qualquer outra circunstância, deve fazer o mesmo. Em uma palavra, proceda deste modo, na medida do possível, em todas as operações dos sentidos; no caso de não ser possível, basta que a vontade não queira gozar desses atos que lhe vão na alma. Dessa maneira há de deixar logo mortificados e vazios de todo o gosto, e como às escuras. E com este cuidado, em breve aproveitará muito.

5. Para mortificar e pacificar as quatro paixões naturais, que são gozo, esperança, temor e dor, de cuja concórdia e harmonia nascem inumeráveis bens, trazendo à alma grande merecimento e muitas virtudes, o remédio universal é o seguinte:

6. Procure sempre inclinar-se não ao mais fácil, senão ao mais difícil. Não ao mais saboroso, senão ao mais insípido. Não ao mais agradável, senão ao mais desagradável. Não ao descanso, senão ao trabalho. Não ao consolo, mas à desolação. Não ao mais, senão ao menos. Não ao mais alto e precioso, senão ao mais baixo e desprezível. Não a querer algo, e, sim, a nada querer. Não a andar buscando o melhor das coisas temporais, mas o pior; enfim, desejando entrar por amor de Cristo na total desnudez, vazio e pobreza de tudo quanto há no mundo.

7. Abrace de coração essas práticas, procurando acostumar a vontade a elas. Porque, se de coração as exercitar, em pouco tempo achará nelas grande deleite e consolo, procedendo com ordem e discrição.

8. Basta observar fielmente essas máximas para entrar na noite sensitiva. Todavia, a fim de dar a esta doutrina maior desenvolvimento, proporemos outro gênero de exercício que ensina a mortificar a concupiscência da carne, a concupiscência dos olhos e a soberba da vida; são três coisas essas que, como afirma São João, reinam no mundo, e das quais procedem todos os outros apetites desordenados.

9. O espiritual deve: 1º) Agir em seu desprezo e desejar que os outros o desprezem. 2º) Falar contra si e desejar que os outros também o façam. 3º) Esforçar-se por conceber baixos sentimentos de sua própria pessoa e desejar que os outros pensem do mesmo modo.

10. Para conclusão destes conselhos e regras, convém aqui repetir aqueles versos escritos na Subida do Monte que figura no princípio deste livro, os quais contêm doutrina para subir a ele, isto é, para atingir o cume da união divina. Embora visem à parte espiritual e interior da alma, aplicam-se também ao es-

pírito imperfeito conforme o sensível e exterior, como se vê nas duas veredas que estão ao lado da senda estreita de perfeição. É neste último sentido que os tomaremos aqui; mais tarde, quando tratarmos da noite do espírito, aplicá-los-emos à parte espiritual.

11. Dizem assim:

1. Para chegares a saborear tudo,
   Não queiras ter gosto em coisa alguma.
2. Para chegares a possuir tudo,
   Não queiras possuir coisa alguma.
3. Para chegares a ser tudo,
   Não queiras ser coisa alguma.
4. Para chegares a saber tudo,
   Não queiras saber coisa alguma.
5. Para chegares ao que gostas,
   Hás de ir por onde não gostas.
6. Para chegares ao que não sabes,
   Hás de ir por onde não sabes.
7. Para vires ao que não possuis,
   Hás de ir por onde não possuis.
8. Para chegares ao que não és,
   Hás de ir por onde não és.

12. Modo de não impedir o tudo:

1. Quando reparas em alguma coisa,
   Deixas de arrojar-te ao tudo.
2. Porque para vir de todo ao tudo,
   Hás de negar-te de todo em tudo.
3. E quando vieres a tudo ter,
   Hás de tê-lo sem nada querer.
4. Porque se queres ter alguma coisa em tudo,
   Não tens puramente em Deus teu tesouro.

13. Nesta desnudez, acha o espírito sua quietação e descanso, pois, nada cobiçando, nada o fatiga para cima e nada o oprime para baixo, por estar no centro de sua humildade. Porque, quando alguma coisa cobiça, nisto mesmo se cansa e atormenta.

Capítulo XIV
Explicação do segundo verso da primeira canção.

De amor em vivas ânsias inflamada

1. Já comentamos o primeiro verso dessa canção que trata da noite sensitiva, demos a entender a natureza desta noite e por que lhe damos este nome; indicamos igualmente o modo e a ordem a ser observada para que a alma, nela, possa entrar ativamente. Vem a propósito, agora, tratar das suas propriedades e dos seus admiráveis efeitos, expressos nos seguintes versos da dita canção. Falarei deles brevemente, como prometi no prólogo. Passarei, a seguir, ao Livro II que se ocupa da segunda parte desta noite, a saber, da espiritual.

2. A alma diz que, "de amor em vivas ânsias inflamada", atravessou a noite escura dos sentidos para chegar à união com o Amado. De fato, para vencer todos os apetites e se privar dos gostos de todas as coisas em cujo amor e afeto costuma a vontade se inflamar para delas gozar, era mister outro maior incêndio de mais excelente amor, que é o de seu Esposo; a fim de que, concentrando neste amor toda a sua força e alegria, pudesse achar valor e constância para facilmente desprezar tudo mais. Entretanto, para vencer a violência dos apetites sensíveis, não bastaria apenas ser cativa do amor do Esposo: ainda necessitava estar inflamada nesse amor em vivas ânsias. Sendo, como é, a parte sensitiva do homem atraída e arrastada para as coisas sensíveis pelas fortes ânsias do apetite, se não estivesse a parte espiritual inflamada, de outro lado, por ânsias muito mais vivas dos bens espirituais, seria a alma impotente para libertar-se do jugo da natureza e entrar assim na noite dos sentidos; e não teria coragem para ficar às escuras em relação a todas as coisas, mortificando-se no apetite de todas elas.

3. Explicar a variedade e o modo dessas ânsias de amor que as almas têm na entrada da via de união, seus esforços e diligências para sair da sua morada, que é a própria vontade, na noite da mortificação dos sentidos, e declarar como estas

veementes ânsias do Esposo lhes fazem parecer fáceis, e até doces e saborosos os trabalhos e perigos desta noite, não é coisa para se dizer aqui, nem é possível exprimir como o seja. Bem melhor é experimentar e considerar do que escrever. E assim passaremos a explicar os outros versos no capítulo seguinte.

Capítulo XV
Explicação dos outros versos da mesma canção.

> *Oh ditosa ventura!*
> *Saí sem ser notada*
> *Já minha casa estando sossegada.*

1. A alma, para expressar-se, toma por metáfora o miserável estado do cativeiro; quem dele consegue escapar sem estorvo de nenhum dos carcereiros tem por "ditosa ventura" a sua libertação. Porque a alma, depois do pecado original, está verdadeiramente como cativa neste corpo de morte, sujeita às paixões e aos apetites naturais; eis a razão de considerar "ditosa ventura" haver saído "sem ser notada", fugindo ao cerco e à sujeição dos mesmos, isto é, sem que eles a tenham podido impedir ou deter.

2. Para isso lhe foi proveitoso sair "na noite escura", que é a privação de todos os gostos e a mortificação de todos os apetites, do modo já indicado. Esta saída se efetua "já sua casa estando sossegada", ou, em outros termos, quando a parte sensitiva, que é a casa de todos os apetites, está em repouso, pelo adormecimento e pela vitória alcançada sobre eles. Porque, enquanto os apetites não se aquietam pela mortificação da parte sensitiva, ficando esta sossegada quanto a eles, de modo que nenhuma guerra façam ao espírito, a alma não pode sair à verdadeira liberdade para gozar da união com seu Amado.

Fim do Livro I

Livro II
Trata do meio próximo para alcançar a união com Deus, que é a fé, e da segunda parte da Noite escura, isto é, da Noite do espírito contida na seguinte canção.

Canção II
>Na escuridão, segura,
>Pela secreta escada, disfarçada,
>Oh ditosa ventura!
>Na escuridão, velada,
>Já minha casa estando sossegada.

Capítulo I

1. A alma canta, nesta segunda canção, a ditosa ventura de haver despojado o espírito de todas as imperfeições e apetites de propriedades nas coisas espirituais. Tanto maior foi a ventura quanto mais difícil é estabelecer a paz na parte superior e penetrar nesta obscuridade interior, que consiste na desnudez do espírito em relação a todas as coisas sensíveis e espirituais, apoiando-se a alma unicamente na pura fé para se elevar até Deus. A fé aqui é comparada a uma "escada secreta", porque os seus diferentes graus e artigos são ocultos a todo sentido e entendimento. Obscurecida quanto à luz natural e racional, a

alma sai, assim, dos seus próprios limites para subir esta escada divina da fé que se eleva e penetra até às profundezas de Deus. Por este motivo, acrescenta que saiu "disfarçada", isto é, durante a sua ascensão na fé, despojou a veste e a maneira de ser natural para se revestir do divino; e, graças a esse disfarce, escapou aos olhares do demônio, e a todo o temporal e racional, pois nada disso pode prejudicar a alma caminhando na fé. De tal maneira vai aqui escondida e encoberta e tão alheia a todos os enganos do demônio que verdadeiramente vai caminhando "na escuridão velada", isto é, sem ser vista pelo demônio, para quem os esplendores da fé são mais obscuros que as trevas.

2. Eis por que a alma, envolvida pelo véu da fé, caminha oculta ao demônio, como adiante demonstraremos. Pelo mesmo motivo diz ter saído "na escuridão, segura", pois adianta-se com muita segurança nos caminhos de Deus a alma venturosa que toma unicamente a fé por guia, libertando-se de todas as concepções naturais e razões espirituais. Declara ainda haver atravessado esta noite espiritual "já sua casa estando sossegada", isto é, quando sua parte espiritual e racional estava em repouso. Em verdade, chegando ao estado da união divina, a alma goza de grande sossego em suas potências naturais e tem adormecidos os seus ímpetos e ânsias sensíveis na parte espiritual. Não diz aqui como na primeira noite do sentido: que saiu "em vivas ânsias", porque, para caminhar na noite sensitiva e se despojar de todas as coisas sensíveis, necessitava das ânsias veementes de amor sensível; porém, para pacificar a casa do espírito só se requer a negação de todas as potências, gostos e apetites espirituais em pura fé. Executado esse trabalho, entrega-se a alma ao Amado em uma união de simplicidade e pureza, e amor e semelhança.

3. Observemos ainda: ao falar, na primeira canção, da parte sensitiva, a alma diz ter saído em uma "noite escura". Aqui, relativamente à parte espiritual, acrescenta: saiu "na escuridão", por serem as trevas muito mais profundas nesta noite do espírito; assim, a escuridão é mais sombria do que a noite; por mais

escura que seja a noite, todavia, nela algo se distingue, enquanto na escuridão nada se vê. Assim, na noite do sentido a alma goza de certa claridade, pois ainda lhe resta alguma luz do entendimento e da razão, que não estão cegos; porém na noite do espírito, que é a fé, a alma permanece na privação de toda luz, seja intelectual, seja sensível. Por isso canta, nesta canção, que caminha "na escuridão, segura" – segurança possuída na primeira noite. É certo: a alma, quanto menos age em virtude da própria habilidade, mais segura vai, porque anda mais na fé. É o que irei explicando mais por extenso neste Livro II; ao devoto leitor peço benévola atenção, porque mui importantes coisas se dirão aqui para o verdadeiro espírito. Embora pareçam um tanto obscuras, de tal modo se esclareçem mutuamente que, segundo creio, serão bem entendidas.

Capítulo II
Explicação da segunda parte da Noite, ou da sua causa, que é a fé. Duas razões nos provam ser ela mais obscura do que a primeira e a terceira.

1. Trataremos agora da segunda parte da noite escura, que é a fé – meio admirável para nos conduzir ao fim, isto é, a Deus. Ora, sendo Deus para a alma a terceira causa ou parte desta noite, como já dissemos, a fé, que é o meio, pode ser justamente comparada à meia-noite. Assim, podemos dizer: a fé é para a alma mais escura do que a primeira parte da noite e, de certo modo, mais ainda do que a terceira. Com efeito, comparamos a primeira parte, ou noite dos sentidos, ao crepúsculo, ou seja, à hora em que os objetos começam a se obscurecer aos olhos; e não está tão afastado da luz como a meia-noite. A terceira parte, ou a aurora, isto é, a parte mais próxima do dia, não é por sua vez tão escura quanto a meia-noite, pois já está perto da ilustração e informação da luz do dia, e esta é comparada a Deus. Está fora de dúvida que, naturalmente falando, Deus é para a alma noite tão escura quanto a fé. No entanto, decorri-

das essas três partes da Noite, que para a alma são naturalmente trevas, começa Deus a projetar sobrenaturalmente nela um raio de sua luz divina que é o princípio da união perfeita, cuja consumação se realizará após a terceira noite, donde é claro ser esta menos obscura.

2. A primeira noite dos sentidos se relaciona com a parte inferior do homem e, por conseguinte, de algum modo, é mais exterior. A segunda noite, a da fé, referindo-se à parte superior ou racional, deve, em consequência, ser mais escura e mais interior, porque despoja a alma de sua luz própria, cegando-a. Pode-se, pois, muito a propósito, compará-la à meia-noite, que é o tempo mais tenebroso e de maior obscuridade.

3. Queremos provar agora como esta segunda parte da noite, a da fé, é verdadeiramente noite para o espírito como a primeira o é para o sentido. Falaremos, em seguida, dos obstáculos nela encontrados e, afinal, do trabalho ativo da alma para nela entrar. Quanto ao seu aspecto passivo, isto é, à ação de Deus para metê-la nesta noite, explicaremos em tempo oportuno, isto é, no Livro III.

Capítulo III
Como a fé é noite escura para a alma, prova-o com razões e autoridades da Sagrada Escritura.

1. A fé, dizem os teólogos, é um hábito da alma certo e obscuro. Chama-se hábito obscuro porque faz crer verdades reveladas pelo próprio Deus, e que estão acima de toda luz natural, excedendo, sem proporção alguma, a todo humano entendimento. Portanto, esta excessiva luz, que a alma recebe da fé, converte-se em espessa treva, porque o maior sobrepuja e vence o menor, assim como a luz irradiante do sol obscurece o brilho de quaisquer luzes, fazendo não mais parecerem luzes aos nossos olhos, quando ele brilha e vence nossa potência visual. Em vez de dar-nos vista, o seu esplendor nos cega, devido à desproporção entre o mesmo sol e a potência visual.

De modo análogo a luz da fé, pelo seu grande excesso, supera e vence a luz de nosso entendimento, que só alcança por si mesma a ciência natural; embora tenha, para as coisas sobrenaturais, a potência chamada "obediencial", quando Nosso Senhor a quer pôr em ato sobrenatural.

2. O entendimento não pode conhecer por si mesmo coisa alguma, a não ser por via natural, isto é, só o que alcança pelos sentidos. Por este motivo, necessita de imagens para conhecer os objetos presentes por si ou por meio de semelhanças; como dizem os filósofos, *ab obiecto et potentia paritur notitia*, isto é, do objeto presente e da potência nasce na alma a notícia. Se falassem a alguma pessoa de coisas jamais conhecidas ou vistas nem mesmo através de alguma semelhança ou imagem, não poderia evidentemente ter noção alguma precisa a respeito do que lhe diziam. Por exemplo: dizei a alguém que em certa ilha longínqua existe um animal por ele nunca visto, porém, se não descreverdes certos traços de semelhança desse animal com outros, não concebrá ideia alguma, apesar de todas as descrições. Por outro exemplo mais claro se entenderá melhor. Se a um cego de nascença quisessem definir a cor branca ou amarela, por mais que explicassem, não o poderia entender, porque nunca viu tais cores, nem coisa alguma semelhante a elas, para ser capaz de formar juízo a esse respeito; apenas guardaria na memória os seus nomes, percebidos pelo ouvido, mas ser-lhe-ia impossível fazer ideia de cores nunca vistas.

3. Assim é a fé para a alma; diz-nos coisas jamais vistas ou entendidas em si mesmas, nem em suas semelhanças, pois não as têm. Sobre as verdades da fé, não podemos ter luz alguma de ciência natural, porque não são proporcionadas aos nossos sentidos. Somente pelo ouvido cremos o que nos é ensinado, submetendo cegamente nossa razão à luz da fé. Porque, como diz São Paulo, "A fé pelo ouvir" (Rm 10,17); como se dissesse: a fé não é ciência que se possa adquirir pelos sentidos, mas só aquiescência da alma ao que lhe entra pelo ouvido.

4. E ainda a fé transcende muito mais os exemplos referidos. Porque, além de não produzir notícia e ciência, priva e obscurece totalmente quaisquer outras notícias e ciências para que possam julgar bem dela. Com efeito, as outras ciências se adquirem com a luz do entendimento; porém a ciência da fé é alcançada sem a luz do entendimento, renunciando-se a esta para adquirir aquela; pois, com a luz natural, se perde. Por isso disse Isaías: "Se não crerdes, não entendereis" (Is 7,9). É evidente, portanto, ser a fé noite escura para a alma, e assim a ilumina; e quanto mais a obscurece, mais luz irradia. Porque cegando dá luz, conforme diz o profeta no texto citado: se não crerdes, não tereis luz. Assim foi figurada a fé naquela nuvem que separava os filhos de Israel dos egípcios, na passagem do Mar Vermelho. A Sagrada Escritura diz: A nuvem era tenebrosa e iluminava a noite (Ex 14,20).

5. Admirável coisa: sendo tenebrosa iluminava a noite! Assim a fé – nuvem tenebrosa e obscura para a alma que também é noite, pois, em presença da fé, torna-se cega e privada da luz natural –, com sua obscuridade, ilumina e esclarece a treva da alma, porque assim convinha ao discípulo ser semelhante ao mestre. O homem, segundo o ensinamento do Salmista, vivendo nas trevas só pode ser iluminado por outras trevas: "O dia anuncia ao dia esta verdade e a noite mostra sabedoria à noite" (Sl 18,3). Mais claramente quer dizer: o dia, que é Deus na bem-aventurança, onde já é de dia para os anjos e santos que também são dia, anuncia e comunica-lhes a palavra eterna, que é seu divino Filho, para que o conheçam e o gozem. E a noite, que é a fé na Igreja militante, onde ainda é de noite, comunica a ciência à Igreja e, por conseguinte, a toda alma, que, em si mesma, é noite, porque ainda não goza da clara sabedoria beatífica, e diante da fé fica privada da sua luz natural.

6. Portanto, seja esta a nossa conclusão: a fé, escura noite, ilumina a alma, que também é noite escura, e se verificam então as palavras de Davi a este propósito: "A noite se converte em claridade para me descobrir as minhas delícias" (Sl 138,11).

Isto é: nos deleites de minha pura contemplação e união com Deus, a noite da fé será minha guia, evidenciando-se que a alma há de estar em treva para ter luz neste caminho.

Capítulo IV
Deve a alma permanecer em trevas, tanto quanto dela depender, a fim de ser guiada com segurança pela fé à suma contemplação.

1. Espero ter dado a entender, ao menos em parte, como a fé é noite escura para a alma, e como há de ficar a mesma alma na obscuridade, privada da própria luz natural, para deixar-se conduzir pela fé às sublimes alturas da união. Todavia, para atingir este fim, convém particularizar a natureza desta obscuridade que deve introduzir a alma no abismo da fé. Falarei, no presente capítulo, deste assunto em geral e, mais tarde, com o auxílio divino, indicarei minuciosamente o modo de não errar nesta noite nem impedir a ação de tal guia.

2. Para caminhar com segurança, à luz da fé, a alma deve ficar às escuras não só quanto à parte sensível e inferior relativa às criaturas e ao temporal, mas também quanto à parte racional e superior, de que vamos tratando agora – cujo objeto é Deus e todas as coisas espirituais. Para chegar a alma à transformação sobrenatural, evidentemente há de obscurecer-se e transpor-se além dos limites da vida natural, sensitiva e racional. Porque sobrenatural significa precisamente passar acima do natural; portanto, o natural deve ficar abaixo. Como a transformação e a união divina não podem cair em sentido e habilidade humana, a alma para aí chegar tem necessidade do perfeito desapego de todas as coisas, inferiores e superiores, segundo a afeição e vontade, empregando nisso toda a sua diligência. Da parte de Deus, o que não fará Ele em uma alma assim despojada, abnegada e aniquilada? É mister estar vazia e livre, mesmo quanto aos dons sobrenaturais recebidos, permanecendo às escuras, como cega, apoiada na fé e tomando-a por guia, luz e apoio.

Não deve fazer caso do que ouve, gosta, sente ou imagina, pois tudo isso é treva que fará errar o caminho; e a fé está acima de todas essas coisas. Se não quiser ficar totalmente às escuras, não chegará ao mais elevado que justamente nos ensina a fé.

3. O cego não inteiramente cego não se deixa guiar direito por quem o conduz. Pelo fato de enxergar um pouco, ao ver algum caminho já lhe parece mais seguro ir por ali, porque não vê outros; e, como tem autoridade, pode fazer errar a quem o guia e vê mais do que ele. Do mesmo modo a alma apoiada em qualquer ciência, ou gosto, ou sentimento de Deus, para chegar à união – além de ser tudo isso muito menos e muito diverso do que é Deus –, facilmente se extravia ou para no caminho, por não se conservar cega na pura fé, sua verdadeira guia.

4. Tal é o pensamento de São Paulo: "É necessário que o que se chegar a Deus creia que Ele existe" (Hb 11,6). Em outros termos: quem aspira a unir-se a Deus não há de ir entendendo nem se apoiando em seus sentimentos e imaginação, mas há de crer simplesmente no infinito ser divino – pois as concepções da inteligência humana, por mais sublimes que sejam, ficam a uma distância incomensurável das perfeições de Deus e do que a sua pura posse nos revelará um dia. Isaías e São Paulo dizem: "O olho não viu, nem o ouvido ouviu, nem jamais subiu ao coração humano o que Deus tem preparado para os que o amam" (Is 64; 1Cor 2,9). Se a alma, portanto, pretende unir-se perfeitamente pela graça neste mundo àquele a quem se há de unir pela glória na outra vida – na união eterna da qual declara o Apóstolo que olho não viu, nem ouvido ouviu, nem coração humano jamais pôde compreender –, claro está que para chegar a essa perfeita união de graça e de amor, aqui na terra, deverá permanecer às escuras de tudo quanto pode entrar pelo olho, perceber-se pelo ouvido, imaginar-se com a fantasia ou compreender-se com o coração, que neste caso significa a mesma alma. Notavelmente se desvia do caminho da união com Deus quando se apega a algum sentimento, imaginação, parecer, vontade ou modo próprio, enfim, a qualquer obra ou

coisa sua, não sabendo desprender-se e despir-se de tudo isso. Já vimos como o fim ao qual a alma aspira supera tudo o que possa conhecer e gostar de mais elevado: para atingi-lo, há de passar a alma em tudo ao não saber.

5. Entrar, pois, neste caminho, é sair do seu próprio caminho, ou, para melhor dizer, caminhar diretamente para o termo, deixando seu modo limitado a fim de penetrar em Deus, que não tem modo. A alma, chegada a esse estado, já não tem modos particulares nem se apega ou pode apegar-se a eles, isto é, não mais se prende ao próprio modo de entender, gostar e sentir, conquanto tenha em si todos os modos; assim como quem, nada tendo, possui tudo excelentemente. Tendo tido ânimo para transpor os estreitos limites de sua natureza, tanto no interior como no exterior, entra em limite sobrenatural que não tem modo algum, embora, em substância, encerre todos os modos. Para chegar a isto, é preciso abandonar tudo aquilo, apartar-se daqui e dali, e sair para muito longe de si, deixando o baixo para possuir o altíssimo.

6. A alma, portanto, ultrapassando todas as coisas que pode, espiritual e temporalmente, gozar e compreender, deve aspirar ardentemente a alcançar o bem que nesta vida lhe é impossível conhecer ou experimentar em seu coração. E, deixando após si todos os gostos temporais e espirituais que encontra ou pode encontrar neste mundo, há de desejar com ardente desejo chegar ao que excede todo gosto e sentimento. Para ficar livre e despojada, de modo a poder alcançar este fim, de forma alguma há de apegar-se àquilo que espiritual ou sensivelmente recebe (conforme explicaremos ao tratar desta matéria), considerando todas essas coisas como muito inferiores. Porque, quanto maior valor dá a tudo quanto entende, goza e imagina, e quanto mais o estima, seja coisas espirituais ou não, tanto mais se afasta do bem infinito e mais se retarda em alcançá-lo; e, pelo contrário, quanto menos pensa que é tudo quanto recebe, em comparação a esse bem supremo, mais estima faz dele, e consequentemente mais depressa chegará a possuí-lo. Deste

modo, às escuras vai a alma a passos rápidos, adiantando-se no caminho da união, por meio da fé que, sendo também escura, na mesma escuridão admiravelmente a ilumina. Certamente se a alma quisesse ver, ficaria, a respeito das coisas divinas, muito mais cega do que alguém a fixar os olhos no esplendor do sol.

7. Neste caminho, cegando-se em suas potências é que há de ver a luz, segundo o Salvador diz no evangelho: "Eu vim a este mundo para juízo, a fim de que os que não veem vejam, e os que veem se façam cegos" (Jo 9,39). Estas palavras são literalmente aplicáveis a esse caminho espiritual, no qual a alma, estando às escuras e cega quanto a todas as suas luzes próprias e naturais, verá de modo sobrenatural. E aquela que quiser guiar-se por suas luzes particulares permanecerá na mais profunda obscuridade, detendo-se no caminho da união.

8. Será útil, para evitar qualquer confusão, definir no capítulo seguinte o que denominamos "união da alma com Deus". Este ponto, uma vez esclarecido, muito elucidará a nossa exposição mais adiante. Assim, acho conveniente tratar disso aqui, como em lugar oportuno. Embora se corte o fio do que vínhamos declarando, não será fora de propósito: antes servirá para esclarecer melhor o presente assunto. O capítulo seguinte será, então, como um parêntese, posto entre o mesmo entimema[8], e logo depois começaremos a tratar, em particular, das três potências em relação às três virtudes teologais nesta segunda noite espiritual.

Capítulo V
Explica-se, por uma comparação, o que é a união da alma com Deus.

1. Pelo que dissemos até agora, já se compreende de algum modo o que seja a união da alma com Deus; portanto, já não será tão difícil explicá-lo aqui. Aliás, não é minha intenção tra-

---

8. "Entimema": silogismo incompleto com duas proposições, chamada uma antecedente e outra consequente.

tar neste capítulo das divisões desta união, porque seria interminável querer explanar aqui as várias formas de união do entendimento, da vontade e da memória, qual seja a transitória e qual a permanente em cada potência, depois a união total transitória e permanente segundo todas as potências juntas. Disso a cada passo iremos tratando, já de uma, já de outra, conforme se apresentar a ocasião. Por ora não é necessário explicar tudo, para dar a entender o que vamos dizer aqui da união; quando chegar o momento de tratar dos seus diferentes graus, veremos essa matéria esclarecida com exemplos vivos, e assim se julgará melhor de cada coisa a seu tempo.

2. Limitar-me-ei agora a falar da união total e permanente, segundo a substância da alma e as suas potências, quanto ao hábito obscuro de união. Pois, quanto ao ato, explicaremos depois, com a graça divina, como não pode haver nesta vida união permanente em todas as potências, mas só a união transitória.

3. Para compreender, pois, qual seja esta união de que vamos tratando, é necessário saber que Deus faz morada substancialmente em toda alma, ainda que seja a do maior pecador do mundo. Esta espécie de união existe sempre entre Deus e as suas criaturas, conservando-lhes o ser: sem essa presença, seriam aniquiladas e cessariam de existir. Assim, quando falamos de união da alma com Deus, não nos referimos à união substancial sempre permanente, mas à união e transformação da alma em Deus por amor, só realizada quando há semelhança de amor entre o Criador e a criatura. Por esse motivo, dar-lhe-emos o nome de união de semelhança, assim como a outra se chama união essencial ou substancial. Esta é natural; aquela é sobrenatural, e se consuma quando as duas vontades, a da alma e a de Deus, de tal modo se unem e conformam que nada há em uma que contrarie a outra. Assim, quando a alma tirar de si, totalmente, o que repugna e não se identifica à vontade divina, será transformada em Deus por amor.

4. Trata-se aqui não só do que repugna a Deus segundo o ato, mas também segundo o hábito. É necessário, pois, abster-se não somente dos atos voluntários de imperfeições, como

ainda aniquilar os hábitos dessas mesmas imperfeições. Toda criatura e todas as suas ações e habilidade não podem chegar até Deus, nem ter com Ele proporção alguma; por esta razão é mister à alma desprender-se de qualquer afeição ao criado, de tudo quanto diz respeito às suas ações e à sua habilidade natural, isto é, de sua maneira de entender, gostar e sentir; para que, rejeitando tudo que se opõe a Deus e lhe é dessemelhante, torne-se apta a receber a semelhança divina. Quando tudo, afinal, se tornar conforme a vontade de Deus, já não existirá obstáculo para a completa transformação nele. Em verdade, Deus, sempre presente na alma, lhe dá e conserva o ser natural, com sua assistência. No entanto, não lhe comunica sempre o ser sobrenatural, porque este só se comunica por amor e graça. Ora, nem todas as almas se acham na graça divina, e mesmo as que o estão não a possuem em grau idêntico, pois o fogo do amor aquece mais a umas do que a outras. Dessa forma, Deus se comunica mais à alma mais adiantada no amor, isto é, àquela cuja vontade mais se conforma à dele. Sendo a conformidade perfeita, a união e a transformação sobrenatural serão consumadas. Segundo esta doutrina, é certo que, quanto mais se prende a alma à criatura e confia nas suas habilidades naturais, segundo o afeto e o hábito, menos apta estará para tal união, porque não permite a Deus transformá-la totalmente no sobrenatural. Assim, é necessário apenas desembaraçar-se de todas as oposições e dessemelhanças naturais para que Deus, além de lhe comunicar a vida natural por natureza, venha comunicar-lhe a vida sobrenatural por graça.

5. Isto quis dizer-nos São João nestas palavras: "Que não nasceram do sangue, nem da vontade da carne, nem da vontade do varão, mas de Deus" (Jo 1,13). É como se dissesse: o poder de se tornarem filhos de Deus e de nele se transformarem é dado somente aos que não são nascidos no sangue, isto é, das disposições naturais, nem da vontade da carne ou do alvedrio da habilidade e capacidade natural, menos ainda da vontade do homem; e nisto se entende toda maneira e modo humano de julgar e conceber segundo a razão. A nenhum desses foi dado o

poder de se tornarem filhos de Deus, senão àqueles que nasceram de Deus, ou, em outras palavras, aos que, voluntariamente mortos ao velho homem, são elevados até à vida sobrenatural, recebendo de Deus a regeneração e a filiação divina, que é acima de tudo o que se pode pensar. Porque, como diz o mesmo Apóstolo noutra passagem: "Quem não renascer da água e do Espírito Santo não pode entrar no Reino de Deus" (Jo 3,5). Isto é, quem não renascer do Espírito Santo jamais verá o Reino de Deus, que é o estado de perfeição. Ora, renascer do Espírito Santo nesta vida é tornar-se semelhante a Deus por uma pureza que não admite mescla de imperfeição; somente assim é realizada a transformação perfeita, por participação de união, embora não essencialmente.

6. Façamos uma comparação para melhor explicar o nosso assunto. Se o raio de sol vier refletir-se sobre um vidro manchado ou embaciado não poderá fazê-lo brilhar nem o transformará em sua luz de modo total, como faria se o vidro estivesse limpo e isento de qualquer mancha; este só resplandecerá na proporção de sua pureza e limpidez. O defeito não é do raio, mas do vidro; porque, se o vidro estivesse perfeitamente límpido e puro, seria de tal modo iluminado e transformado pelo raio que pareceria o mesmo raio, e daria a mesma luz. Na verdade, o vidro, embora fique parecendo raio de luz, conserva sua natureza distinta; contudo, podemos dizer que, assim transformado, fica sendo raio ou luz por participação. Assemelha-se a esse vidro a alma sobre a qual investe incessantemente – ou, por melhor dizer, nela reside – esta divina luz do ser de Deus por natureza, conforme já explicamos.

7. Logo que a alma se disponha, tirando de si todo véu e mancha de criatura, tendo sua vontade perfeitamente unida à de Deus – porque o amor consiste em despojar-se e desapegar-se, por Deus, de tudo que não é Ele –, fica transformada naquele que lhe comunica o ser sobrenatural, de tal maneira que parece o mesmo Deus, e tem em si mesma tudo o que Deus tem. Esta união se realiza quando o Senhor faz à alma esta so-

brenatural mercê, por meio da qual todas as coisas divinas e a alma se unificam por transformação participante: a alma, então, mais parece Deus do que ela mesma, e se torna Deus por participação, embora conserve seu ser natural, tão distinto de Deus quanto antes, nessa atual transformação; assim como o vidro continua sempre distinto do raio que nele reverbera.

8. Agora podemos compreender mais claramente como a disposição requerida para tal união não consiste em compreender, gostar, sentir ou imaginar a Deus, nem está em qualquer outra coisa, senão na pureza e no amor, isto é, na desnudez e resignação perfeita de todas essas coisas unicamente por Deus. Não poderá haver completa transformação se não houver perfeita pureza. Proporcionada à limpidez da alma, será a iluminação, transformação e união com Deus, em grau maior ou menor, e não chegará a ser inteiramente consumada enquanto não houver total pureza.

9. Expliquemos por esta comparação: suponhamos uma imagem perfeitíssima, com muitos e primorosos adornos, trabalhada com delicados e artísticos esmaltes, sendo alguns de tal perfeição que não é possível analisar toda a sua beleza e excelência. Quem tiver menos clara a vista, olhando a imagem, não poderá admirar todas aquelas delicadezas da arte. Outra pessoa de melhor vista descobrirá mais primores, e assim por diante; enfim, quem dispuser de maior capacidade visual, maiores belezas irá percebendo; pois há tantas maravilhas a serem vistas na imagem que, por muito que se repare, ainda é mais o que fica por contemplar.

10. O mesmo sucede às almas em relação a Deus nessa iluminação ou transformação. Porque, embora seja certo que uma alma, segundo a sua menor ou maior capacidade, pode ter chegado à união, não é de modo igual para todas, pois isto é como o Senhor quer dar a cada uma. É assim como acontece aos bem-aventurados no céu: uns veem mais a Deus, e outros menos, mas todos o veem e todos estão felizes, porque cada um tem satisfeita a própria capacidade.

11. Encontramos, nesta vida, almas que gozam de igual paz e tranquilidade no estado de perfeição, e cada uma se acha contente como está. Todavia, uma delas poderá estar em um grau de união muito mais elevado do que outra, não impedindo esta diferença de estarem todas satisfeitas, porquanto têm satisfeita a sua capacidade. Mas a alma cuja pureza não corresponde à sua mesma capacidade jamais gozará da verdadeira paz e satisfação, porque não chegou à desnudez e ao vazio em suas potências, qual se requer para a simples união.

Capítulo VI
Como as três virtudes teologais devem aperfeiçoar as três potências da alma, produzindo nelas vazio e trevas.

1. Devendo falar do modo de introduzir as três potências da alma – entendimento, memória e vontade – na noite espiritual, a fim de alcançar a divina união, é necessário primeiramente demonstrar aqui o seguinte: as três virtudes teologais, fé, esperança e caridade – que se relacionam às ditas três potências, como próprios objetos sobrenaturais servindo de meio para a alma se unir com Deus segundo suas mesmas potências –, produzem em cada uma destas vazio e obscuridade. A fé age assim no entendimento, a esperança na memória e a caridade, na vontade. Veremos sucessivamente como o entendimento se aperfeiçoa nas trevas da fé, a memória no vazio da esperança e, afinal, como a vontade há de sepultar-se na privação de todo afeto para chegar à união divina. Isto feito, ver-se-á claramente quanto importa à alma, desejosa de prosseguir com segurança no caminho espiritual, apoiar-se, nesta noite escura, às três virtudes que a desapegam e obscurecem com relação a todas as coisas criadas. Ainda repetimos: a alma, nesta vida, não se une com Deus por meio do que entende, goza ou imagina, nem por coisa alguma que os sentidos ofereçam, mas unicamente pela fé quanto ao entendimento, pela esperança segundo a memória e pelo amor quanto à vontade.

2. Estas três virtudes, deste modo, fazem o vazio nas potências; a fé no entendimento, obscurecendo-o acerca de suas luzes naturais; a esperança na memória, produzindo o vazio de toda posse; e a caridade operando na vontade o despojamento de todo afeto e gozo de tudo o que não é Deus. Porque a fé nos diz, como já vimos, aquilo que não podemos alcançar com o entendimento. São Paulo, escrevendo aos hebreus, nos declara a este propósito: "É, pois, a fé a substância das coisas que se devem esperar" (Hb 11,1). Para o nosso caso, significa que a fé é a substância das coisas que se esperam, pois, embora o entendimento receba com firmeza e determinação as verdades que lhe são propostas, estas não se descobrem a ele; do contrário não seria mais fé, porque esta, embora dê certeza, não ilumina o entendimento claramente, senão obscurece-o.

3. A esperança também põe a memória no vazio e nas trevas em relação às coisas da terra e do céu. Isto não permite dúvida, pois a esperança sempre tem por objeto o que ainda não possuímos. Não mais esperamos o que já possuímos. Ora, "a esperança que se vê não é esperança; porque o que alguém vê como o espera?", diz São Paulo aos romanos (Rm 8,24). Assim, esta virtude produz o vazio, porque se baseia sobre o que não se tem, e não sobre o que se possui.

4. A caridade opera igualmente o vazio e o despojamento na vontade, pois nos obriga a amar a Deus sobre todas as coisas; e só podemos cumprir este mandamento desprendendo nosso afeto de todos os bens espirituais e temporais para concentrá-lo somente em Deus. Nosso Senhor Jesus Cristo nos diz por São Lucas: "Qualquer um de vós que não renunciar a tudo o que possui, pela vontade, não pode ser meu discípulo" (Lc 14,33). Isto, em resumo, mostra que as três virtudes teologais colocam a alma nas trevas e no vazio absoluto.

5. Aplica-se a este assunto a parábola, citada pelo mesmo evangelista no capítulo XI, do homem que vem à meia-noite pedir três pães ao amigo (Lc 11,5). Esses pães simbolizam as três virtudes teologais. Em verdade, é no meio da noite que nós

as adquirimos, ou seja, a perfeição das três virtudes é conseguida quando as potências da alma estão na obscuridade. Lemos, no capítulo 6 de Isaías, que os dois serafins vistos pelo profeta de cada lado do trono de Deus tinham, cada um, seis asas. Duas delas serviam para lhes cobrir os pés, o que significa a abnegação e a desnudez da vontade acerca de todas as coisas. Com duas outras asas cobriam as faces, o que figura as trevas do entendimento em presença de Deus. Serviam-se das duas últimas para voar (Is 6,2): eis a imagem da esperança que deve voar às coisas que não se possuem, pairando acima de tudo o que se pode possuir, na terra ou no céu, fora de Deus.

6. Devemos, pois, levar as três potências da alma às três virtudes teologais, de modo a ser cada potência enformada pela virtude que lhe é correspondente, despojando-a e pondo-a no vazio de tudo quanto não se refira às mesmas três virtudes. É esta a noite espiritual que chamamos ativa, por causa das diligências empregadas da parte da alma para nela entrar. E assim como, na noite do sentido, indicamos o meio de privar as potências sensitivas de todo o apetite de objetos sensíveis a fim de facilitar à alma a passagem do estado natural para o sobrenatural, isto é, para a vida da fé, explicaremos agora, com a ajuda de Deus, a maneira de despojar e purificar as potências espirituais na noite do espírito, deixando-as permanecer na obscuridade das três mencionadas virtudes que constituem o meio e a disposição para a alma unir-se com Deus.

7. As trevas desta noite dão segurança e garantia contra as astúcias do demônio, e contra a força do amor-próprio em todas as suas manifestações, que mui sutilmente enganam e detêm os espirituais que não sabem desapegar-se de tudo para se reger segundo as três virtudes teologais; e assim jamais chegam à pureza e substância do bem espiritual, nem vão pelo caminho reto e breve que depressa os conduziria ao fim.

8. Note-se agora que me dirijo especialmente aos que já começaram a entrar no estado de contemplação. Com os principiantes mais minuciosamente falarei no Livro II, com o auxílio de Deus, quando tratar das propriedades que lhes são peculiares.

Capítulo VII
Quanto é estreita a senda que conduz à vida eterna, e como devem estar despojados e desembaraçados os que hão de caminhar por ela. Começa a falar da desnudez do entendimento.

1. Este assunto agora tratado da desnudez e pureza das três potências da alma exigiria saber mais profundo e espírito mais elevado que o meu, para conseguir demonstrar bem aos espirituais quanto é estreito o caminho que nosso Salvador afirma conduzir à vida eterna, a fim de que, uma vez convencidos desta verdade, não se surpreendam do vazio e do despojamento em que hão de deixar todas as potências da alma nessa noite.

2. Observemos com cuidado as palavras que Nosso Senhor nos dirige por São Mateus: "Quão apertada é a porta e quão estreito é o caminho que conduz à vida; e poucos são os que acertam com ele" (Mt 7,14). O peso e o encarecimento deste termo "quão" são muito dignos de nota; é como se o Senhor quisesse dizer: em verdade, o caminho é bem estreito e muito mais do que podeis pensar. Ponderemos ainda que o Senhor primeiramente diz ser apertada, para nos mostrar que a alma desejosa de entrar por esta porta de Cristo – que é o começo do caminho – deve antes de tudo reduzir-se e despojar a vontade em todas as coisas sensíveis e temporais, amando a Deus acima de todas elas; e isto se realiza na noite do sentido, da qual já falamos.

3. O divino Mestre acrescenta: estreito é o caminho que conduz à vida, ou seja, o caminho da perfeição; para nos ensinar não ser suficiente a alma entrar pela porta apertada, abandonado todo o sensível, mas que também se há de reduzir e desembaraçar, desapropriando-se puramente em tudo o que é espiritual. As palavras "porta apertada" podem ser aplicadas à parte sensitiva do homem, como as de "caminho estreito" se aplicam à parte racional e espiritual. E quando é dito que tão poucas almas acertam com ele, devemos notar a causa: é que também muito poucas cabem e querem entrar nesta suma des-

nudez e vazio do espírito. A senda que leva ao cume do monte da perfeição, por ser estreita e escarpada, requer viajores desprovidos de carga cujo peso os prenda às coisas inferiores, nem sofram obstáculo algum que os perturbe quanto às superiores; em se tratando de buscar e alcançar unicamente a Deus, deve ser Ele o único objeto de sua procura e aspiração.

4. Daí se vê claramente não bastar ter conseguido a liberdade em relação às criaturas: é preciso libertar-se e despojar-se totalmente do que se refere às coisas espirituais. Nosso Senhor nos introduz, Ele próprio, neste caminho, dando-nos por São Marcos doutrina admirável, que, ouso dizê-lo, é tanto menos praticada quanto mais se faz necessária. É tão útil, e vem tão a propósito aqui, que vou relatá-la e explicá-la no sentido literal e espiritual: "Se alguém me quer seguir, negue a si mesmo, e tome a sua cruz e siga-me, porque, quem quiser salvar sua vida, perdê-la-á, mas, quem perder a sua vida por amor de mim, salvá-la-á" (Mc 8,34-35).

5. Oh quem poderia fazer compreender, amar e praticar tudo o que encerra este conselho dado pelo Salvador sobre a renúncia de si mesmo, para os espirituais aprenderem como devem andar neste caminho de modo bem diferente do que muitos pensam! Segundo a opinião de alguns, é suficiente reformar os hábitos e ter um pouco de retiro; outros se contentam em praticar até certo ponto as virtudes, orar e mortificar-se. Mas nem uns nem outros se dão ao verdadeiro desprendimento e pobreza, à renúncia e pureza espiritual (que é tudo o mesmo), aconselhados aqui pelo Senhor. Bem longe disso, vivem a alimentar e encher a natureza de consolações e sentimentos espirituais em vez de desapegá-la e negar-lhe toda satisfação por amor de Deus. Pensam ser bastante mortificá-la nas coisas do mundo, e não querem aniquilá-la completamente e purificá-la em toda propriedade espiritual. Assim fogem eles como da morte à prática desta sólida e perfeita virtude que está na renúncia de todas as suavidades em Deus, e que abraça toda a aridez, desgosto, trabalho, em uma palavra, a cruz puramente espiritual

e o despojamento completo na pobreza de Cristo. Buscam somente as suaves comunicações e doçuras divinas. Isto, porém, não é negação de si mesmos nem desnudez de espírito, mas, sim, gula de espírito. Essas pessoas se tornam espiritualmente inimigas da cruz de Cristo, pois o verdadeiro espírito antes procura em Deus a amargura do que as delícias, prefere o sofrimento à consolação; a privação, por Deus, de todo o bem ao gozo; a aridez e as aflições às doces comunicações do céu, sabendo que isto é seguir a Cristo e renunciar-se. Agir diferentemente é procurar-se a si mesmo em Deus, o que é muito contrário ao amor. Com efeito, buscar-se a si mesmo em Deus é procurar as mercês e consolações divinas, mas buscar puramente a Deus consiste não só em querer privar-se de todos os regalos por Ele, como ainda em inclinar-se a escolher, por amor de Cristo, tudo quanto há de mais áspero, seja no serviço divino, seja nas coisas do mundo: isto, sim, é amor de Deus.

6. Oh quem poderia dar a entender até onde quer Nosso Senhor que chegue esta renúncia! Decerto há de ser semelhante à morte e ao aniquilamento da vontade a todas as coisas de ordem temporal, natural e espiritual, e nisto consiste toda a negação. Nosso Salvador no-lo prova por este ensinamento: quem quiser salvar sua alma, esse a perderá, isto é, quem quiser possuir algo e buscá-lo para si perderá a própria alma. Ao contrário, quem perder sua alma por mim, a ganhará, ou dizendo melhor: quem renunciar por Cristo a todos os desejos e gozos da sua vontade, e der preferência às amarguras da cruz, esse cumprirá o preceito do Salvador no Evangelho de São João: e o que aborrece a sua vida neste mundo, conquistá-la-á (Jo 12,25). A mesma doutrina deu Sua Majestade àqueles dois discípulos que pediam lhes fosse permitido sentar-se à sua direita e à sua esquerda; ao invés de atender a tal solicitação, ofereceu-lhes o cálice que havia de beber, como favor mais certo e precioso nesta vida do que gozar (Mt 11,30).

7. Esse cálice é morrer à própria natureza, desapegando-a e aniquilando-a em tudo quanto se refere ao sentido, como já

dissemos, e ao espírito, como ora explicamos, privando-a de todo entender, gozar e sentir, para poder caminhar nesta senda estreita. De tal maneira deve ir a alma neste caminho que não só esteja desprendida do sensível e do espiritual, mas também nem com este último fique embaraçada em sua ascensão; pois, como nos ensina o Salvador, não cabe nesta senda mais do que a negação e a cruz. Tomando esta por báculo em que se apoie, com grande facilidade e desembaraço se eleva a alma. Nosso Senhor, por São Mateus, nos diz: "O meu jugo é suave e o meu peso, leve" (Mt 20,21). Com efeito, se a alma se determinar generosamente a carregar esta cruz, querendo deveras escolher e abraçar com ânimo resoluto todos os trabalhos por Deus, achará grande alívio e suavidade para subir neste caminho, assim despojada de tudo e sem mais nada querer. Se pretender, porém, guardar para si alguma coisa, seja temporal, seja espiritual, não terá o verdadeiro desapego e abnegação; portanto, não poderá subir por esta estreita senda até o cume.

8. E, assim, quereria eu persuadir espirituais de como este caminho de Deus não consiste na multiplicidade de considerações, de modos ou gostos, embora tudo isto seja útil aos principiantes. Trata-se de uma só coisa necessária: saber negar-se deveras no interior e no exterior, abraçando por Cristo o padecer e o mais completo aniquilamento. Aqui está o exercício por excelência, no qual se encerram eminentemente todos os outros. E como este exercício é a raiz e o resumo das virtudes, se nele há falta, tudo o mais é perda de tempo sem proveito, tomando-se o acessório pelo principal, ainda que a alma tenha tão altas comunicações e considerações como os anjos. Porque o proveito está unicamente em imitar a Cristo, que é o caminho, a verdade e a vida, e ninguém vem ao Pai senão por Ele, conforme o mesmo Senhor declara no Evangelho de São João. Noutra passagem diz: "Eu sou a porta; se alguém entrar por mim será salvo" (Jo 10,9). Portanto, todo espírito que quiser ir por doçuras e facilidade, fugindo de imitar a Cristo, não o teria eu por bom.

9. Tendo dito que Cristo é o caminho, e que para segui-lo é preciso morrer à mesma natureza tanto nas coisas sensíveis como nas espirituais, quero explicar agora como se realiza isto a exemplo de Cristo; porque é Ele nosso modelo e luz.

10. Quanto ao primeiro ponto: é certo que Nosso Senhor morreu a tudo quanto era sensível, espiritualmente durante a vida e naturalmente em sua morte. Na verdade, segundo suas próprias palavras, não teve onde reclinar a cabeça na vida, e muito menos na morte.

11. Quanto ao segundo ponto: é manifesto ter ficado na hora da morte também aniquilado em sua alma, sem consolo nem alívio algum, no desamparo e abandono do Pai, que o deixou em profunda amargura na parte inferior da alma. Tão grande foi esse desamparo que o obrigou a clamar na cruz: "Meu Deus, meu Deus, por que me desamparaste?" (Mt 27,46). Nessa hora em que sofria o maior abandono sensível, realizou a maior obra que superou os grandes milagres e prodígios operados em toda a sua vida: a reconciliação do gênero humano com Deus, pela graça. Foi precisamente na hora do maior aniquilamento do Senhor em tudo que essa obra se fez; aniquilamento quanto à sua reputação, reduzida a nada aos olhos dos homens, e estes, vendo-o morrer na cruz, longe de estimá-lo, dele zombavam; quanto à natureza, pois nela se aniquilava morrendo; e enfim quanto ao seu espírito igualmente exposto ao desamparo pela privação do consolo interior do Pai que o abandonava para que pagasse puramente a dívida da humanidade culpada, efetuando a obra da redenção nesse aniquilamento completo. Profetizando sobre isto, diz Davi: "Também eu fui reduzido a nada, e não entendi" (Sl 72,22). Compreenda agora, o bom espiritual, o mistério desta porta e deste caminho – Cristo – para unir-se com Deus. Saiba que, quanto mais se aniquilar por Deus segundo as duas partes, sensitiva e espiritual, tanto mais se unirá a Ele e maior obra fará. E, quando chegar a reduzir-se a nada, isto é, à suma humildade, se consumará a união da alma com Deus, que é o mais alto estado que se pode alcançar nesta vida.

Não consiste, pois, em recreações, nem gozos, nem sentimentos espirituais, e sim em uma viva morte de cruz para o sentido e para o espírito, no interior e no exterior.

12. Não me quero estender mais longamente sobre esse ponto, embora fosse meu desejo não cessar de falar, vendo como Jesus Cristo é pouco conhecido mesmo pelos que se dizem seus amigos. Pois a estes vemos procurar nele seus gostos e consolações, amando a si próprios e não as amarguras e aniquilamentos da cruz por amor de Cristo. Falo destes que se têm por seus amigos; quanto aos que estão apartados do Senhor, grandes letrados e poderosos, e quaisquer outros vivendo engolfados nas pretensões e grandezas do mundo, podemos dizer que não conhecem a Cristo; e a morte deles, por boa que possa parecer, será angustiosa. Desses tais não trata esta obra, mas a sua menção será feita no dia do juízo, porque a eles convinha primeiro propagar a Palavra de Deus como a quem a Providência colocou em testemunho dela, segundo suas dignidades e saber.

13. Queremos falar aqui à inteligência do homem espiritual, e especialmente àqueles com os quais vamos tratando nesta obra, isto é, os que receberam de Deus a graça de serem postos por Ele no estado de contemplação. Diremos como devem dirigir-se a Deus pela fé, na purificação das coisas contrárias, reduzindo-se a fim de poderem entrar nesta senda estreita de contemplação obscura.

Capítulo VIII
Demonstra de modo geral como nenhuma criatura, nem notícia alguma do entendimento, pode servir de meio próximo para a divina união com Deus.

1. Antes de falar da fé, que é o meio proporcionado para a união com Deus, convém provar como nenhuma coisa criada, nem qualquer concepção natural, pode servir ao entendimento de meio próprio para a união com Deus, e como todos os conhecimentos adquiridos constituem antes impedimento do que auxílio, se a eles nos apegarmos. Neste capítulo, pro-

varemos esta verdade de modo geral, deixando para depois a explicação minuciosa das notícias que o entendimento pode receber pelos sentidos interiores ou exteriores. Assinalaremos igualmente os danos provocados por todas elas, e os obstáculos que trazem ao único meio, que é a fé.

2. Segundo as regras da filosofia, todos os meios devem ser proporcionados ao fim e ter com ele alguma conveniência ou semelhança suficiente para alcançá-lo. Por exemplo: pretendendo alguém ir a uma cidade, deve, necessariamente, tomar o caminho próprio para chegar a seu destino. Outro exemplo: para queimar a lenha é indispensável ser ela preparada para a combustão por meio do calor, que a torna semelhante e proporcionada ao mesmo fogo. Se for empregado um meio contrário a este, como o ar, a água ou a terra, jamais será obtida a união da lenha com o fogo, assim como, no exemplo anterior, não chegaria à cidade quem não tomasse o caminho conveniente. Da mesma forma, para se consumar a união do entendimento com Deus, tanto quanto possível nesta vida, é absolutamente necessário empregar o meio que une a Deus e tem com Ele maior semelhança.

3. Ora, entre todas as criaturas superiores ou inferiores, nenhuma há que se aproxime de Deus, nem que tenha semelhança com o ser divino. Porque, embora todas tenham certa relação com Deus e possuam alguns vestígios do seu ser, como dizem os teólogos, umas em maior proporção e outras em menor, segundo o seu grau de excelência, contudo, entre Deus e elas não há semelhança essencial. Há, pelo contrário, uma distância infinita entre o ser divino e o ser das criaturas. Por isso, é impossível ao entendimento atingir a Deus por meio das criaturas, sejam elas celestiais ou terrenas, porque não têm proporção de semelhança com o Criador. Davi, falando das criaturas celestiais, diz: "Não há semelhante a ti entre os deuses, ó Senhor!" (Sl 85,8), chamando deuses aos anjos e às almas bem-aventuradas. E noutro lugar: "O teu caminho, ó Deus, é em santidade! Que Deus há grande como o nosso Deus?" (Sl 76,14). É como se dissesse:

o caminho que a Vós conduz, Senhor, é caminho santo que se acha na pureza da fé. Perguntar se existe um Deus tão grande como o nosso quer dizer: encontrar-se-á santo tão exaltado na glória ou anjo de hierarquia tão elevada, que se possa comparar à vossa grandeza e nos servir de caminho para chegar até Vós? O mesmo profeta acrescenta, referindo-se às criaturas da terra e ao mesmo tempo às do céu: "Porque o Senhor é excelso, e olha para as coisas humildes; e conhece de longe as coisas altas" (Sl 137,6); querendo significar que Deus, em sua elevação suprema, considera as coisas da terra como muito vis comparadas ao seu ser infinito; e as coisas mais altas, ou seja, as criaturas celestes, Ele as vê ainda infinitamente afastadas de si. Em uma palavra: todas as criaturas não podem servir de meio proporcional ao entendimento para atingir a Deus.

4. Nem mais nem menos, tudo quanto a imaginação pode representar, o entendimento receber e compreender nesta vida, não pode servir de meio próximo para conduzir a alma à união com Deus. Do ponto de vista natural, o entendimento só percebe os objetos sob forma e espécies sensíveis, as quais, repetimos, não podem servir de meio, porque à alma não aproveita a inteligência natural para chegar à união divina. Se falamos do ponto de vista sobrenatural, na medida em que pode existir nesta vida, não tem o entendimento as disposições requeridas nem a capacidade conveniente, estando preso no cárcere do corpo, para a percepção de uma notícia clara de Deus. Esta luminosa notícia não é própria para esta terra; faz-se preciso morrer ou renunciar à sua posse. Quando Moisés pediu a Deus essa notícia clara, recebeu como resposta: "Não me verá nenhum homem que possa continuar a viver" (Ex 33,20). Ninguém jamais viu a Deus, afirma São João (Jo 1,18). E São Paulo, com Isaías, acrescenta: "Que o olho não viu, nem o ouvido ouviu, nem jamais subiu ao coração do homem" (1Cor 2,9; Is 64,4). E esta é a causa por que Moisés, como se diz nos Atos dos Apóstolos, não ousava olhar a sarça ardente onde Deus lhe manifestava a sua presença (At 7,32), sabedor de que seu en-

tendimento se achava incapaz de formar uma ideia digna de Deus, conforme ao alto sentimento que Ele tinha. Elias, nosso Pai, cobriu o rosto quando estava no monte em presença de Deus (1Rs 19,13) – o que significa cegar o entendimento; não ousou considerar objeto tão elevado por estar convencido até à evidência de as suas concepções particulares estarem mui distantes de Deus e completamente fora de proporção com Ele.

5. Em consequência, nenhuma notícia, nenhuma apreensão sobrenatural, pode servir à alma, nesta vida terrena, de meio próximo para chegar à sublime união de amor com Deus. Porque, tudo o que o entendimento pode compreender, a vontade gozar e a fantasia imaginar, é muito dessemelhante e desproporcionado a Deus. O Profeta Isaías no-lo dá a entender admiravelmente: "A quem, pois, comparareis vós a Deus, ou que imagem fareis dele? Porventura não foi um artífice que fundiu a estátua? O ourives não a formou de ouro, e o que trabalha em prata não a cobriu com lâminas de prata?" (Is 40,18-19). Pelo artífice que malha o ferro, compreende-se o entendimento, cujo ofício particular é formar as espécies inteligíveis e despojá-las do ferro das imagens e fantasias. Pelo ourives compreende-se a vontade, que tem a faculdade de receber a impressão e o sentimento do gozo, produzidos pelo ouro do amor. O ourives da prata, que não pode figurar a Deus com lâminas de prata, representa aqui a memória e a imaginação, cujas notícias podem ser comparadas às ditas lâminas. Em suma, o entendimento com os seus conceitos não poderá entender algo semelhante a Ele, nem a vontade poderá gozar delícias ou suavidades comparáveis às que se acham em Deus, nem a memória formará na imaginação qualquer figura que o represente. Portanto, é claro que nenhuma dessas notícias pode encaminhar o entendimento imediatamente a Deus; para chegar, pois, a Ele, há de proceder antes não compreendendo do que procurando compreender; deve antes pôr-se em trevas do que abrir os olhos para receber melhor a iluminação do raio divino.

6. Eis por que a contemplação, pela qual o entendimento tem mais alta notícia de Deus, se chama teologia mística, ou

sabedoria secreta de Deus; porque está escondida para o próprio entendimento que a recebe. Por este motivo São Dionísio a denomina: "Raio de treva". E dela diz o Profeta Baruc: "Não conheceram o caminho da Sabedoria e não lhe puderam descobrir as veredas" (Br 3,23). Para caminhar em suas veredas e se unir a Deus é, pois, necessário cegar-se voluntariamente em relação a todos os outros caminhos. Segundo Aristóteles, do mesmo modo que os olhos do morcego ficam cegos à luz do sol, assim nosso entendimento se obscurece e cega diante do mais luminoso em Deus, que para nós é pura treva; e quanto mais elevadas e manifestas são em si mesmas as coisas divinas, mais se tornam para nós incompreensíveis e obscuras. O mesmo afirma o Apóstolo dizendo: "A grandeza de Deus é o que há de mais inacessível ao homem" (1Cor 3,19).

7. Não acabaríamos, a este propósito, de enumerar todas as autoridades e razões para provar e dar a conhecer como não há, entre as concepções da inteligência humana e entre todas as coisas criadas, escada que nos possa fazer subir até este Altíssimo Senhor. Longe disso, se o entendimento quisesse aproveitar-se de todos esses auxílios, ou de qualquer um dentre eles usando-o como meio próximo para a união divina, não somente lho impediria, mas ainda seria ocasião de muitos erros e ilusões na subida deste monte.

Capítulo IX
Como a fé é para o entendimento o meio próximo e proporcionado para a alma chegar à divina união de amor. Provas extraídas das autoridades e exemplos da Sagrada Escritura.

1. De tudo quanto foi dito até agora, podemos concluir que o entendimento, para estar disposto à divina união, tem necessidade de permanecer na pureza e no vazio de todas as coisas sensíveis, desprendido e desocupado de todo conhecimento distinto, para assim tranquilo e em silêncio estabelecer-se na fé – único meio próximo e proporcionado para a alma

chegar à união com Deus. Com efeito, o objeto da visão beatífica é o mesmo que o da fé; toda a diferença consiste em ser Deus visto ou crido. Porque, assim como Deus é infinito, a fé no-lo propõe infinito; como é Trindade de pessoa em unidade de natureza, do mesmo modo a fé no-lo mostra como tal; enfim, como Deus é treva para nosso entendimento, também a fé semelhantemente nos cega e deslumbra. Portanto, só por este meio da fé se manifesta Deus à alma, em divina luz que excede todo entendimento; e, quanto mais fé tem a alma, mais unida está com Deus. São Paulo exprimia esta verdade no texto citado mais acima: "É necessário que o que se chega a Deus creia" (Hb 11,6). Em outros termos: o entendimento se dirige a Deus e a Ele se une no meio das trevas de uma fé pura, porque o Altíssimo está escondido sob essas trevas misteriosas, segundo as palavras do Rei Davi: "A obscuridade está debaixo de seus pés. E subiu acima dos querubins, e voou sobre as asas dos ventos. E se ocultou nas trevas e na água tenebrosa" (Sl 17,10).

2. Essa obscuridade sob os pés, seu esconderijo nas trevas e a sua tenda formada por águas tenebrosas denotam a obscuridade da fé, na qual o Senhor está encerrado. Dizendo o Salmista que subiu Deus acima dos querubins e voou sobre as asas dos ventos, nos dá a entender que paira acima de todo entendimento, pois "querubins" quer dizer inteligentes ou contemplantes, e as asas dos ventos significam as notícias e concepções sutis e elevadas dos espíritos; acima de todas elas está o ser divino inacessível a toda criatura.

3. A Sagrada Escritura nos oferece um exemplo quando nos declara que, ao terminar Salomão a construção do Templo, Deus desceu em uma nuvem e encheu o santo lugar de tal obscuridade que os filhos de Israel nada mais podiam distinguir. Salomão disse então assim: "O Senhor prometeu que habitaria em uma nuvem" (1Rs 8,12). Apareceu Deus igualmente a Moisés, na montanha, envolto em trevas (Ex 19,9). Enfim, todas as vezes que Deus se comunicava muito aos homens, sempre o fazia sob trevas, como se pode constatar no Livro de Jó, onde está escrito que o Senhor falou a Jó no meio do ar tenebroso (Jó 38,1; 40,1).

Todas essas trevas representam a obscuridade da fé, sob a qual se encobre a Divindade quando se comunica à alma. Dissipar-se-ão as trevas quando, no dizer de São Paulo, tudo que é imperfeito – isto é, a obscuridade da fé – for abolido, e alcançarmos o estado perfeito (1Cor 13,10), que é a divina luz. Ainda temos figura desta verdade no exército de Gedeão, cujos soldados levavam nas mãos vasos de barro encerrando tochas acesas, e só viram as luzes quando quebraram os vasos (Jz 7,16). A fé, da qual estes vasos são aqui símbolo, encerra em si a claridade divina; no fim desta vida mortal, o vaso da fé será quebrado, aparecendo logo a glória e luz da Divindade nele encerrada.

4. É evidente, pois, que para se unir a alma com Deus nesta vida e comunicar-se imediatamente com Ele, deve penetrar nas trevas onde o Senhor, segundo diz Salomão, prometeu morar. Tem necessidade de pôr-se junto do ar tenebroso no qual Deus revelou seus segredos a Jó e tomar nas mãos, em trevas, as urnas de Gedeão, isto é: nas obras da vontade – aqui significadas pelas mãos – deve trazer escondida a luz, que é a união do amor, embora na obscuridade da fé; até que, enfim, quebrado o vaso desta vida mortal, único impedimento à luz da fé, logo veja e contemple a Deus face a face, na glória.

5. Só nos falta agora dizer, de modo particular, todas as inteligências e apreensões que o entendimento pode receber, e enumerar os impedimentos e danos que delas lhe podem advir neste caminho da fé; mostraremos como deve proceder a alma para tirar proveito, e não prejuízo, dessas inteligências, tanto sensíveis como espirituais.

Capítulo X
Enumeração distinta de todas as apreensões e concepções do entendimento.

1. Para tratar de modo especial da utilidade e dano que causam à alma, em relação à fé – meio da união divina –, as notícias e apreensões do entendimento, é necessário fazer aqui a distinção de todos esses conhecimentos, tanto naturais como

sobrenaturais, que essa potência é suscetível de receber. Poderemos, depois, com a maior ordem e brevidade possível, dirigi-la na noite e obscuridade da fé à divina união.

2. É mister saber que existem duas vias por onde o entendimento chega ao conhecimento e à inteligência das coisas: uma natural e outra sobrenatural. A via natural abrange tudo que o entendimento pode alcançar, seja por meio dos sentidos corporais, seja por sua própria perspicácia. A via sobrenatural diz respeito a tudo quanto recebe o entendimento de modo superior à sua capacidade e aptidão natural.

3. Entre essas notícias sobrenaturais, umas são corporais e outras espirituais. As corporais se adquirem de duas maneiras: ou são produzidas no entendimento pela ajuda dos sentidos corporais exteriores, ou, então, por meio dos sentidos corporais interiores, nos quais se compreende tudo o que a imaginação possa conhecer, criar e representar.

4. As notícias espirituais se adquirem igualmente de duas maneiras: umas são distintas e particulares, a outra é confusa, obscura e geral. As notícias distintas e particulares são comunicadas de quatro modos diferentes ao espírito, sem a ajuda de qualquer sentido corporal, e são visões, revelações, palavras interiores e sentimentos espirituais. A inteligência obscura e geral é única; é a contemplação recebida pela fé. Para esta contemplação devemos conduzir a alma, encaminhando-a através de todas as outras notícias, a começar das primeiras, no desapego de cada uma delas.

Capítulo XI
Do impedimento e prejuízo que podem causar ao entendimento as apreensões apresentadas sobrenaturalmente aos sentidos corporais exteriores. Atitude da alma nesse caso.

1. As primeiras notícias, das quais já falamos no capítulo precedente, são as que o entendimento adquire por via natural.

Ao orientarmos a alma na noite do sentido, expusemos suficientemente esse assunto; seria, pois, supérfluo repeti-lo aqui. Limitar-nos-emos a tratar, no presente capítulo, das notícias e apreensões que são dadas ao entendimento sobrenaturalmente, por meio dos sentidos corporais exteriores, isto é, visão, audição, paladar, olfato e tato. As pessoas espirituais podem e costumam ter representações de objetos sobrenaturalmente percebidos pelos sentidos: por exemplo, os olhos divisam formas e personagens do outro mundo, tal ou tal santo, bons ou maus anjos, luzes e esplendores extraordinários. O ouvido escuta palavras misteriosas, ora proferidas por essas aparições, ora sem saber de onde vêm. O olfato aspira perfumes suavíssimos de origem desconhecida. Da mesma forma essas pessoas sentem no paladar sabores deliciosos, e no tato um deleite tão grande que lhes parece penetrar até a medula dos ossos e mergulhá-las em uma torrente de delícias. Esta doçura é a unção do espírito que dele se irradia até aos membros das almas puras e simples. Os que abraçam a vida espiritual experimentam ordinariamente esse gozo que do afeto e da devoção sensível do espírito procede, em graus diversos, para cada um a seu modo.

2. Ora, importa saber que, não obstante poderem ser obra de Deus os efeitos extraordinários que se produzem nos sentidos corporais, é necessário que as almas não os queiram admitir nem ter segurança neles; antes é preciso fugir inteiramente de tais coisas, sem querer examinar se são boas ou más. Porque, quanto mais exteriores e corporais, menos certo é que são de Deus. Com efeito é mais próprio de Deus comunicar-se ao espírito – e nisto há para a alma mais segurança e lucro – do que ao sentido, fonte de frequentes erros e numerosos perigos. O sentido corporal, nessas circunstâncias, faz-se juiz e apreciador das graças espirituais, julgando-as tais como sente. No entanto, há tanta diferença entre a sensibilidade e a razão como entre o corpo e a alma, e, na realidade, o sentido corporal é tão ignorante das coisas espirituais como um jumento o é das coisas racionais, e mais ainda.

3. Quem estima esses efeitos extraordinários erra muito, e corre grande perigo de ser enganado, ou, ao menos, terá em si total[9] obstáculo para ir ao que é espiritual. Como já dissemos, os objetos corporais nenhuma proporção têm com os espirituais, por isso se deve sempre pensar que, nos primeiros, mais se encontra a ação do mau espírito em lugar da ação divina. O demônio, possuindo mais domínio sobre as coisas corporais e exteriores, pode com maior facilidade nos enganar neste ponto do que nas mais interiores e espirituais.

4. Quanto mais exteriores são esses objetos e formas corporais, menos proveito trazem ao interior e ao espírito, pela grande distância e desproporção que há entre o que é corporal e o que é espiritual. Embora comuniquem algum espírito, como acontece sempre que vêm de Deus, mesmo assim o proveito será sempre menor do que se estas manifestações houvessem sido mais espirituais e interiores. São de natureza a produzir erro, presunção e vaidade; porque, sendo tão palpáveis e materiais, movem muito os sentidos. A alma, levada por essas impressões sensíveis, dá-lhes grande importância, abandonando a luz da fé para seguir essa falsa luz que então parece a seus olhos o meio para levá-la ao objetivo de suas aspirações, isto é, à união divina; entretanto, quanto mais se interessar por essas coisas, mais se afastará do caminho e se privará do meio por excelência que é a fé.

5. A alma, além disso, vendo-se favorecida por graças tão extraordinárias, muitas vezes concebe secretamente boa opinião de si, imaginando já valer algo diante de Deus – o que é contrário à humildade. Por outro lado, o demônio sabe sugerir-lhe oculta satisfação de si mesma, por vezes bem manifesta. Com este fim propõe-lhe frequentemente objetos sobrenaturais aos sentidos, oferecendo à vista imagens de santos e maravilhosos resplendores; aos ouvidos, palavras misteriosas; ao olfato, perfumes muito suaves; ao paladar, delicadas doçuras,

---

9. Na edição príncipe está: "grande impedimento".

e ao tato sensações deleitosas, para que, atraída a alma com estes gostos, possa ele causar-lhe muitos males. É necessário, portanto, rejeitar sempre tais representações e sentimentos, porque, ainda quando viessem de Deus, a alma não o ofenderia agindo assim, nem deixaria de receber o efeito e os frutos que Deus tem em vista conceder-lhe.

6. Eis a razão: nas visões corporais e nas impressões sensíveis, ou mesmo nas comunicações mais interiores, quando são obra de Deus, o seu efeito se produz instantaneamente no espírito sem dar à alma tempo de deliberar para aceitá-las ou rejeitá-las. Como Deus age sobrenaturalmente sem a diligência e habilidade da alma, assim, sem cooperação dela, produz o efeito desejado no espírito; não é possível à vontade aceitar ou recusar esta operação, nem mesmo perturbá-la, por ser algo que se opera passivamente no espírito. Inutilmente um homem despojado de suas vestes pretenderia subtrair-se à dor de uma queimadura se lhe chegassem fogo ao corpo; esse elemento produziria forçosamente a sua ação. Assim acontece com as visões e representações verdadeiras; antes de agir no corpo, produzem primeiro e principalmente seu efeito na alma, mesmo sem a vontade desta. As comunicações vindas do demônio também causam na alma, sem o consentimento dela, desassossego ou aridez, vaidade ou presunção de espírito. Na verdade, estas últimas não têm tanta eficácia para o mal como as de Deus para o bem, porque as representações vindas do inimigo apenas produzem primeiros movimentos na vontade e não podem movê-la a mais sem o seu consentimento; deixam alguma inquietação de pouca duração, a não ser que o pouco ânimo e recato da alma deem ocasião a que se prolongue. Ao contrário, as comunicações de Deus penetram intimamente o espírito e movem a vontade a amar, deixando seu efeito, ao qual a alma, embora queira, não pode resistir mais do que o vidro ao raio do sol que o atravessa.

7. A alma, portanto, jamais se há de atrever a querer admitir tais comunicações extraordinárias, mesmo mandadas

por Deus. Porque daí resultam seis inconvenientes. Primeiro: a perfeição da fé, que a deve reger, vai diminuindo, pois tudo o que se experimenta, sensivelmente, muito prejudica a fé, a qual ultrapassa todo o sentido. E se a alma não fecha os olhos a essas coisas, afasta-se do meio que leva à união divina. Segundo: as impressões sensíveis são impedimento para o espírito, quando não são recusadas, porque, detendo-se nelas, não pode voar o mesmo espírito ao que é invisível. Esta é uma das razões pelas quais declarou o Senhor a seus discípulos a necessidade de sua ausência para que descesse sobre eles o Espírito Santo. O mesmo motivo fez com que Ele não deixasse Maria Madalena chegar-se a seus pés, depois de ressuscitado, para firmá--la, assim, na fé. Terceiro: a alma se prende com sentimento de propriedade a essas visões e não progride na desnudez do espírito e na verdadeira resignação. Quarto: o fruto interior dessas comunicações vai se perdendo, porque a alma concentra a atenção no que elas têm de sensível, isto é, no menos importante. E, assim, não recebe com tanta abundância o efeito espiritual, impresso e conservado mais no interior, quando há desprendimento de todo o sensível, que muito difere do puro espírito. Quinto: a alma vai perdendo as mercês divinas, porque as recebe com apego e não se aproveita bem delas. Recebê--las com apego e não se aproveitar é querer aceitá-las; e não é para isso que Deus as concede, pois o espiritual jamais se há de persuadir serem elas de origem divina. Sexto: querendo admitir esses favores de Deus, a alma abre porta ao demônio para enganá-la com outros semelhantes, pois, como disse o Apóstolo, pode o inimigo transformar-se em anjo de luz (2Cor 11,14), e sabe muito bem dissimular e disfarçar as suas sugestões com aparências de boas. Com o auxílio divino, voltaremos a esse ponto no Livro III, no capítulo sobre a gula espiritual.

8. Convém, pois, à alma repelir de olhos fechados essas representações, venham de onde vierem. Se assim não fizesse, daria tanta entrada às do demônio, e a este tanta liberdade, que não somente teria visões diabólicas a par das divinas, mas também aquelas se iriam multiplicando e estas cessando, de tal ma-

neira que viria tudo a ser do demônio e nada de Deus. Assim tem acontecido a muitas pessoas incautas e ignorantes: julgavam-se tão seguras nessas comunicações que grandemente lhes custou a volta a Deus na pureza da fé. E muitas jamais puderam voltar, por terem as ilusões do demônio lançado nelas profundas raízes. Aí está por que é conveniente fechar a entrada de nossa alma a essas visões, negando-as todas. Rejeitando as más, evitam-se os erros do demônio e, quanto às boas, não servirão de obstáculo para a vida de fé, recolhendo melhor o espírito o fruto delas. Deus vai retirando suas graças às almas apegadas a essas coisas com propriedade e que não as aproveitam ordenadamente; ao mesmo tempo o demônio aproveita-se desta disposição e vai multiplicando as suas comunicações, porque encontra ocasião e facilidade. Porém, quando a alma está desapegada e é contrária às ditas visões, o espírito maligno vai deixando de agir, por não conseguir causar prejuízo; e Deus vai aumentando seus favores nessa alma humilde e desprendida, elevando-a e constituindo-a sobre grandes coisas, como fez ao servo que foi considerado fiel nas pequenas.

9. Se entre os favores divinos a alma perseverar na fidelidade e no desapego, não deixará o Senhor de conduzi-la de grau em grau até a divina união e transformação. Nosso Senhor gradualmente vai provando e elevando a alma, primeiramente concedendo graças exteriores e sensíveis conforme sua pequena capacidade; e se recebe, como deve, com sobriedade, esse primeiro alimento no propósito de se nutrir e fortificar, Ele lhe dá depois outro manjar mais forte e substancial. De forma que, vencendo ao demônio nesse primeiro grau da vida espiritual, passará ao segundo, e, tornando a triunfar neste, subirá ao terceiro. Percorrerá assim sucessivamente todas as sete moradas, que são os sete graus do amor, até que o Esposo divino a introduza no celeiro místico onde tem em reserva o vinho de sua perfeita caridade.

10. Ditosa a alma que sabe combater contra aquela besta do Apocalipse, cujas sete cabeças são opostas a esses sete graus

do amor! Cada uma dessas cabeças faz guerra a cada um deles, pelejando contra a alma em cada uma das sete mansões onde está ela se exercitando e subindo em cada grau de amor de Deus. Sem dúvida, combatendo fielmente contra esses ataques e alcançando vitória, merecerá passar de grau em grau e de morada em morada até a última, após haver cortado as sete cabeças da besta, que lhe faziam guerra tão furiosa; pois, como diz São João, foi-lhe concedido que fizesse guerra aos santos e os vencesse em cada um desses graus de amor, arremetendo contra eles com muitas armas e munições. É lamentável considerar a multidão dos que, após serem admitidos a esta batalha da vida espiritual, não têm coragem de cortar a primeira cabeça da besta, renunciando aos prazeres sensíveis do mundo! Mesmo alguns dos que conseguem esta primeira vitória não cortam a segunda cabeça, isto é, as visões exteriores de que já falamos. Mais lamentável ainda é ver outras almas que, tendo cortado a primeira e a segunda cabeça, e ainda a terceira, a respeito dos sentidos interiores, após haverem transposto os limites da meditação e os de uma oração mais elevada, no momento de entrarem na pureza de espírito, esse monstro se levanta novamente contra elas e as derruba. Chega mesmo a ressuscitar a sua primeira cabeça e, tomando outros sete espíritos ainda mais perversos, apossa-se dessas almas cujo último estado se torna pior do que o primeiro.

11. Deve, pois, o espiritual renunciar a todos os conhecimentos e deleites temporais vindos dos sentidos exteriores, cortando a primeira e a segunda cabeça a essa besta, para assim entrar no primeiro aposento do amor e no segundo de viva fé. É preciso não se embaraçar com as coisas sensíveis, porquanto são as que mais diminuem a pureza da fé.

12. Está, portanto, claramente provado que essas visões e apreensões dos sentidos não têm proporção alguma com Deus: não podem servir de meio para a união com Ele. Esta foi uma das causas por que não queria Cristo que Santa Maria Madalena e São Tomé o tocassem. O demônio se regozija muito ao ver

uma alma admitir voluntariamente as revelações e inclinar-se a elas, porque encontra nessa disposição muita oportunidade e entrada para insinuar erros e assim prejudicar, tanto quanto possível, a fé. Torno a dizer: a alma presa às graças sensíveis permanece ignorante e grosseira na vida de fé, e fica sujeita muitas vezes a tentações graves e pensamentos importunos.

13. Estendi-me um pouco sobre essas apreensões exteriores a fim de dar mais luz sobre as que devemos tratar em seguida. Contudo, neste assunto há tanto a dizer que jamais se acabaria. Receio ainda ter sido muito breve em me limitando a aconselhar cautela nessas comunicações exteriores e sensíveis sem jamais as admitir – a não ser, em certas circunstâncias muito raras e sob o parecer de alguém com muita autoridade, e excluindo sempre o desejo delas. Creio já estar bem declarada esta matéria.

Capítulo XII
Das representações imaginárias naturais. Diz o que são, e prova como não podem servir de meio proporcionado para alcançar a união divina. Prejudicam a alma delas não desprendida.

1. Antes de tratar das visões imaginárias apresentadas sobrenaturalmente aos sentidos interiores, que são a imaginação e a fantasia, convém, para proceder com ordem, falar aqui das representações naturais desses mesmos sentidos interiores. Passaremos, deste modo, do menos ao mais importante, do exterior ao interior, até penetrarmos no íntimo recolhimento onde a alma se une com Deus. É este, afinal, o método que vimos seguindo até aqui. Quando tratamos, no Livro I, da noite do sentido, induzimos a alma a despojar-se dos conhecimentos naturais provenientes dos objetos exteriores e, em consequência, das forças naturais dos apetites. Demos início ao desapego das apreensões exteriores sobrenaturais, que caem sob o domínio dos sentidos externos (como no capítulo precedente acabamos de fazer), para encaminhar a alma à noite do espírito.

2. Neste Livro II, primeiramente se nos apresenta agora o sentido corporal interior, isto é, a imaginação e fantasia. Devemos igualmente esvaziá-lo de todas as formas e conhecimentos imaginários que nesse sentido interior possam naturalmente entrar. Provaremos como é impossível à alma chegar à união divina enquanto não cessam as operações imaginárias, as quais não podem ser meio proporcionado e imediato para atingir tal união.

3. Referimo-nos aqui aos dois sentidos corporais interiores, chamados imaginação e fantasia; são conexos e prestam-se mútuo auxílio. O primeiro discorre imaginando, enquanto o segundo forma a imagem ou coisa imaginada. A nosso propósito, é o mesmo tratar de um como de outro; por este motivo, quando não nomearmos os dois juntos, tenha-se por entendido que nos referimos a um e outro indiferentemente. Tudo o que se representa a esses sentidos interiores pode ser chamado imaginação ou fantasia, e a eles se apresentam sob formas e figuras corpóreas. Esta representação imaginária pode ser de duas maneiras: uma sobrenatural, realizada sem a cooperação destes sentidos, passivamente; tais são as visões imaginárias de origem sobrenatural, de que falaremos adiante. Outra é natural, e se produz ativamente, pela própria habilidade do sentido interior, sob forma de figuras e imagens. Assim, a estas duas potências cabe exercitar a meditação, ato discursivo que se utiliza de imagens, formas e figuras oferecidas pelos ditos sentidos; como, por exemplo, imaginar Jesus Cristo na cruz ou atado à coluna, ou noutro passo da paixão; ou figurar a Deus sentado em um trono com grande majestade; ou ainda representar a glória como uma luz deslumbrante; ou, afinal, formar qualquer outra concepção imaginária, seja de ordem divina ou humana. Nenhuma dessas representações ou imaginações serve de meio próximo e proporcionado para a união divina; portanto, deve a alma despojar-se de todas elas e ficar na obscuridade em relação ao sentido interior, da mesma forma que já dissemos a respeito das apreensões recebidas pelos cinco sentidos exteriores.

4. A razão disto é a seguinte: a imaginação não pode fabricar ou imaginar coisa alguma que lhe não seja fornecida pelos sentidos exteriores, isto é, que não tenha visto ou ouvido etc. Quando muito, poderá formar interiormente imagens que se assemelham ao já visto, ouvido ou sentido; porém tais semelhanças não poderão ser superiores nem iguais à realidade das coisas percebidas pelos sentidos externos. Com efeito, se alguém imaginar palácios de pérolas e montes de ouro, porque já viu ouro e pérolas, não chegará tudo aquilo a igualar o valor verdadeiro de uma pérola ou de um pouco de ouro, mesmo que a imaginação figure, com muito concerto, grande quantidade. Como todas as realidades não podem ter proporção alguma com o ser de Deus, segundo já temos dito, podemos deduzir que tudo quanto se quiser imaginar à semelhança delas não pode servir de meio próximo para a união com Ele; antes, será obstáculo.

5. Afastam-se muito de Deus os que o representam sob qualquer forma, seja como fogo consumidor, ou luz esplêndida, ou outros aspectos, imaginando achar nessas imagens alguma semelhança do que Ele é. Certamente são necessárias aos principiantes tais considerações e maneiras de meditação, para enamorar-lhes a alma e nutri-la pela via do sentido, como explicaremos depois. Servem assim de meios remotos para a sua união com Deus, e por eles passam ordinariamente as almas, até chegar ao fim e estabilidade do repouso espiritual. Mas não se entende que seja de modo a se deterem nesses meios e neles ficarem estacionárias; seria jamais chegar ao fim que é muito diferente dos meios e nada tem a ver com eles. Assim, os degraus de uma escada nada têm de comum com o termo ou alto da subida para a qual são apenas meios. Se uma pessoa quisesse subir a escada, sem ir deixando atrás os degraus à proporção que sobe, e ficasse parada em algum, jamais chegaria ao aprazível plano superior ao qual conduz a mesma escada. Portanto, a alma desejosa de chegar nesta vida à união daquele sumo bem e descanso há de passar todos esses graus de considerações, formas e

notícias, e elevar-se acima deles, pois não têm semelhança alguma com Deus, termo e fim a que encaminham. Assim o declara São Paulo nos Atos dos Apóstolos: "Não devemos pensar que a Divindade é semelhante ao ouro, ou à prata, ou à pedra lavrada por arte e indústria do homem" (At 17,29).

6. Enganam-se muitos espirituais sobre esse ponto. Após se exercitarem por meio de imagens, formas e meditações convenientes aos principiantes, o Senhor lhes oferece bens mais altos, mais interiores e invisíveis, subtraindo-lhes o gosto e a consolação que encontravam na meditação discursiva; e eles não querem, nem ousam, nem sabem desprender-se inteiramente desses meios sensíveis aos quais estão acostumados. Ao contrário, esforçam-se por conservá-los, e continuam a querer usar das considerações e representações, persuadidos de que devem agir sempre desse modo. Esforçam-se muito, e acham pouco ou nenhum fruto em seus exercícios. Antes, quanto mais trabalham, mais se lhes aumenta e cresce a secura com muita perturbação e fadiga para a alma; porque não podem mais encontrar o que desejam naquele primeiro modo tão sensível. O espírito não gosta mais de saborear aquele manjar; precisa de outro mais delicado e interior, ao mesmo tempo menos sensível, que não consiste em trabalhar com a imaginação e, sim, em deixar a alma na quietação e repouso, o que é mais espiritual. Quanto mais progredir neste caminho do espírito, mais diminuirá a operação das suas potências com relação aos objetos particulares. Um só ato, simples e geral, substituirá então o trabalho das potências, porque a alma chega, afinal, ao termo para onde tendia anteriormente. Os pés do viajante se detêm ao terminar a jornada; se tudo constituísse em andar, jamais se chegaria ao destino; e se tudo fossem meios, quando, pois, se gozaria do fim?

7. É digno de lástima ver muitos espirituais, cujas almas aspiram a este sossego e repouso de quietação interior, onde se enchem de paz e fartura divina, que, em vez disso, andem em desassossego, querendo trazer suas almas ao mais exterior,

para percorrerem o caminho já andado, sem nenhuma razão. Obrigam-nas a deixar o repouso do termo, para retomar os meios que conduzem a ele, isto é, as considerações. Ora, isto não se faz sem uma grande repugnância e desgosto da alma, desejosa de estabelecer-se nesta incompreensível paz como em seu próprio centro, do mesmo modo que sentiria muita pena quem fosse obrigado a trabalhar depois de ter com grande esforço chegado ao descanso. Essas pessoas, ignorando o mistério desse novo caminho, pensam estar ociosas sem fazer nada, e por esta causa se agitam e perturbam. Experimentam em vão formar considerações e raciocínios, mas, longe de excitarem a devoção sensível, procurando um proveito que lhes foge, só encontram aridez e angústia. Podemos dizer: quanto mais insistem, menos aproveitam, porque, obstinando-se no emprego desses meios, perdem tudo, e retiram a alma da paz espiritual. Deixam o mais pelo menos; tornam a andar o caminho já percorrido e querem fazer o que já está feito.

8. A essas pessoas se há de dizer que aprendam a permanecer com atenção e advertência amorosa em Deus, naquela quietação, sem se preocuparem com a imaginação nem com as imagens que ela forma. Aqui, como dissemos, descansam as potências e não obram ativamente. Sua atitude é passiva, recebendo a ação divina; se algumas vezes trabalham, não é com esforço nem por via discursiva, mas com suavidade de amor, e mais movidas por Deus do que por sua própria habilidade. Explicaremos este ponto mais claramente depois. Agora é suficiente o que já está dito para os que pretendem ir adiante, sobre a necessidade do total desapego em todos esses meios, modos e operações da imaginação, no tempo conveniente e segundo o estado em que se encontram, a fim de acharem proveito para as suas almas.

9. No intuito de mostrar quando e como devem proceder assim, indicaremos, no capítulo seguinte, alguns sinais que deverá notar em si o espiritual, e por meio deles conhecer o momento em que livremente possa deixar a via discursiva e não mais se servir do concurso da imaginação.

Capítulo XIII
Sinais que há de ver em si o espiritual para conhecer quando deve abandonar as formas imaginárias e os discursos da meditação, passando ao estado de contemplação.

1. Para evitar confusão no desenvolvimento desta doutrina é útil dar a entender, neste capítulo, em que tempo e ocasião deve a alma abandonar a meditação discursiva por meio de imagens, formas e figuras, para não acontecer de deixá-la antes ou depois do tempo conveniente ao seu progresso espiritual. Pois, assim como convém deixá-la em tempo oportuno, para não impedir a divina união, assim também é necessário não abandoná-la antes do tempo para não voltar atrás; pois, embora não sirvam as apreensões das potências internas de meio próximo para a união aos proficientes, todavia, servem de meios remotos para os principiantes; dispõem e habituam o espírito a elevar-se, pelo sentido, às realidades espirituais, e o desembaraçam das formas e imagens baixas, terrenas, mundanas e naturais. Indicaremos alguns sinais que há de ver em si o espiritual para saber se é ou não tempo de deixar a meditação discursiva.

2. O primeiro sinal é não poder meditar nem discorrer com a imaginação, nem gostar disso como antes; ao contrário, só acha secura no que até então o alimentava e lhe ocupava o sentido. Enquanto, porém, tiver facilidade em discorrer e achar sabor na meditação, não a deve deixar, salvo quando a alma estiver na paz e quietação indicadas no terceiro sinal.

3. O segundo é não ter vontade alguma de pôr a imaginação nem o sentido em outras coisas particulares, sejam exteriores ou interiores. Não me refiro às distrações da imaginação, pois esta, mesmo no maior recolhimento, costuma andar vagueando; digo somente que não há de gostar a alma de fixá-la voluntariamente em outros objetos.

4. O terceiro sinal, e o mais certo, é gostar a alma de estar a sós com atenção amorosa em Deus, sem particular consideração, em paz interior, quietação e descanso, sem atos e exercícios

das potências, memória, entendimento e vontade, ao menos discursivos, que consistem em passar de um a outro; porém só com a notícia e advertência geral e amorosa já mencionada, sem particular inteligência de qualquer coisa determinada.

5. Esses três sinais reunidos hão de verificar em si o espiritual, para ousar com segurança deixar a via da meditação e do sentido, e entrar na via da contemplação e do espírito.

6. Não basta só o primeiro sinal sem o segundo, porque a impossibilidade de exercitar a imaginação e de meditar nas coisas de Deus poderia provir de distração e pouco recolhimento; eis por que é necessário o segundo sinal, isto é, não sentir atração nem desejo de pensar em coisas estranhas. Com efeito, quando a dificuldade de fixar a imaginação e o sentido nas coisas de Deus procede de dissipação e tibieza, logo sente a alma necessidade e desejo de aplicar-se a outras diferentes e de abandonar a meditação. Sem o terceiro sinal, porém, os dois primeiros juntos seriam insuficientes: a incapacidade de discorrer e fixar o pensamento em Deus, sem inclinação de pensar em outras coisas, poderia proceder de melancolia ou resultar de algum humor doentio no cérebro ou no coração, que sói causar certo entorpecimento e suspensão do sentido. Quando assim acontece, a alma em nada pensa e não quer trabalhar com as potências nem sente gosto em fazê-lo, senão só em ficar naquele embevecimento saboroso. Contra isto se há de verificar o terceiro sinal, que é a notícia e atenção amorosa em paz, como dissemos.

7. No princípio, entretanto, quando começa este estado, quase não se percebe esta notícia amorosa, e isto por duas causas: primeira, porque no começo costuma ser a contemplação mui sutil e delicada e quase insensível; segunda, porque, tendo a alma se habituado à meditação, cujo exercício é totalmente sensível, com dificuldade percebe esse novo alimento insensível e já puramente espiritual. Mormente acontece isto quando a alma, por não conhecer seu estado, agita-se e esforça-se por voltar ao outro exercício da meditação. Embora com esse novo

alimento seja mais abundante a amorosa paz interior, a inquietação impede a alma de senti-la e gozá-la. Mas, à medida que a alma se for habituando a permanecer sossegada, irá crescendo a tranquilidade e aquela notícia amorosa e geral de Deus, nela encontrando mais gosto do que em todas as outras coisas, pois a enche de paz, descanso, gozo e deleite, sem trabalho.

8. E, para maior clareza do assunto, diremos no capítulo seguinte os motivos que justificam a necessidade dos três ditos sinais para entrar a alma na via do espírito.

Capítulo XIV
Conveniência dos sinais mencionados. Razões da necessidade deles para entrar na via da contemplação.

1. Para entrar na via do espírito (que é a contemplação), deve o espiritual deixar a vida imaginária e de meditação sensível, quando já não acha gosto nela, nem pode discorrer. Ora, tem este primeiro sinal duas razões de ser que se podem quase resumir em uma só. Primeira: a alma já recebeu, de certo modo, todo o bem espiritual que devia achar nas coisas de Deus por meio da meditação e dos raciocínios: é indício certo já não poder meditar e discorrer como antes, e não achar neste exercício novo alimento e gosto como anteriormente, quando ainda não tinha chegado a gozar do espírito que ali estava escondido. Originariamente, cada vez que a alma recebe algum novo bem espiritual, recebe-o gostando, pelo menos com o espírito, no meio por onde o recebeu e lhe fez proveito. De outra forma, seria muito difícil o bem espiritual ser-lhe útil, nem poderia achar na causa dele o sabor e gosto achado efetivamente quando o recebe. Assim dizem os filósofos: "O que tem sabor nutre e engorda". E diz o santo Jó: "Poder-se-á, porventura, comer a vianda insossa, que não foi temperá-la de sal?" (Jó 6,6). A primeira causa, portanto, de não poder meditar e discorrer como antes é o pouco proveito e sabor que o espírito aí encontra.

2. A segunda razão é: a alma chegada a esse ponto já possui, quanto à substância e ao hábito, o espírito da meditação.

Pois qual o fim da meditação e dos atos discursivos, senão conseguir mais clara notícia de Deus e mais intenso amor? Cada vez que, pela meditação, o consegue, é mais um ato; e como a repetição dos atos gera o hábito, assim muitos atos dessas notícias amorosas chegam, com a prática, a se tornar tão contínuos que se transformam em hábito para a alma. Na verdade, costuma o Senhor elevar muitas almas logo ao estado de contemplação sem este meio dos atos discursivos ou ao menos sem haver precedido muitos. E, assim, o que a alma outrora conseguia pela aplicação laboriosa de suas potências e pelos conhecimentos distintos, torna-se, pela repetição, hábito e substância de notícia amorosa geral, não distinta nem particular como antes. Logo que entra em oração, como quem já está com a boca na fonte, bebe à vontade e com suavidade, sem o trabalho de conduzir a água pelos aquedutos das passadas considerações, formas e figuras. E, assim, logo em se pondo na presença de Deus, acha-se naquela notícia confusa, amorosa, pacífica e sossegada em que vai bebendo sabedoria, amor e sabor.

3. Por esta causa a alma sente extrema repugnância e muito sofrimento quando querem arrancá-la dessa quietação e constrangê-la ao trabalho da meditação de assuntos particulares. Acontece-lhe como ao menino que, estando a receber, sem trabalho seu, o leite encontrado no peito materno chegado e junto à boca, tiram-lhe o peito e querem que torne a procurá-lo com seus próprios esforços. Sucederia ainda à alma como àquele que, tendo descascado o fruto, lhe saboreia a substância; se o obrigassem a deixar para tornar a tirar a casca, nem provaria o sabor da substância, nem acharia mais a casca; seria semelhante, nisto, a quem deixa a presa que tem pela que não tem.

4. É o erro de muitos que começam a entrar nesse estado: pensam que tudo consiste em discorrer e entender coisas particulares por meio de imagens e formas, que são a casca do espírito; como não as acham naquela quietação amorosa e substancial desejada pela alma, e não entendem coisa clara, julgam perder tempo e voltam a buscar a casca das imagens e dos discursos, e em vão o fazem, porque já foi tirada. E assim

não gozam da substância nem tiram fruto da meditação e perturbam-se pensando que se atrasam na vida espiritual e estão perdidos. Na verdade, estão perdidos, embora não como eles supõem, pois, se perdem aos próprios sentidos e àquele primeiro modo de sentir e entender, e, portanto, vão ganhando no espírito recebido; e quanto menos forem entendendo, mais profundamente irão penetrando na noite do espírito – de que neste livro tratamos –, pela qual hão de passar para chegar à união com Deus, acima de todo saber.

5. Pouco há que declarar sobre o segundo sinal: é evidente que a alma, chegada a esse ponto, necessariamente não há de apreciar outras imaginações diferentes e mundanas, pois, pelas razões apontadas acima, não acha gosto mesmo nas que são de Deus, bem mais conformes ao seu estado atual. Entretanto, não o esqueçamos, até no meio desse recolhimento a inconstância da imaginação costuma fatigar a alma contra o gosto e a vontade desta, que, longe de aderir a tais divagações, sente pesar por ver sua paz e gozo perturbados.

6. A respeito da conveniência e necessidade do terceiro sinal para se deixar a meditação, isto é, da notícia ou advertência geral e amorosa em Deus, creio não ser preciso dizer mais coisa alguma aqui, pois já o declaramos ao falar do primeiro sinal. Além disso, voltaremos a este assunto depois de tratarmos de todas as apreensões particulares do entendimento. Limitar-nos-emos, no momento, a expor uma só razão que mostra claramente por que esta notícia amorosa geral de Deus é necessária para o contemplativo poder abandonar a via da meditação discursiva: se a alma não gozasse dessa notícia ou advertência em Deus, consequentemente nada faria nem receberia na oração. Com efeito, de um lado, abandonando a meditação mediante a qual trabalhava discorrendo com as potências sensitivas, e de outro lado faltando-lhe a contemplação – isto é, a notícia geral de que falamos, na qual a alma tem ocupadas as suas potências espirituais, memória, entendimento e vontade, unidas nessa mesma notícia já operada e recebida nelas –, faltar-lhe-ia necessariamente todo exercício acerca de Deus;

porque a alma não pode agir nem receber senão por meio das potências, sensitivas ou espirituais. Como já dissemos, é mediante as potências sensitivas que pode discorrer e buscar ativamente as notícias dos objetos; e por meio das potências espirituais é que pode gozar do objeto das notícias já adquiridas, sem mais o laborioso trabalho discursivo.

7. A diferença entre o exercício de umas e outras potências é a mesma que existe entre trabalhar e gozar do trabalho já feito: ou entre ir recebendo e aproveitar-se do recebido; ou a mesma existente entre a fadiga de uma longa caminhada e o repouso de quem chega ao termo; ou ainda entre estar alguém guisando a comida, ou a saboreando já guisada e mastigada sem mais nenhum trabalho de sua parte; ou, enfim, entre receber e aproveitar do recebido. Se a alma, pois, não exercitasse as suas potências sensitivas na meditação, ou se as suas potências espirituais não estivessem presas à notícia simples e geral que é a contemplação, mas permanecesse ociosa quanto à obra de umas e outras potências, não saberíamos dizer como e em que coisa poderia estar ocupada. Logo é necessária essa notícia amorosa para poder o espiritual deixar a via da meditação discursiva.

8. Entretanto, convém saber que esta notícia geral é às vezes tão sutil e delicada, mormente quando é mais pura, simples, perfeita, espiritual e interior, que a alma, embora esteja empregada nela, não a vê nem sente. Isto sucede, sobretudo, como dissemos, quando esta notícia é em si mais clara, perfeita e simples; e assim o é quando na alma penetra mais limpa e segregada de outras intelecções e notícias particulares em que o entendimento ou o sentido poderiam fazer presa. A alma, então, carecendo destas últimas, nas quais o entendimento e sentido têm costume e habilidade de se exercitar, não as sente, porquanto lhes faltam suas costumadas formas sensíveis. É esta a causa por que, quanto mais pura, perfeita e simples for a notícia, menos a percebe o entendimento, e mais obscura lhe parece. E, assim, pelo contrário, quando é menos pura e simples, mais clara e importante aparece ao entendimento, por

estar revestida ou mesclada de algumas formas inteligíveis em que pode mais apoiar-se o entendimento ou o sentido.

9. Eis uma comparação que tornará mais compreensível nosso pensamento: se considerarmos o raio de sol penetrando em um aposento, observaremos que será mais perceptível à vista na proporção em que o ar estiver mais carregado de átomos de poeira; no entanto, está o raio, nesse caso, menos puro e limpo, pois está cheio de toda aquela poeira. De modo oposto, quanto mais livre desses átomos estiver o ar, menos aparecerá o raio aos nossos olhos. E, se estivesse totalmente isento de pó e até dos átomos mais sutis, ficaria de todo obscuro e imperceptível o dito raio à nossa vista: por falta de objetos visíveis não acharia onde fixar-se, pois a luz não é propriamente o objeto da vista, mas, sim, o meio pelo qual os olhos veem o que é visível. Não havendo esses objetos visíveis sobre os quais a luz do raio se possa refletir, nada se verá. Por exemplo: se entrasse o raio por uma janela e saísse por outra sem encontrar objeto algum sobre o qual pudesse refletir-se, não o poderíamos ver; no entanto, estaria o raio em si mais puro e limpo do que quando, pela presença dos objetos, parecesse mais luminoso.

10. O mesmo acontece com a luz espiritual relativamente à vista da alma, que é o entendimento. Essa geral notícia e luz sobrenatural, de que vamos tratando, investe sobre o entendimento tão pura e simplesmente, tão despida e alheia de todas as formas inteligíveis – objetos próprios do entendimento –, que este não a sente nem pode percebê-la; algumas vezes mesmo, essa luz (quando é mais pura) se torna treva para quem a recebe, porque priva o entendimento de suas luzes ordinárias, de imagens e fantasias, e só o deixa então perceber e ver a treva. Quando, porém, essa luz divina não investe com tanta força sobre a alma, esta não sente treva, nem vê luz, nem apreende coisa alguma que ela saiba, de uma parte ou de outra; e, no entanto, entra a alma às vezes como em um profundo esquecimento de tudo, não sabendo onde está nem o que se passa nela e, até, perde a noção do tempo; pode acontecer, e acontece realmente,

ficar muitas horas nesse olvido, e, ao voltar a si, pareça-lhe ter sido apenas um instante, ou mesmo nada.

11. A causa de tal olvido é a pureza e simplicidade dessa notícia, que, sendo tão pura, quando ocupa a alma, purifica-a de todas as apreensões e formas dos sentidos e da memória, de que anteriormente se servia agindo no tempo, e assim a deixa olvidada de tudo e como fora do tempo. Eis por que esta oração, embora dure muito, parece à alma brevíssima, porque fica então unida em inteligência pura, que não está sujeita ao tempo. Diz-se, dessa oração breve, que penetra os céus, porque não é do tempo e une a alma a Deus em uma inteligência celestial; e por isso, quando a alma volta a si, acha-se com os efeitos nela impressos sem que o perceba. Tais efeitos são: elevação da mente à inteligência celestial e desprendimento, com abstração completa de todo o criado, de formas, imagens e lembranças. Isto diz Davi ter-lhe acontecido ao voltar a si desse olvido: "Vigiei, e estou feito como pássaro solitário no telhado" (Sl 101,8). Diz "solitário", isto é, alheio e abstraído de todas as coisas no "telhado", isto é, com a mente elevada para o alto. Assim fica a alma como ignorante de tudo, porque só sabe de Deus, sem saber como. A Esposa, nos Cânticos, referindo-se aos efeitos daquele sono e olvido, fala deste "não saber", quando diz: "Eu não soube" (Ct 6,2), isto é, ignoro de onde me vem o que experimento. Neste estado, embora pareça à alma nada fazer e não estar aplicada em coisa alguma, porque não opera com os sentidos e as potências, creia, contudo, não estar perdendo tempo, pois, conquanto cesse a harmonia das potências, a inteligência se acha no feliz estado acima referido. Donde a sábia Esposa dos Cantares responde, a si mesma, nessa dúvida: "Eu durmo, mas meu coração vela" (Ct 5,2). Como se dissesse: Embora durma relativamente a meu ser natural que cessou de operar, meu coração sobrenaturalmente vela, elevado em notícia sobrenatural.

12. Todavia, não se há de entender que essa notícia amorosa deva, necessariamente, causar este completo olvido: isto acontece somente quando Deus particularmente abstrai a alma

do exercício de todas as potências naturais e espirituais – o que é raro, pois nem sempre esta notícia a ocupa toda. Ora, neste caso, é suficiente estar o entendimento abstraído de quaisquer notícias particulares, temporais ou espirituais, e a vontade não sentir desejo de pensar nelas; porque então é sinal de que a alma está entretida. Este indício é necessário para saber se realmente ela está neste olvido, quando a notícia espiritual se aplica e comunica só ao entendimento, pois neste caso algumas vezes não é percebida. Quando se comunica também à vontade, como quase sempre sucede, não deixa a alma de compreender, mais ou menos claramente, estar ocupada e absorvida nesta notícia, por pouco que nisto pense: sente-se então cheia de um amor saboroso sem saber nem entender particularmente o que ama. Por isso é denominada "notícia amorosa e geral", porque assim como a recebe o entendimento em comunicação obscura, do mesmo modo sucede à vontade na qual infunde amor e sabor confusamente, sem compreender com clareza o objeto do seu amor.

13. Sejam suficientes por ora estas explicações para dar a entender à alma como há de estar ocupada com esta notícia, para poder deixar a meditação discursiva e para ter segurança de estar então muito bem ocupada, embora lhe pareça nada fazer, desde que veja em si os ditos sinais. A comparação que fizemos do raio deve igualmente ter deixado esclarecido este ponto: se a luz da notícia amorosa se apresenta mais compreensível e palpável ao entendimento – como aparece aos nossos olhos o raio do sol quando mais carregado de átomos de poeira –, não é motivo para a alma julgá-la mais pura, subida e clara. Pois, segundo Aristóteles e os teólogos, quanto mais alta é a luz divina, e mais sublime, tanto mais obscura e confusa se torna para nosso entendimento.

14. Há ainda muito a dizer, tanto dessa divina notícia em si mesma como dos seus efeitos nos contemplativos. Explicaremos tudo em seu lugar; aliás, se nos estendemos tanto até aqui, foi com receio de deixar esta doutrina mais confusa ainda, pois, confesso, apesar de toda a declaração, é certo que

ainda ficou bastante confusa. Além de ser matéria poucas vezes tratada por escrito, ou de viva voz, por sua obscuridade e rara aplicação, acrescenta-se a insuficiência de meu estilo e pouco saber. E, assim, pensando fazer-me compreender melhor, muitas vezes, estendo-me demais e saio dos limites que comporta o ponto da doutrina em questão. Entretanto, faço-o às vezes de propósito, pois o que não se entender por umas razões, quiçá se compreenderá por outras; e também para dar mais luz sobre o que se há de dizer mais adiante.

15. Para concluir esta parte, parece-me útil responder a uma dúvida que pode surgir a respeito da continuidade desta notícia; é o que farei brevemente no capítulo seguinte.

Capítulo XV
É conveniente aos que começam a entrar na notícia geral de contemplação voltar algumas vezes ao exercício da meditação e às operações das potências naturais.

1. Sobre o que acaba de ser explicado, poderia surgir uma dúvida: se os proficientes, aos quais Deus começa a pôr nessa notícia sobrenatural de contemplação já referida, estarão, pelo mesmo fato, na impossibilidade permanente de tirar proveito no exercício da meditação e discursiva e das formas e imagens naturais. Respondo a esta objeção declarando não se tratar de abandonar definitivamente a meditação ou de jamais procurá-la; porque, no princípio, as almas que começam a entrar na notícia amorosa e simples de Deus não têm ainda tão perfeitamente adquirido o hábito de contemplação, a ponto de nela se estabelecerem quando lhes apraz; igualmente, não se acham tão afastadas da meditação que não possam algumas vezes meditar e discorrer naturalmente como costumavam, encontrando neste exercício algum novo alimento. Ao contrário, nesses princípios, ao reconhecerem, pelos sinais já mencionados, que não está o espírito estabelecido naquela quietação e notícia sobrenatural, é mister voltarem à meditação discursiva, até che-

garem a adquirir, com certa perfeição, o hábito de que falamos. Isto acontecerá quando, em oração, forem ocupadas por esta suave e pacífica notícia, sem a possibilidade e nem mesmo o desejo de se aplicarem à meditação. Mas, enquanto as almas não tiverem chegado a este ponto – que é o dos proficientes na contemplação –, há alternância ora de uma, ora de outra coisa, em tempos diversos.

2. Muitas vezes, portanto, se achará a alma nesta amorosa e pacífica advertência, sem mais exercitar as potências, quanto aos atos particulares, não obrando ativamente, mas só recebendo; e outras vezes terá necessidade de buscar auxílio branda e moderadamente, no raciocínio, para estabelecer-se naquela amorosa notícia. Ao chegar, porém, a recebê-la, a alma não mais age com as potências; na verdade é a notícia que a ocupa e opera em seu interior, produzindo sabor e conhecimento, enquanto a alma não faz, de sua parte, senão permanecer recolhida nessa advertência, amando a Deus, sem querer sentir nem ver nada. Desse modo o Senhor se comunica passivamente ao espírito, assim como a luz passivamente se comunica a quem não faz mais do que abrir os olhos para recebê-la. Receber a luz sobrenatural que se lhe infunde é para a alma o mesmo que entender passivamente; e, quando se diz que, nesse caso, ela não age, não é por motivo de não entender, e sim porque entende sem indústria sua; apenas recebe o que lhe é dado, como acontece nas iluminações, ilustrações e inspirações divinas.

3. Embora a vontade receba livremente esta notícia geral e confusa de Deus, todavia, para receber com maior abundância e simplicidade a luz divina é necessário apenas não interpor outras luzes mais sensíveis de figuras, ou notícias, ou formas de raciocínio, pois estão muito longe de se assemelhar àquela serena e pura luz. Donde, se então quiser entender e considerar coisas particulares, por mais espirituais que sejam, achará nelas impedimento à luz do espírito, clara, simples e geral, pondo aquelas nuvens no meio; assim como encontraria obstáculo para ver a luz quem tivesse diante dos olhos algum objeto a interceptá-la.

4. É evidente, portanto, que terminado o trabalho de purificação e despojamento da alma em relação a todas as formas e imagens apreensíveis, será ela penetrada por esta pura e simples luz que a transformará no estado de perfeição. Na verdade, jamais falta essa luz à alma; são os véus e formas de criaturas, nos quais está a alma envolvida e embaraçada, que lhe impedem a livre-difusão. Tirados inteiramente esses obstáculos e véus, como depois diremos, logo a alma, ficando em total desnudez e pobreza de espírito, já simples e pura, transformar-se-ia na simples e pura sabedoria que é o Filho de Deus. Em faltando à alma enamorada tudo quanto é natural, logo se lhe infunde, natural e sobrenaturalmente, o que é divino, porque não pode haver vazio na natureza.

5. Aprenda o espiritual a ficar em advertência amorosa na presença de Deus, com sossego do entendimento, mesmo quando não puder meditar e lhe pareça nada fazer. Assim, pouco a pouco e mui rapidamente se infundirá na sua alma celeste paz e tranquilidade, cheia de admiráveis e sublimes notícias de Deus, envoltas em amor divino. Não mais se preocupe em formar imaginações ou raciocínios a fim de não inquietar o espírito nem subtraí-lo àquela alegria e paz interior, pois todos esses meios só lhe causam desgosto e repugnância. E, para banir o escrúpulo de que nada faz, advirta que não faz pouco em pacificar a alma, estabelecendo-a no seu repouso, sem agir e sem apetecer coisa alguma. É isto o que Nosso Senhor nos pede por Davi: "Cessai, e vede que eu sou Deus" (Sl 45,11). Como se dissesse: Aprendei a estar vazios de todas as coisas, isto é, interior e exteriormente, e vereis como eu sou Deus.

Capítulo XVI
Trata das apreensões imaginárias produzidas sobrenaturalmente na fantasia. Diz como não podem servir de meio próximo para união divina.

1. Após havermos tratado das apreensões naturais oferecidas à imaginação e à fantasia, convém falar agora das que a

alma pode receber sobrenaturalmente. Estas são as visões imaginárias, pertencentes também a este sentido interior, por se apresentarem sob imagens, formas e figuras, do mesmo modo que as naturais.

2. Sob esta denominação de visões imaginárias, compreendemos todas as espécies, imagens, formas e figuras que a imaginação é suscetível de receber sobrenaturalmente. Todas as impressões que dos cinco sentidos corporais se oferecem à alma e se imprimem nela, por via natural, podem-se-lhe apresentar por via sobrenatural, sem concurso algum dos sentidos exteriores. Na verdade, a fantasia, juntamente com a memória, é como um arquivo e receptáculo do entendimento, em que se conservam todas as imagens e formas inteligíveis. Como um espelho, reflete-as em si quando as recebe, seja pelos cinco sentidos externos, seja sobrenaturalmente como aqui vamos dizendo; e assim representa as ditas imagens ao entendimento que as considera, e forma seu juízo sobre elas. E não somente isto pode a fantasia fazer, mas ainda pode compor e imaginar outras formas à semelhança das já percebidas.

3. Devemos saber que, assim como os cinco sentidos exteriores representam aos sentidos interiores as imagens e espécies recebidas, do mesmo modo pode Deus, ou ainda o demônio, representar à alma sobrenaturalmente, sem o concurso dos sentidos exteriores, as mesmas imagens e figuras, com muito maior beleza e perfeição. Vemos, com efeito, que sob essas formas, muitas vezes, Deus representa coisas à alma, ensinando-lhe muita sabedoria, como nos mostra a cada passo a Sagrada Escritura; quando, por exemplo, o Senhor revelou a Isaías a sua glória na espessa nuvem que enchia o templo; ou quando se mostrou em um trono cercado de serafins que cobriam o rosto e os pés com suas asas (Is 6,2-4); ou ainda quando se manifestou a Jeremias no símbolo da vara que velava (Jr 1,11), e a Daniel por numerosas visões (Dn 7,10) etc. O demônio, de sua parte, também procura seduzir a alma com visões aparentemente boas. Podemos ver, no Livro dos Reis,

como enganou a todos os profetas de Acab, representando-lhes à imaginação os cornos de ferro com os quais o rei havia de vencer os assírios, segundo sua diabólica predição, que foi mentira (1Rs 22,11). Tal foi ainda o sonho da mulher de Pilatos visando impedir a condenação de Cristo; e outras muitas passagens onde se pode observar como, neste espelho da fantasia e da imaginação, se apresentam as visões imaginárias aos aproveitados, muito mais frequentemente do que as corporais exteriores. Umas e outras não diferem quanto à forma sensível, mas, sim, e grandemente, quanto à sua perfeição e efeito. As primeiras, que são ao mesmo tempo sobrenaturais e interiores, penetram mais profundamente na alma e nela produzem mais fruto. Não se deve dizer, entretanto, que certas visões corporais e exteriores não possam operar maiores efeitos que as imaginárias, porque, enfim, a sua ação está subordinada ao beneplácito divino. Baseamo-nos, aqui, apenas sobre a sua intrínseca propriedade, que é a de serem mais espirituais.

4. O sentido da imaginação e da fantasia é onde mais facilmente pode entrar o demônio, com os seus ardis, ora naturais, pois esta é a porta e entrada da alma, como dissemos; aqui vem o entendimento, como a um porto ou praça tomar e pôr em reserva as suas provisões. Por isto, Deus (e também o demônio) traz a este sentido interior suas imagens e formas sobrenaturais para oferecer suas joias ao entendimento; suposto, porém, que Deus não tem só este meio para ensinar a alma, pois habitando nela substancialmente pode agir por si mesmo ou usar de outros meios.

5. O meu fim não é indicar as provas pelas quais se conhecerá se as visões procedem do bom ou mau espírito, ou declarar suas diversas maneiras. Quero tão somente instruir o entendimento para, nas visões verdadeiras, não encontrar obstáculo à união da divina Sabedoria, e nas falsas não se enganar.

6. Digo, portanto, que em todas as apreensões e visões imaginárias, ou quaisquer outras formas e espécies semelhantes, quer se trate das que tenham Deus por autor, quer das pro-

duzidas pelo demônio, não se há de ocupar nem nutrir com elas o entendimento. A alma não as deve querer admitir, para que fique desapegada, despojada, pura e simples, sem maneira nem modo algum, como se requer para a união divina.

7. A razão é que todas estas formas se representam sempre debaixo de modos limitados; e a Sabedoria de Deus, infinitamente pura e simples – à qual se deve unir o entendimento –, não admite modo nem forma alguma, não podendo ser encerrada nos estreitos limites de um conhecimento distinto e particular. Ora, para unir dois extremos – a alma humana e a divina Sabedoria – cumpre estabelecer entre eles certo modo de proporção e de semelhança. Torna-se indispensável, em consequência, que a alma se revista de pureza e simplicidade, deixando de prender-se às concepções particulares e aos limites de formas, espécies e imagens. Assim como Deus não pode ser limitado nem encerrado sob imagem nem figura, nem inteligência alguma particular, do mesmo modo a alma, para unir-se com Ele, não há de estar presa a forma alguma ou inteligência distinta.

8. Realmente o Espírito Santo nos dá a entender no Deuteronômio não haver em Deus figura nem semelhança, quando diz: "Vós ouvistes a voz das suas palavras, mas não vistes figura alguma" (Dt 4,12). As trevas, a nuvem e a obscuridade, que Ele menciona no mesmo lugar, significam a notícia obscura e confusa de que falamos e na qual a alma se une com Deus. E mais adiante acrescenta: "Vós não vistes figura alguma no dia que o Senhor vos falou no Monte Horeb do meio do fogo" (Dt 4,15).

9. O mesmo Espírito Santo nos revela, nos *Números*, ser impossível à alma chegar nesta vida à sublimidade de Deus por meio das espécies sensíveis. Deus, repreendendo Aarão e Maria por terem murmurado contra Moisés, seu irmão, e querendo manifestar-lhes o alto estado em que o havia elevado na união e intimidade com Ele, disse: "Se entre vós se achar algum profeta do Senhor, eu lhe aparecerei em visão, ou lhe falarei em sonhos. Mas não é assim a respeito de meu servo Moisés, que é o mais fiel em toda a minha casa, porque eu lhe falo face a face: e ele vê

o Senhor claramente, e não debaixo de enigmas ou de figuras" (Nm 12,7-8). Estas palavras nos ensinam que, no alto estado de união de que vamos falando, Deus não mais se comunica à alma mediante algum disfarce de visão imaginária, ou semelhança, ou figuras. Fala-lhe de boca a boca, isto é, a sua essência pura e simples, que na efusão do seu amor é como a própria boca de Deus, une-se à essência pura e simples da alma, por meio da vontade, que é a boca da alma, em amor divino.

10. Para chegar, portanto, a essa união de amor de Deus, é essencial à alma não se apoiar em visões imaginárias nem em formas, nem em figuras, nem em inteligências particulares, que não podem servir de meio proporcionado e próximo para tal fim; ao contrário, seriam-lhe estorvo. Por esse motivo há de renunciar a elas e procurar não tê-las. Se em algum caso as admitisse e apreciasse, seria somente por causa do fruto e bom efeito que as visões verdadeiras produzem na alma, mas para isto não é necessário admiti-las; antes convém, para aproveitar-se melhor, negá-las sempre. Porque o benefício que as ditas visões imaginárias, assim como as visões corporais exteriores, já referidas, podem trazer à alma é comunicar-lhe inteligência, ou amor ou suavidade; e para tal não é mister querer admiti-las, pois, como dissemos, no mesmo instante em que se apresentam à imaginação, se produzem juntamente na alma infundindo-lhe inteligência, amor ou suavidade, ou outro efeito que Deus tem em vista. E não só juntamente, mas principalmente, deixam seu efeito de modo passivo na alma, sem que ela de sua parte possa fazer coisa alguma para o impedir, mesmo querendo, assim como não dependeu de sua vontade adquiri-lo, embora tenha antes pedido dispor-se a recebê-lo. A este propósito voltemos à comparação da vidraça que não pode deixar de ser iluminada passivamente pelos raios do sol na proporção de sua limpidez. Assim acontece à alma: sem depender de sua vontade não pode deixar de receber em si as influências e comunicações daquelas figuras, mesmo querendo resistir-lhes; porque às infusões sobrenaturais não pode resistir a vontade

negativa, com resignação humilde e amorosa; só a impureza e as imperfeições da alma podem ser obstáculos, assim como as manchas da vidraça se opõem à transmissão da luz.

11. Podemos concluir: quanto mais a alma se despojar, pela vontade e pelo afeto, das manchas daquelas formas, imagens e figuras que envolvem as comunicações espirituais acima referidas, longe de ficar privada desses bens, melhor se dispõe para recebê-los com mais abundância, luz, liberdade de espírito e simplicidade, deixando de lado todos aqueles conhecimentos que são apenas cortinas e véus a encobrir a substância espiritual ali encerrada. Ao contrário, quando neles se satisfaz, ocupam o espírito e o sentido, impedindo a livre e pura comunicação espiritual, porque o entendimento, preso àquelas aparências, já não tem liberdade para receber a substância do espírito[10]. Se a alma então quisesse admitir e fazer caso das apreensões particulares, ficaria embaraçada satisfazendo-se com o menos importante nelas, isto é, com aquelas formas, imagens e inteligências distintas, que são tudo quanto pode alcançar e conhecer. Com efeito, o mais importante, ou seja, o bem espiritual que lhe é infundido, não o pode a alma conhecer, nem saber como é, e jamais conseguiria explicá-lo, porque é puramente espiritual. Só pode conhecer nessas comunicações, como dissemos, o menos essencial e que é conforme ao seu próprio modo de entender, isto é, aquelas formas por meio do sentido; por isto digo que passivamente, e sem que ela aja com o entendimento, e até mesmo sem saber agir, Deus lhe comunica, daquelas visões, o que ela jamais soubera entender ou imaginar.

12. É necessário, pois, à alma, apartar sempre o olhar de todas as apreensões que pode ver e entender distintamente – as quais, sendo comunicadas por via dos sentidos, não estabelecem o fundamento da fé. Ponha antes os olhos no que não vê nem pertence ao sentido, senão ao espírito, e não tem forma alguma

---

10. O original diz: "aquelas formas", mas refere-se evidentemente à "substância do espírito", conforme demonstra todo o contexto.

sensível. É isto que a conduzirá à união na fé, único meio próprio, como já dissemos. A substância dessas visões será então de grande fruto para a mesma fé, quando a alma souber negar perfeitamente tudo o que há nelas de sensível e inteligível, usando bem do fim que Deus tem em vista ao conceder tais graças; efetivamente, como dissemos das visões corporais, Ele não as concede para a alma admiti-las nem lhes ter apego.

13. Surge, porém, uma dúvida: se é verdade que Deus, quando favorece a alma com visões sobrenaturais, não as dá para admiti-las, nem para apoiar-se a tais coisas, nem para fazer caso delas, por que então as concede? Não podem ser ocasião de tantos erros e perigos para a alma, ou, pelo menos, não a expõem aos inconvenientes já assinalados que impedem o seu progresso na perfeição? E, sobretudo, por que o faz, se as pode conceder espiritualmente, em substância, em vez de comunicar-se à alma mediante o sentido nessas visões e formas sensíveis?

14. Responderemos a essa dúvida no capítulo seguinte. A meu ver, é doutrina muito importante e bem necessária tanto para os espirituais como para os seus diretores. Diremos, então, o modo usado por Deus nessas visões e o fim a que se propõe. Por ignorarem este ponto, muitos não se sabem reger nem guiar com segurança a si e a outros na via de união. Reconhecendo Deus como o verdadeiro autor desses favores, pensam ser útil admiti-los com segurança; não reparam que a alma pode achar nessas graças grande estorvo, apego e embaraço, tanto como nas coisas do mundo, se não souber renunciá-las. Assim, julgando esses diretores ser bom admitir umas e reprovar outras, expõem não só a si mesmos, mas também as almas, suas dirigidas, aos perigos e trabalhos que traz consigo o discernimento entre o verdadeiro e o falso nessas visões. No entanto, Deus não quer este modo de proceder, nem que inquietem almas singelas e simples, envolvendo-as nessas questões; pois têm doutrina sã e segura na fé, pela qual hão de caminhar adiante.

15. Para isso é imprescindível fechar os olhos a todo o sentido e a qualquer inteligência clara e particular. Estando São Pedro tão certo da gloriosa transfiguração de Cristo, contemplada no Tabor e referindo-a em sua 2ª epístola, não quis deixar esta visão como principal testemunho de firmeza, mas, encaminhando os cristãos à fé, lhes disse: "E ainda temos mais firme testemunho, que esta visão do Tabor, nas palavras dos profetas a que fazeis bem de atender, como a uma tocha que alumia em lugar tenebroso" (2Pd 1,19). Se quisermos reparar nesse texto, veremos como exprime bem a doutrina que vamos ensinando. Quando manda considerar a fé, na qual falaram os profetas, como lâmpada a brilhar nas trevas, quer significar que fiquemos às escuras, fechados os olhos a quaisquer outras luzes, a fim de que, nessas trevas, somente a fé, ela também obscura, seja nossa luz e apoio. Prender-se às luzes dos conhecimentos claros e distintos é afastar-se da obscuridade da fé que deixa de iluminar com os seus esplendores o entendimento, isto é, o lugar tenebroso de que fala São Pedro. Enquanto não amanhecer na outra vida o dia da clara visão, e enquanto não se realizar a transformação e a união da nossa alma com Deus nesta vida, o nosso entendimento – que é o candelabro em que se assenta a lâmpada da fé – há de permanecer na obscuridade.

Capítulo XVII
Declaração do fim que Deus tem em vista e do modo que usa ao comunicar à alma os bens espirituais por intermédio dos sentidos. Resposta à dúvida surgida no precedente capítulo.

1. Muito poderia discorrer sobre a maneira e sobre o fim visado por Deus ao conceder essas visões para levantar uma alma de sua própria baixeza às alturas da união divina. Todos os livros espirituais tratam desse assunto, e também nesta obra o explicamos; por isso direi neste capítulo o suficiente para responder à objeção já proposta. Deus, em sua infinita sabedoria e providência, procura sempre livrar as almas de todos os laços

e quedas; por que então lhes oferece e comunica essas visões sobrenaturais cheias de perigo e impedimento para ir adiante?

2. A fim de responder a esta dificuldade é bom estabelecer três fundamentos. O primeiro é de São Paulo, quando diz aos romanos: "As coisas que existem, essas foram por Deus ordenadas" (Rm 13,1). O segundo nos é ensinado pelo Espírito Santo no Livro da Sabedoria: "A sabedoria de Deus, ainda que atinja de uma a outra extremidade, dispõe tudo com doçura" (Sb 8,1). Enfim o terceiro nos é fornecido pelos teólogos: "Deus move todas as coisas, segundo o modo natural de cada uma"[11].

3. É consequência evidente desses fundamentos que, para mover a alma e elevá-la do fim e extremo de sua própria baixeza ao soberano fim e extremo da infinita grandeza, em união divina, Deus há de proceder com ordem e suavidade e de modo adequado à condição da mesma alma. Ora, como a ordem que a alma tem para adquirir conhecimentos é por meio das formas e imagens de coisas criadas, e como a sua maneira ordinária de conhecer e entender depende dos sentidos, Deus, para conduzi-la com suavidade ao sumo conhecimento, começa por esse meio mais baixo e fim extremo dos sentidos, a fim de elevá-la progressivamente, segundo sua natureza, até ao outro fim altíssimo de sua sabedoria espiritual, infinitamente afastada dos sentidos. Aí está a razão por que o Senhor vai instruindo a alma primeiramente pelas formas, imagens e vias sensíveis adequadas a seu modo de entender, sejam naturais sejam sobrenaturais, e por esses meios e raciocínios a eleva ao sumo espírito de Deus.

4. Eis, pois, a causa pela qual são concedidas as visões sob formas, imagens e demais notícias sensíveis e espirituais. Não age Deus assim porque não quereria dar de uma vez à alma a sabedoria do espírito. Decerto daria, se fosse possível por via ordinária unir e juntar em um só ato os dois extremos – humano e divino, sentido e espírito – sem a prévia intervenção

---

[11]. S. Th., in 1º lib. Sent. 8, q. 3, 1, 4 m.

de muitos atos intermediários como disposições harmoniosas e ordenadas para chegar àquele fim; e essas disposições, assim como os agentes naturais, servem gradualmente umas às outras de fundamento, as primeiras às segundas, estas às terceiras e assim por diante, nem mais nem menos. Assim Deus aperfeiçoa o homem conformando-se à sua condição, isto é, conduzindo-o pouco a pouco das coisas mais baixas e exteriores às mais altas e interiores. Em primeiro lugar aperfeiçoa os sentidos corporais oferecendo-lhes os objetos exteriores naturalmente bons e perfeitos, como, por exemplo, assistir à missa, ouvir os sermões, ver imagens santas, mortificar o gosto nos alimentos, macerar o corpo pelas austeridades da penitência. Quando os apetites já estão algo dispostos, costuma o Senhor aperfeiçoá-los mais, concedendo-lhes, para confirmá-los no bem, algumas consolações e favores sobrenaturais, tais como: visões sensíveis dos santos, ou coisas santas, palavras cheias de suavidade, perfumes delicados e grande deleite no tato, e por estes meios vai confirmando os sentidos na virtude e afastando-os do apetite de coisas más. Além disso, vai juntamente aperfeiçoando os sentidos corporais interiores; isto é, a imaginação e a fantasia: inclina-os para o bem por considerações, meditações e discursos piedosos, com os quais vai instruindo o espírito. Uma vez dispostos os sentidos interiores com este exercício natural, costuma Deus ilustrá-los e espiritualizá-los mais ainda, por meio de algumas visões sobrenaturais (aqui chamadas imaginárias); e, nelas, o espírito tira maior proveito, como já dissemos; assim, tanto nas comunicações mais exteriores como nessas mais espirituais, vai a alma perdendo sua natural rudeza e reformando-se pouco a pouco. Dessa maneira o Senhor eleva as almas de grau em grau até o mais interior. Não que seja necessário guardar sempre esta ordem, do princípio ao fim, com tanta exatidão; às vezes Deus faz uma coisa sem a precedente, ou começa pelo que é mais interior antes de dar alguma graça mais exterior, ou, ainda, pode conceder tudo ao mesmo tempo; enfim, age como vê ser mais conveniente à alma, ou conforme lhe apraz conceder suas divinas mercês. Entretanto, a via ordinária é a que indicamos.

5. Este é o modo pelo qual Deus vai instruindo a alma e tornando-a espiritual, começando pelas coisas exteriores, palpáveis e acomodadas ao sentido, segundo a pequena capacidade nela encontrada, para que, mediante a casca de tais coisas sensíveis, boas em si mesmas, possa o espírito ir fazendo atos particulares e recebendo tantos bocados de comunicação espiritual, e chegue enfim a alcançar a atual substância do espírito, alheia a todo sentido. Não poderia atingir esta altura senão mui paulatinamente, e a seu modo, isto é, pelo sentido a que está naturalmente apegada. Assim, à medida que a alma se vai espiritualizando mais no seu trato com Deus, mais também se vai despojando e afastando das vias do sentido, que são as da meditação discursiva e imaginária. E, quando chegar perfeitamente ao trato espiritual com Deus, necessariamente terá deixado tudo quanto nesse trato pudesse cair sob o sentido. Pois quanto mais uma coisa se aproxima de um termo, mais se afasta do outro; consequentemente, quando atingir aquele, estará completamente apartada deste. Daí o adágio tão conhecido na vida espiritual: provado o gosto e sabor do espírito, tudo que é carnal torna-se insípido, isto é, todos os gozos e todos os meios sensíveis não satisfazem nem aproveitam ao espírito. É fora de dúvida que, sendo espiritual, não cai sob o sentido; e se o sentido pode compreender, já não é puramente espiritual. Quanto mais acessível ao sentido, menos participa do espírito e do sobrenatural, como acima dissemos.

6. Assim, o espírito já perfeito nada mais recebe do sentido nem faz caso dele; não usa desse meio para se comunicar com Deus e de fato não há mister servir-se disso, como o fazia antes de haver crescido no espírito. É o ensinamento de São Paulo aos coríntios: "Quando eu era menino, falava como menino, julgava como menino, discorria como menino, mas, depois que cheguei a ser homem feito, renunciei às coisas que eram de menino" (1Cor 13,11). Já demonstramos que a ação

do sentido e os conhecimentos dela resultantes são exercícios de menino. Se a alma quisesse, pois, sujeitar-se sempre às coisas sensíveis, ficaria no estado infantil, falaria de Deus como menino e dele pensaria como menino. Prendendo-se à casca do sentido, que é nesse caso o menino, jamais alcançaria a substância do espírito, que é o varão perfeito. Eis por que a alma não há de querer admitir as ditas revelações mesmo oferecidas por Deus, a fim de poder ir crescendo, assim como o menino tem necessidade de deixar o peito materno para acostumar o paladar a uma nutrição mais forte e substancial.

7. Mas direis: não será então mister a alma querer receber tais comunicações sensíveis quando é ainda principiante, para deixá-las quando crescer, da mesma forma que precisa o menino querer tomar o leite materno até crescer para poder abandoná-lo? Respondo: a respeito da meditação discursiva, quando a alma começa a buscar a Deus, é certo, não deve deixar o peito do sentido, porque tem necessidade de sustentar-se até chegar a ocasião e tempo oportuno de abandonar esse meio sensível, e é quando Deus eleva a alma a um grau mais espiritual, dando-lhe a contemplação, da qual falamos no capítulo II deste livro. Quanto às visões imaginárias, porém, e outras apreensões que se apresentam ao sentido sem a cooperação humana, digo que, em qualquer tempo ou ocasião, seja no estado já perfeito, ou ainda menos perfeito, e mesmo vindo essas visões de Deus, a alma não as há de querer admitir por dois motivos: primeiro, tais comunicações, como dissemos, produzem passivamente seu efeito na alma sem que esta possa obstar, embora possa impedir a visão, como sucede muitas vezes; e nesse caso o efeito será muito maior, porque é comunicado substancialmente, conquanto seja de maneira diversa. Na verdade, a alma não pode impedir os bens que Deus lhe quer conceder senão pela sua imperfeição e apego a eles; quando os recusa com humildade e temor, não há imperfeição ou apego algum. Segundo motivo: livra-se a alma do perigo e trabalho de distinguir as visões verdadeiras das falsas, e conhecer se vêm do anjo da luz

ou das trevas. Neste discernimento não há proveito algum e sim perda de tempo, ficando a alma embaraçada nisso, e em ocasião de muitas imperfeições, além de não progredir no essencial. É preciso abandonar todas essas particularidades de apreensões e inteligências distintas, segundo dissemos a respeito das visões corporais, e destas havemos de falar mais adiante.

8. E isto se tenha por certo: se Nosso Senhor não tivesse que se colocar ao nível da alma, como dissemos, jamais lhe comunicaria a abundância do seu espírito por esses canais tão estreitos das formas, das figuras e inteligências distintas, com a ajuda das quais Ele a sustenta por meio de pequenas migalhas. Por isso disse Davi: "Envia a sua sabedoria às almas como aos bocadinhos" (Sl 147,17). Causa pena ver a alma, cuja capacidade é infinita[12], reduzir-se, pela sua fraqueza e inabilidade sensível, a tomar seu alimento apenas por migalhas através do sentido. Esta falta de disposição e esta pequenez para receber o espírito de Deus faziam gemer São Paulo, quando escrevia aos coríntios: "E eu, irmãos, não vos pude falar como a espirituais, senão como a carnais, como a pequeninos em Cristo. Leite vos dei a beber, não comida, porque ainda não podíeis nem ainda agora podeis; porque ainda sois carnais" (1Cor 3,1).

9. Está, pois, bem averiguado agora, a alma não deve pôr os olhos nesta casca ou invólucro sensível de figuras e objetos oferecidos sobrenaturalmente pelos sentidos exteriores, nas palavras e locuções que ressoam aos ouvidos, nas aparições dos santos aos olhos, nos formosos esplendores, nos perfumes que inebriam o olfato, nas suavidades que deliciam o gosto e outros deleites do tato; enfim, em todas estas impressões muito ordinárias aos espirituais. Igualmente não se há de deter nas visões imaginárias dos sentidos interiores, mas deve renunciar a todas, e só visar ao bem espiritual que esses favores lhe trazem, procurando conservá-lo nas suas obras e no exercício de tudo o que é do serviço de Deus, ordenadamente, sem adver-

---

12. Isto é, a alma tem capacidade para possuir um bem infinito.

tir naquelas representações, nem querer gosto algum sensível. Desse modo, receberá nessas graças só o que Deus pretende e quer, isto é, o espírito de devoção, pois não as concede Ele para outro fim; a alma deixa assim o que Deus não daria se pudesse comunicar-se a ela puramente no espírito, como dissemos, sem o exercício e a apreensão do sentido.

Capítulo XVIII
Trata do prejuízo que causam às almas certos mestres espirituais, não as dirigindo convenientemente nas ditas visões. Declara também como pode haver engano mesmo quando as visões procedem de Deus.

1. Nesta matéria de visões não podemos ser tão breves como desejaríamos, pelo muito que há ainda a dizer a tal respeito. Embora, em substância, já tenhamos exposto o necessário para orientar o espiritual acerca dessas visões, e também para indicar ao mestre o modo de guiar seu discípulo, não será supérfluo particularizar aqui mais um pouco esta doutrina. Poderemos, assim, dar maior luz sobre o prejuízo que pode resultar tanto para as almas como para seus diretores, se com muita facilidade acreditam nas visões mesmo de origem divina.

2. O motivo de estender-me sobre esse ponto é a pouca discrição que creio reconhecer na maneira de agir de alguns diretores espirituais. Com efeito, por haverem dado muito crédito à boa aparência e à veracidade dessas apreensões sobrenaturais, chegaram eles e seus discípulos a errar muito e cair em confusão. Aplica-se-lhes bem a sentença de nosso Salvador: "Se um cego conduz a outro, ambos caem no fosso" (Mt 15,14). O texto sagrado não diz *cairão*, mas sim *caem*, porque, mesmo sem queda positiva, o simples fato de se arriscarem a conduzir-se um pelo outro é, na verdade, um erro e pode-se dizer que caem pelo menos nisto. Primeiramente, alguns desses diretores agem de tal modo em relação às pessoas favorecidas pelas ditas visões que as fazem errar, ou as emba-

raçam e perturbam, desviando-as do caminho da humildade; consentem que as almas ponham os olhos de algum modo nesses favores extraordinários e não caminhem no verdadeiro espírito de fé, impedindo-as de se firmarem na mesma fé. Isso acontece especialmente quando os diretores gostam de entreter-se muito com as almas sobre essas visões, mostrando assim que fazem muito caso de tais coisas, e consequentemente inclinando seus discípulos a procederem do mesmo modo. Ficam, pois, as almas ocupadas com aquelas apreensões, e não se edificam em fé; não permanecem desapegadas, vazias e despidas de tudo para voarem às alturas dessa fé obscura. Todo esse mal se origina da atitude e linguagem que a alma vê no seu mestre: não sei como, com grandíssima facilidade e sem querer, daí lhe nasce uma secreta estima e apreço daquelas graças sobrenaturais, tirando os olhos do abismo da fé.

3. A razão dessa facilidade em se comprazer nessas visões deve ser a seguinte: estando o sentido já disposto e alimentado pelas ditas apreensões distintas e sensíveis, para as quais é naturalmente propenso, se a alma encontra no seu confessor ou em alguém qualquer estima e apreço por aquelas graças, logo se conforma e se une a elas; e, mais ainda, sem que o perceba, vai se nutrindo com maior avidez nessas coisas sensíveis, fazendo, de certo modo, presa e se assentando nelas. Resulta daí, no mínimo, uma série de imperfeições; a alma já não fica tão humilde, crendo possuir um bem de certo valor e imaginando que Deus faz caso dela; anda contente e um tanto satisfeita de si mesma – o que é contra a humildade. Logo o demônio vai aumentando secretamente esta disposição, e começa disfarçadamente a sugerir-lhe pensamentos acerca do próximo, se os outros têm ou não essas coisas extraordinárias, se são ou não levados por esse caminho; pensamentos contrários à santa simplicidade e solidão espiritual.

4. Deixemos, porém, de tratar agora destes danos e da impossibilidade de a alma crescer na fé, se não se desapega das visões; e também de muitos outros males que, embora menos

palpáveis e sensíveis, são mais sutis e mais odiosos aos olhos divinos, porque impedem a total desnudez. Trataremos de tudo isso quando falarmos da gula espiritual e dos outros seis vícios; então, mediante o favor divino, diremos muito a respeito das pequenas manchas, secretas e delicadas, que se pegam ao espírito quando não é guiado em desnudez.

5. Digamos agora algo sobre o modo imperfeito de certos confessores na direção das almas, não as instruindo bastante. E, decerto, bem desejaria saber explicá-lo convenientemente, pois, a meu ver, é bastante difícil demonstrar até que ponto se forma o espírito do discípulo, conforme ao do mestre, oculta e secretamente. Cansa-me esta matéria tão prolixa, mas julgo não ser possível declarar bem uma coisa sem dar a entender a outra, tanto mais que, sendo espirituais, correspondem-se entre si.

6. Parece-me, e não sem razão, que sentindo o pai espiritual inclinação às revelações, comprazendo-se nelas e dando-lhes alguma importância, não deixará de imprimir involuntariamente a mesma estima no espírito do discípulo, exceto se este estiver mais adiantado do que ele. Até neste mesmo caso, seria gravemente prejudicial ao progresso do discípulo continuar com tal direção. Realmente, dessa forte inclinação do pai espiritual para as visões resultará neste certa estima da qual dará sinais manifestos, se não tiver bastante discrição para dissimular os sentimentos. Admitindo que o discípulo sinta a mesma propensão, podemos julgar que, de parte a parte, haverá sem dúvida frequentes comunicações sobre a apreciação e a estima que ambos fazem desses favores.

7. Mas não fiemos agora tão fino; suponhamos somente que o confessor, inclinado ou não para isso, não tenha prudência necessária para desembaraçar a alma e desapegar o apetite de seu discípulo. E assim começa a falar com ele sobre esse assunto, pondo principalmente sua conversa espiritual nas visões, dando indícios para discernir entre as boas e as más. Na ver-

dade, ao diretor é importante sabê-lo, mas não é aconselhável ocupar o discípulo nesse trabalho, cuidado e perigo. Não dando importância a tais visões, evita-se tudo isso, e se faz o que convém. Outras vezes esses diretores, vendo as almas cheias de favores divinos, insistem em obter por seu intermédio a revelação de tal ou tal coisa que interessa a si ou a outros; e essas almas bobas obedecem, pensando ser permitido fazê-lo por esta via. Pelo fato de Deus dignar-se, às vezes, revelar – quando bem lhe parece e por motivos que lhe são conhecidos – alguma verdade sobrenaturalmente, julgam elas ser lícito desejar esta revelação e mesmo solicitá-la.

8. Se Deus, atendendo à sua súplica, lhes revela algo, tornam-se mais audaciosas, imaginando ser agradável a Deus esse modo de comunicação, pois lhes responde; na verdade, porém, Deus não o quer, nem gosta disso. Frequentemente creem e obram segundo aquelas revelações porque, como estão afeiçoadas a isso, acham-se bem com essa maneira de trato com Deus e a ela se apegam. Naturalmente gostam, e naturalmente se contentam, seguindo nisso o próprio parecer; entretanto, no que dizem, muitas vezes erram, e, quando percebem que as coisas não se realizam conforme haviam previsto, admiram-se muito; daí lhes nascem dúvidas sobre a origem divina das revelações, vendo que não sucederam segundo seu juízo. Tinham duas convicções: a primeira, que a revelação vinha de Deus, pois tão fortemente se asseguravam nela; no entanto, esta segurança podia proceder apenas da sua natural inclinação para aquelas coisas extraordinárias. A segunda, que, sendo divina a revelação, devia realizar-se tal como haviam suposto.

9. Há, neste ponto, uma grande ilusão: porque as palavras ou revelações de Deus nem sempre se realizam conforme os homens as entendem, e nem mesmo segundo o seu sentido ordinário. E, em consequência, ainda havendo certeza de serem as revelações, palavras ou respostas vindas de Deus, não devem as almas admiti-las com muita segurança nem crer de olhos fechados. Embora certas e verdadeiras em si mesmas,

nem sempre o são quanto às suas causas, ou quanto ao nosso modo de entender. É o que provaremos no capítulo seguinte. Diremos, logo depois, como tais perguntas feitas a Deus pelas almas sempre o desagradam e muito o aborrecem, mesmo ainda quando Ele se digna responder.

Capítulo XIX
As visões e palavras de Deus, embora verdadeiras, podem ser para nós ocasiões de erros. Provas tiradas da Sagrada Escritura.

1. Já dissemos como as palavras e as visões divinas, embora sejam verdadeiras e certas em si mesmas, nem sempre o são relativamente a nós por dois motivos: o primeiro é devido à nossa maneira imperfeita de as entender; o segundo provém das suas causas ou fundamentos algumas vezes variáveis. Quanto à primeira razão, é evidente que Deus, sendo infinito e imperscrutável, encerra ordinariamente em suas profecias e em suas revelações alguns pensamentos e concepções muito diferentes do sentido que comumente lhes podemos atribuir; e são ainda tanto mais verdadeiras e certas quanto menos assim nos parecem. Vemos bem esta verdade, a cada passo, na Sagrada Escritura; nela, lemos que muitos daqueles homens da Antiguidade não viam a realização das profecias e palavras de Deus conforme esperavam; porque as tomavam segundo sua interpretação pessoal, e muito ao pé da letra. Isso aparecerá claramente pelos textos seguintes.

2. No *Gênesis*, depois de conduzir Abraão à terra de Canaã, Deus lhe diz: "Eu te darei esta terra" (Gn 15,7). Mas Abraão, já velho, não via cumprir-se esta promessa tantas vezes renovada. Certa ocasião em que o Senhor ainda a repetia, o santo patriarca o interrogou: "Senhor Deus, por onde poderei conhecer que hei de possuí-la?" (Gn 15,8). Deus, então, revelou-lhe como tal promessa não se realizaria em sua pessoa, mas na de seus filhos, que possuiriam a terra de Canaã quatrocentos anos mais

tarde. Compreendeu deste modo Abraão o significado em si mesmo tão verdadeiro: porque, sendo dada a terra de Canaã aos seus filhos por amor dele, era o mesmo que lhe dar pessoalmente. Estava, pois, Abraão enganado no seu primeiro modo de entender: se agisse então segundo seu juízo, poderia errar muito, pois a profecia não era para cumprir-se durante a sua vida. E aqueles que conheciam a promessa divina, e viram a Abraão morrer sem vê-la realizada, ficaram confusos pensando ter sido falsa.

3. Outra prova temos na história de Jacó, seu neto. No tempo da desoladora fome que afligiu o país de Canaã, José fez vir seu pai ao Egito, e, durante a viagem, Deus apareceu a este e lhe disse: "Jacó, Jacó, não temas, vai para o Egito: eu irei para lá contigo, e eu te tornarei a trazer, quando de lá voltares" (Gn 46,34). A profecia não se realizou conforme o sentido literal, pois sabemos que o santo velho Jacó morreu no Egito e de lá não saiu com vida. A profecia devia aplicar-se aos seus filhos, os quais tirou o Senhor dali muitos anos depois, sendo Ele próprio o seu guia. Donde, se alguém soubesse desta promessa divina a Jacó, pudera ter por certo que o mesmo Jacó, entrando vivo e em pessoa no Egito por ordem e proteção do Senhor, assim também vivo e em pessoa devia sair dali. Não empregara Deus as mesmas expressões para lhe prometer sua assistência quando tivesse que sair? Quem assim julgasse teria decepção e espanto vendo Jacó morrer no Egito, antes de se realizar a promessa divina. Desse modo, as palavras de Deus, veracíssimas em si mesmas, podem, no entanto, ser ocasião de engano.

4. Eis um terceiro exemplo, do Livro dos Juízes. Todas as tribos de Israel se reuniram para punir certo crime cometido pela tribo de Benjamim. O próprio Deus lhes indicara um chefe guerreiro, e os israelitas certos estavam da vitória; ao se verem vencidos e com vinte e dois mil dos seus jazendo no campo de batalha, muito admirados ficaram. Puseram-se todo o dia a chorar em presença de Deus, não sabendo a causa de sua derrota, pois haviam entendido a vitória por certa. Como

perguntassem ao Senhor se deviam ou não voltar ao combate, respondeu-lhes que fossem pelejar. Seguros da vitória, saíram com grande ousadia, mas novamente foram vencidos, perdendo dezoito mil homens. Caíram em grandíssima confusão, não sabendo mais o que fazer, pois, mandando-lhes o Senhor que pelejassem, sempre saíam vencidos; mormente excedendo eles aos seus contrários em número e fortaleza, porque os homens da tribo de Benjamim não eram mais de vinte e cinco mil e setecentos, enquanto eles formavam um exército de quatrocentos mil. No entanto, não os enganara a Palavra de Deus; eles, sim, se enganavam em seu modo de entendê-la. Porque não lhes havia dito o Senhor que venceriam, senão que combatessem. E nessas derrotas quis castigar certo descuido e presunção que havia neles, e por esse meio humilhá-los. Mas, quando finalmente lhes respondeu que venceriam, alcançaram de fato a vitória, embora com muita astúcia e trabalho (Jz 20,11s.).

5. Desse modo e de outros muitos, sobrevêm vários enganos às almas, em relação às palavras e revelações da parte de Deus, pelo motivo de se prenderem à letra e à forma exterior; porque, como já demos a entender, o principal desígnio de Deus nessas coisas é declarar e comunicar o espírito ali encerrado e, sem dúvida, difícil de entender. Tal espírito é muito mais abundante do que a letra, muito extraordinário e fora dos limites dela. Assim, o que se prender à expressão literal, ou à figura, ou à forma aparente da visão não poderá deixar de errar muito, achando-se depois bem confuso e desprovido, por se haver muito guiado em tal assunto, segundo o sentido, em vez de dar lugar ao espírito em desnudez dos sentidos. "A letra mata e o espírito vivifica" (2Cor 3,6), como diz São Paulo. Havemos, portanto, de renunciar à letra que neste ponto são os sentidos, e ficar às escuras na fé, que é o espírito, incompreensível aos sentidos.

6. Aí está por que a maior parte dos filhos de Israel, entendendo muito literalmente as palavras e sentenças dos profetas, ao ver que não se realizavam conforme suas esperanças, des-

prezavam as profecias não lhes dando fé. Chegou esse desprezo a tal ponto que havia entre eles um dito popular, quase como provérbio, escarnecendo dos profetas. Disto se lamenta Isaías nestes termos: "A quem ensinará Deus a ciência? E a quem dará a inteligência da sua palavra? Aos que já se lhes tirou o leite, aos que acabam de ser desmamados. Eis que todos dizem, por escárnio, dos profetas: Porque manda, torna a mandar; manda, torna a mandar; espera, torna a esperar; espera, torna a esperar; um pouco aqui, um pouco aí. Porquanto com outros lábios e em outra linguagem Ele falará a este povo" (Is 28,9-11). Onde claramente dá a entender o profeta como o povo fazia burla das profecias e dizia por escárnio o provérbio: espera, torna a esperar, como se as predições de Isaías nunca mais se devessem cumprir. Estavam apegados à letra, que é como leite de criancinhas, e aos sentidos, que são os peitos, contradizendo à grandeza da ciência do espírito. E assim exclamava Isaías: "A quem dará Ele a inteligência da sua doutrina, senão aos privados do leite da letra e desses peitos dos seus sentidos?" Por isso é que não as entendem senão conforme esse leite da aparência exterior e segundo os peitos dos sentidos, aqueles que dizem: "Manda, torna a mandar, espera, torna a esperar" etc. Pois, na doutrina da boca de Deus e não ao modo deles, e noutra língua que lhes é estranha, é que o Senhor lhes quer falar.

7. Não havemos de reparar, portanto, em nosso sentido e linguagem quanto às revelações divinas, sabendo que o sentido e a linguagem de Deus são muito diferentes do que pensamos, e difíceis para o nosso modo de entender. De tal maneira assim é que Jeremias, sendo profeta de Deus, parecia não compreender a significação das palavras do Onipotente, tão diversas do comum sentir dos homens, e pondo-se ao lado do povo, exclama: "Ai, ai, ai, Senhor Deus. É possível teres enganado a este povo e a Jerusalém, dizendo-lhes: Vos tereis a paz, e eis agora lhe chega a espada até a alma?" (Jr 4,10). Ora, a paz prometida pelo Senhor ao seu povo era a aliança entre Ele e o gênero humano por intermédio do prometido Messias; e os is-

raelitas a entendiam no sentido de uma paz temporal. Por isso, quando tinham guerras e trabalhos, logo lhes parecia Deus enganá-los, pois sucedia o contrário do que esperavam. E então diziam por Jeremias: "Esperamos a paz, e este bem não chegou" (Jr 8,15). Era impossível deixarem de cair no erro, porque se guiavam unicamente pelo sentido literal. Quem, com efeito, não ficaria confuso, entendendo, ao pé da letra, esta profecia de Davi sobre Cristo em todo o Salmo 71, e, particularmente, por estas palavras: "E dominará de mar a mar, e desde o rio até aos confins da redondeza da terra" (Sl 71,8). E mais adiante: "Porque livrará o pobre que o invoca e o mísero que não tem ajuda" (Sl 71,12). E, a par destas palavras, vendo Nosso Senhor nascer na obscuridade, viver em pobreza e não somente não reinar como dominador na terra, mas também se submeter aos caprichos da populaça mais vil, até ser condenado à morte sob o governo de Pôncio Pilatos? E, ao invés de livrar seus discípulos da opressão dos poderosos da terra, permitir que fossem mortos e perseguidos por seu nome?

8. É que essas profecias deviam ser compreendidas espiritualmente de Cristo, e deste modo eram absolutamente verdadeiras. De fato, Cristo não é apenas rei da terra, mas do céu, porque é Deus; e, aos pobres que o haviam seguido, não somente havia de remir e livrar do poder do demônio (o mais forte inimigo, contra o qual não tinham até então defesa), mas também faria, desses pobres, herdeiros do reino celeste. E assim falava Deus segundo o significado principal, isto é, de Cristo e seus sequazes, de reino eterno e liberdade eterna. Mas os judeus não entendiam assim as profecias; visavam nelas ao menos principal, do qual Deus faz pouco caso: pensavam em reino temporal e liberdade temporal, que aos olhos de Deus nada valem. Cegos pela baixeza da letra e não compreendendo o espírito e a verdade nela encerrados, tiraram a vida a seu Deus e Senhor segundo disse São Paulo: "Os que habitavam em Jerusalém, e os príncipes dela, não conhecendo a este, nem as vozes dos profetas, que cada sábado se leem, sentenciando-o, as cumpriram" (At 13,27).

9. Esta dificuldade de interpretar convenientemente as palavras de Deus era tão grande que até os próprios discípulos de Jesus, após haverem convivido com Ele, ainda andavam enganados, como, por exemplo, os dois discípulos que iam para Emaús e, no caminho, tristes e desconfiados, diziam: "Nós esperávamos que Ele fosse o que resgataria a Israel" (Lc 24,21). Esperavam redenção e senhorio temporal; e Cristo, Nosso Senhor, aparecendo-lhes, os repreendeu, chamando-os de estultos e tardos de coração para crer nas coisas preditas pelos profetas (Lc 24,25). Mais tarde, no momento mesmo em que o Senhor ia subir ao céu, alguns discípulos, submersos ainda nesta rudeza, perguntaram-lhe: "Senhor, dar-se-á acaso que restituas neste tempo o reino a Israel?" (At 1,6). O Espírito Santo por vezes inspira aos homens muitas palavras cujo sentido oculto não é entendido por eles. Assim aconteceu quando fez dizer a Caifás a respeito de Cristo: convinha morresse um homem pelo povo, para não perecer toda a nação. Ora, ele não disse isto de si mesmo (Jo 11,50), mas dava a essas palavras um significado bem diverso daquele que o Espírito Santo tinha em vista.

10. Todos esses exemplos nos provam, com evidência, a necessidade de não nos prendermos às revelações e palavras, mesmo de Deus, porque a nossa maneira de compreender nos faria cair muito facilmente no engano. Todas são abismos e profundidade de espírito; restringi-las, pois, a nosso sentido limitado é querer apanhar com a mão o ar e os átomos de que está carregado: o ar nos escapa, e na mão nada fica.

11. O mestre espiritual, portanto, há de procurar que o espírito do seu discípulo não se detenha em querer fazer caso de todas essas apreensões sobrenaturais, que são apenas átomos do espírito, com os quais somente ficará, e sem espírito algum; porém, afastando a alma de todas as visões e palavras, obrigue-a a saber ficar na liberdade e nas trevas da fé, onde se recebe a liberdade e a abundância de espírito, e, consequentemente, a sabedoria e a inteligência verdadeira das palavras divinas. Porque é impossível ao homem não espiritual julgar as coisas

de Deus ou mesmo interpretá-las segundo a justa razão; e não é espiritual quem as julga segundo o sentido. E, assim, embora as veja sob o sentido, não as entende. Isto quis dizer São Paulo: "Mas o homem animal não percebe as coisas que são do Espírito de Deus, porque lhe parecem estultícia, e não as pode entender; porquanto elas são espirituais. Mas o espiritual julga todas as coisas" (1Cor 2,14-15). O homem animal apoia-se sobre o testemunho do sentido, e o homem espiritual não se prende nem se deixa guiar pelo sentido. É temeridade, pois, atrever-se a tratar com Deus ou dar licença a alguém para fazê-lo por essa via de apreensão sobrenatural pelo sentido.

12. E, para melhor se ver esta doutrina, citemos alguns exemplos. Suponhamos o caso de um santo muito aflito devido às perseguições dos seus inimigos; ouve a voz de Deus a dizer-lhe: "Livrar-te-ei de todos os teus inimigos". Esta profecia pode ser muito verdadeira, e, contudo, virem os adversários a prevalecer contra o santo, fazendo-o morrer nas mãos deles. E, assim, quem a interpretasse segundo o sentido temporal das ditas palavras, enganar-se-ia. Porque Deus pode ter falado da verdadeira liberdade e vitória, que é a salvação, na qual de muito melhor modo está a alma livre e vitoriosa de todos os inimigos, do que se fosse libertada de todos aqui na terra. Era, pois, a profecia muito mais real e de significação muito mais ampla do que se poderia pensar interpretando-a somente em relação a esta vida. Deus, quando fala, sempre visa em suas palavras ao sentido principal e mais proveitoso; e o homem pode compreender a seu modo e segundo o fim menos importante, e assim enganar-se. Vemos o mesmo na profecia que fez Davi de Cristo, no Salmo 2, dizendo: "Tu os governarás com vara de ferro, e quebrá-los-ás como vaso de oleiro" (Sl 2,9), na qual se refere Deus à perfeita e principal soberania do seu Filho, que é eterna e se realizou; e não ao seu reinado temporal, não manifestado durante a vida terrestre de Jesus Cristo. Citemos outro exemplo.

13. Uma alma inflamada em grandes desejos de sofrer o martírio talvez ouça a voz de Deus responder às suas aspirações

dizendo-lhe: "Tu serás mártir". Esta promessa enche-a interiormente de imensa consolação, e lhe dá confiança de que assim acontecerá. Contudo, essa pessoa não sofrerá o martírio, e a palavra divina será verdadeira. Mas como explicá-lo, se não se realiza? Porque se cumpre e poderá cumprir segundo a parte essencial e principal da profecia, isto é, Deus dará à alma o amor e a recompensa do martírio, e assim é verdadeira a sua promessa satisfazendo-lhe os desejos; pois a aspiração formal da mesma alma não era sofrer tal ou qual gênero de morte, mas servir a Deus nos trabalhos e exercitar o seu amor por Ele, como mártir. Com efeito, sem o amor de nada vale o martírio por si mesmo; e o amor juntamente com o ato e o mérito do martírio são plenamente dados à alma por outros meios. Assim, ainda não morrendo mártir, ficará muito satisfeita em receber o que desejava. Estes desejos e outros semelhantes, que nascem de amor ardente, embora nem sempre se cumpram como as almas os entendem, realizam-se de outro modo muito melhor e de maior glória para Deus do que poderiam jamais pedir. Neste sentido diz Davi: "O Senhor ouviu o desejo dos pobres" (Sl 9,17). Nos Provérbios, diz-nos igualmente a Sabedoria divina: "Aos justos se lhes concederá o seu desejo" (Pr 10,24). Grande número de santos, bem o sabemos, desejaram muitas coisas singulares para o serviço de Deus; se o seu desejo, justo e verdadeiro, não foi realizado aqui na terra, é de fé que teve perfeito cumprimento na outra vida. Sendo inegável esta verdade, não serão menos verdadeiras as palavras do Senhor quando promete a realização dos desejos de alguma alma neste mundo, e a promessa é cumprida de modo diverso do que se esperava.

14. As palavras e visões divinas podem, então, por essa e muitas outras maneiras, ser verdadeiras e certas e, não obstante isso, acontecer que nos enganemos a seu respeito; porque não sabemos penetrar nos altos fins e profundos sentidos que Deus, nelas, tem em vista. Assim, é mais seguro e acertado exortar as almas a fugir com prudência de tais coisas sobrenaturais, acostumando-as, como dissemos, à pureza de espírito na obscuridade da fé – único meio para alcançar a união divina.

Capítulo XX
Autoridades da Sagrada Escritura que provam como as profecias e as palavras divinas, embora sempre verdadeiras em si mesmas, nem sempre são certas em suas causas.

1. Convém agora explicar o segundo motivo pelo qual as visões e palavras divinas, em si mesmas verdadeiras, nem sempre são certas em relação a nós. Este segundo motivo é devido às causas, servindo de fundamento ao que Deus quer mostrar ou dizer. Muitas vezes revela o Senhor algo dependente, quanto à sua realização, de criaturas e efeitos naturais variáveis e falíveis; e, assim, as palavras divinas podem tornar-se igualmente falíveis e variáveis; pois, quando uma coisa depende de outra, faltando uma, faltará também a que lhe está sujeita. Por exemplo, Deus diz: "Daqui a um ano enviarei tal castigo a este reino". A causa e o fundamento desta ameaça é uma ofensa feita a Ele nesse reino. Ora, se cessasse o pecado ou as circunstâncias o mudassem, poderia cessar ou mudar-se o castigo; todavia, a ameaça permaneceria verdadeira, porque ia fundada sobre a culpa atual; se esta culpa persistisse, certamente o castigo se executaria.

2. Semelhante fato se deu na cidade de Nínive. Ordenara Deus ao Profeta Jonas que da sua parte fizesse esta predição: "Daqui a quarenta dias, será Nínive destruída" (Jn 3,4). Entretanto, não se realizou a predição divina, porque lhe cessou a causa, que eram os pecados cometidos, dos quais os ninivitas fizeram penitência; se não a tivessem feito, a ameaça de Deus se haveria cumprido. Lemos também no Primeiro Livro dos Reis que, tendo o Rei Acab cometido grande pecado, o Senhor enviou nosso pai Elias a profetizar-lhe grande castigo sobre sua pessoa, sua casa e seu reino (1Rs 21,21). E porque Acab, compungido, rasgou os vestidos, cobriu-se de cilício, e jejuou, dormiu sobre um saco, e andou triste e humilhado, logo Deus mandou-lhe dizer, pelo mesmo profeta, as seguintes palavras: "Porque se humilhou por minha causa, não farei cair o mal enquanto ele viver, mas no tempo de seu filho" (1Rs 21,29). Aqui vemos como a ameaça e

a sentença de Deus foram comutadas por causa da mudança de ânimo e afeto em que se achava Acab.

3. Podemos concluir, pois, que se Deus tiver revelado afirmativamente a uma pessoa tal coisa agradável ou penosa, relativa a ela mesma ou a outra, esta promessa poderá sofrer mudanças mais ou menos consideráveis, ou cessar por completo de existir, conforme as modificações sobrevindas nas disposições da pessoa ou casas sobre as quais se fundava a revelação. Assim acontece muitas vezes não se cumprir o que foi dito à alma, conforme sua esperança, e sem que ela possa saber o motivo – conhecido só de Deus. Muitas coisas costuma o Senhor dizer e ensinar ou prometer não para que sejam compreendidas ou concedidas na mesma ocasião, mas com o fim de manifestá-las no futuro, quando for conveniente ter a alma a necessária luz sobre elas, ou conseguir efetivamente a sua realização. Tal foi o modo de agir de Nosso Senhor com seus discípulos, dizendo-lhes muitas parábolas e máximas, cuja divina sabedoria não compreenderam senão no tempo em que houveram de pregar a sua doutrina, isto é, só depois de ter descido sobre eles o Espírito Santo, que – segundo Jesus Cristo lhes dissera – havia de declarar-lhes tudo que o mesmo Filho de Deus ensinara durante a vida. Referindo-se à entrada triunfal de Cristo em Jerusalém, São João escreve: "Os discípulos, a princípio, não compreenderam isto, mas, quando Jesus foi glorificado, então se lembraram de que assim estava escrito dele" (Jo 12,16). A alma, desse modo, pode receber muitas revelações divinas sem que ela ou seu diretor as compreendam até o tempo oportuno.

4. Vemos no Primeiro Livro de Samuel que Deus se irritou contra Eli, sacerdote de Israel, por causa dos pecados dos seus filhos que ele pusilanimemente não castigava. Mandou-lhe dizer por Samuel as seguintes palavras: "Eu, por certo, prometi que a tua casa, e a casa de teu pai, serviriam para sempre no sacerdócio diante da minha face. Mas agora diz o Senhor: Longe de mim tal coisa" (1Sm 2,30). O Senhor prometera que o sacerdócio se perpetuaria, de idade em idade, na família de Eli,

caso ele perseverasse em seu zelo pela glória de Deus e na fidelidade em seu serviço. Mas, em faltando a Eli esse zelo no cumprimento dos seus deveres sacerdotais – como Deus mesmo se queixou por Samuel – por causa da preferência dada aos filhos em detrimento do Altíssimo, com dissimulação dos seus pecados, para não os afrontar, faltou também a promessa, a qual seria permanente se durasse sempre o zelo do serviço divino. Não se deve, pois, acreditar que as palavras e as revelações da parte de Deus sejam sempre infalíveis segundo o sentido literal de sua significação, principalmente quando estiverem essas predições ligadas a causas humanas, sujeitas por sua natureza a se modificarem e alterarem.

5. Na verdade, só Deus possui o segredo desta dependência que nem sempre é explícita: às vezes faz a revelação dissimulando as circunstâncias condicionais, como fez com os ninivitas quando lhes anunciou em termos absolutos a destruição de sua cidade após quarenta dias (Jo 3,4). Outras vezes declara expressamente a condição, como fez a Roboão, dizendo-lhe: "Se andares pelos meus caminhos, guardando as minhas ordenações e os meus preceitos, como Davi meu servo, serei contigo, e te edificarei uma casa que seja estável, como a que fiz a meu servo Davi" (1Rs 11,38). Todavia, quer Deus nos declare ou não a condição de suas revelações, jamais devemos ter a segurança quanto à nossa interpretação pessoal; porque não podemos compreender as verdades ocultas sob as palavras de Deus, nem a multiplicidade de sentidos que encerram. Ele mora acima dos céus e fala a linguagem da eternidade, enquanto nós, cegos sobre a terra, só entendemos o temporal e humano. Sem dúvida, por esta razão, o Sábio exclama: "Deus está no céu, e tu sobre a terra; portanto, sejam poucas as tuas palavras" (Ecl 5,1).

6. Porventura dir-me-eis: se não podemos compreender essas coisas, nem nos intrometermos nelas, por que razão o Senhor no-las comunica? Já respondi: cada uma se compreenderá no tempo prescrito pela vontade daquele que falou. Deus dará inteligência quando e a quem lhe aprouver no momento

oportuno. Então se reconhecerá que tudo sucedeu como era conveniente, pois Deus nada faz sem justa e verdadeira causa. Portanto, crede que jamais se há de entender o sentido completo das palavras e obras divinas, nem determiná-las segundo suas aparências: isto seria expor-se a muitos erros e, enfim, a grande confusão. Sabiam-no muito bem os profetas em cujas mãos andava a Palavra de Deus. Muitos dentre eles não viam cumprir-se ao pé da letra as profecias – o que constituía motivo de grande sofrimento ter de anunciá-las aos judeus, pois eram expostos à zombaria e aos risos do povo, a tal ponto que Jeremias chegou a queixar-se, dizendo: "Tornei-me um objeto de escárnio todo o dia; todos me insultam, porque já há tempo que falo, gritando contra a iniquidade, e anunciando com repetidos clamores a ruína; e tornou-se-me a palavra do Senhor em opróbrio e em ludíbrio todo o dia. E disse: Não me lembrarei dele, nem falarei mais em seu nome" (Jr 20,7-8). Mostram-nos essas queixas do profeta o abatimento do homem fraco e resignado, não podendo, porém, suportar o peso dos segredos de Deus. Por elas compreendemos ainda como as palavras divinas diferem na sua realização do sentido vulgar que se lhes atribui, pois os profetas de Deus passavam por embusteiros e sofriam tanto por causa das profecias que o mesmo Jeremias declara noutra parte: "A profecia, assim como a contrição do espírito, veio a ser o nosso temor e o nosso laço" (Lm 3,47).

7. O motivo que induziu Jonas a fugir, quando Deus o mandou vaticinar a destruição de Nínive, foi justamente conhecer o profeta quão variáveis são as palavras divinas em suas causas e no entender dos homens. E, assim, com receio de ser zombado, quando vissem a profecia não realizada, ia fugindo para não profetizar; permaneceu durante quarenta dias fora da cidade, esperando o cumprimento da profecia e, como não se realizou, afligiu-se muito, queixando-se a Deus nestes termos: "Senhor, não é isto o que receava, quando ainda estava na minha terra? Por isso é que me preveni com o expediente de fugir para Társis" (Jn 4,2). E se enfadou o santo a ponto de rogar a Deus que lhe tirasse a vida.

8. Como, pois, nos havemos de admirar, se algumas palavras e revelações de Deus às almas não se realizam da maneira pela qual foram entendidas? Dado o caso que o Senhor afirme ou revele a uma alma algo de bom ou mau, para ela mesma ou para outra, não será sempre certa a sua realização; porque, se a promessa depender de algum afeto, ou serviço, ou ofensa feita a Deus pela alma à qual a mesma predição se refere, cumprir-se-á somente se perseverar o motivo em que se fundou. Não há razão, portanto, para assegurar-se no próprio entendimento, mas sim na fé.

Capítulo XXI
Declara-se como Deus não gosta de que lhe sejam feitas perguntas, embora algumas vezes responda. Prova-se como se aborrece, mesmo quando condescende em responder.

1. Alguns espirituais julgam-se seguros, tendo por boa a curiosidade que às vezes mostram, procurando conhecer o futuro por via sobrenatural: pensam ser justo e agradável a Deus usar deste meio, porque algumas vezes o Senhor se digna responder-lhes. Embora seja verdade que Deus assim faça, longe de gostar desse modo de agir, muito se aborrece, e se tem por grandemente ofendido. A razão disso é: a nenhuma criatura é lícito sair dos limites naturais prescritos por Deus e ordenados para seu governo. Ora, Deus submeteu o homem às leis naturais e racionais: pretender infringi-las, querendo chegar ao conhecimento por meio sobrenatural, é sair desses limites: não é permitido fazê-lo sem a Deus desgostar, pois as coisas ilícitas ofendem-no. Esta verdade era bem conhecida ao Rei Acab, quando, ordenando-lhe Deus pelo Profeta Isaías que pedisse um sinal do céu, não o quis pedir, dizendo: "Não pedirei e não tentarei o Senhor" (Is 7,12). Porque tentar a Deus é querer comunicar-se com Ele por vias extraordinárias, como são as sobrenaturais.

2. Mas dir-me-eis: por que responde o Senhor algumas vezes às perguntas que lhe são dirigidas se lhe desagradam?

Afirmo que algumas vezes responde o demônio ou, se as respostas vêm realmente de Deus, é, sem dúvida, em consideração à fraqueza da alma obstinada em seguir essa via, e para que não se entristeça e volte atrás: ou ainda para não pensar que Deus está descontente com ela, e por esse motivo fique demasiadamente aflita. Enfim, por outros motivos só dele conhecidos, fundados na fraqueza daquela alma, e pelos quais sabe que convém responder, e assim condescende nisso. O mesmo faz com muitas almas fracas e tenras, dando-lhes gostos e consolações sensíveis, não porque lhe agrade tratar com elas por esta via, mas porque proporciona suas graças, como dissemos, conforme o modo de cada alma. Deus é como a fonte da qual cada um tira segundo a capacidade do recipiente que leva, e às vezes permite o Senhor haurirem a água da sua graça por esses canais extraordinários; todavia, não é razão suficiente para ser lícito servir-se desses meios e recolher por eles a água. Somente a Deus compete distribuí-la quando, como, e a quem desejar, e conforme lhe aprouver, sem a criatura a isso ter pretensão alguma. Quando, pois, o Senhor condescende ao apetite e à súplica de certas almas simples e boas, é para não as entristecer com uma recusa, mas não porque goste de agir desse modo. Melhor se compreenderá tudo isso por uma comparação.

3. Um pai de família tem na sua mesa numerosos e variados alimentos, uns melhores do que outros; um filho pequenino pede-lhe insistentemente um daqueles manjares, não da melhor qualidade, mas do primeiro que vê e que lhe parece mais gostoso. O pai sabe que o menino recusará qualquer outro prato, ainda mesmo o melhor de todos; só se contenta com aquele de seu agrado. Para o filho não ficar triste e sem comer, o pai aquiesce, embora a contragosto, em satisfazer-lhe o pedido. Deus assim fez com os filhos de Israel, quando lhe pediram um rei. Acedeu de má vontade, porque isso não lhes seria bom. "Ouve a voz desse povo – disse a Samuel –, concede-lhe o rei que pede, porque não é a ti que eles rejeitaram, mas a mim, para eu não reinar sobre eles" (1Sm 8,7). Do mesmo modo, Deus condes-

cende com algumas almas, dando-lhes não aquilo de maior proveito, porque não querem ou não sabem ir adiante, a não ser por aquela via. E se outras recebem doçuras e suavidades espirituais ou sensíveis dadas por Deus, assim lhes sucede porque não têm capacidade para o alimento mais forte e sólido dos trabalhos da cruz de seu divino Filho – pois esse manjar quisera Deus buscassem as almas de preferência a qualquer outro.

4. Querer conhecer coisas sobrenaturalmente é pior ainda do que desejar gostos espirituais pelo sentido; não ser como a alma com essa pretensão poderá deixar de pecar, ao menos venialmente, por melhores que sejam seus fins e por mais perfeição que tenha. O mesmo digo de quem a mandasse ou consentisse em usar daquele meio sobrenatural. Não há motivo algum para recorrer a tais meios extraordinários: temos a nossa razão natural, a lei e doutrina evangélica, pelas quais mui suficientemente nos podemos reger; não existe dificuldade ou necessidade que não se possa resolver ou remediar por esses meios comuns, mais agradáveis a Deus e proveitosos às almas. Tão grande é a importância de nos servirmos da razão e doutrina evangélica que, mesmo no caso de recebermos algo por via sobrenatural – queiramos ou não –, só devemos admiti-lo quando é conforme à razão e aos ensinamentos do evangelho. Ainda assim, é preciso recebê-lo, não por ser revelação, mas por ser segundo a razão, deixando de lado todo o seu aspecto sobrenatural; mais ainda: convém considerar e examinar aquela razão com atenção maior do que se não houvesse revelação particular, pois muitas vezes o demônio diz coisas verdadeiras e futuras, muito razoáveis, para enganar as almas.

5. Em todas as nossas aflições, tribulações e dificuldades, não existe para nós outro apoio maior e mais seguro do que a oração e a esperança de que o Senhor proverá a tudo pelos meios que lhe aprouver. Esse conselho, aliás, nos é dado na Sagrada Escritura, quando o Rei Josafá, muito aflito e cercado de inimigos, pondo-se em oração exclamou: "Na falta de meios e não chegando a razão a prover às nossas necessidades, só nos

resta olhar para ti, a fim de que nos provejas segundo teu beneplácito" (2Cr 20,12).

6. Já está bem provado o quanto desagradam a Deus as perguntas por via sobrenatural, embora às vezes responda. No entanto, será bom trazer aqui o testemunho da Sagrada Escritura. O Primeiro Livro de Samuel narra que o Rei Saul, desejando ouvir o Profeta Samuel então já morto, este lhe apareceu. Mas o Senhor se irritou com tal desejo, segundo a repreensão feita ao rei pelo mesmo profeta, por ter usado daquele meio extraordinário: "Por que me inquietaste fazendo-me ressuscitar?" (1Sm 28,15). Sabemos, igualmente, que Deus, quando concedeu aos filhos de Israel o alimento pedido, ofendeu-se muito contra eles, e logo fez descer o fogo do céu para castigá-los, como lemos no Pentateuco e nos salmos: "Ainda estavam as iguarias nas suas bocas, quando a ira de Deus se elevou sobre eles" (Sl 77,30-31). Lemos também, nos *Números*, que indo o Profeta Balaão para o meio dos madianitas, para atender ao chamado do Rei Balac, atraiu sobre si a cólera do Senhor, não obstante a permissão dada por Deus para anuir ao seu desejo. No caminho, apareceu-lhe imprevistamente um anjo, de espada na mão, e o ameaçou de morte, dizendo-lhe: "O teu caminho é perverso e contrário a mim" (Nm 22,32). E por este motivo queria matá-lo.

7. Dessa maneira e de muitas outras condescende Deus, embora enfadado, em satisfazer os apetites das almas. Temos disso muitos exemplos e testemunhos da Sagrada Escritura que poderíamos citar, mas não são necessários em matéria tão evidente. Acrescento apenas ser perigosíssimo – muito mais do que saberia exprimir – querer alguém tratar com Deus por vias sobrenaturais; não deixará de errar muito, achando-se extremamente confuso todo aquele que se afeiçoar a tais meios. Aliás, a própria experiência obrigá-lo-á a reconhecer esta verdade. Além da dificuldade para não cair em erro, nessas palavras e visões de Deus há, ordinariamente, entre as verdadeiras, muitas do demônio. Costuma o espírito maligno disfarçar-se

sob o mesmo aspecto em que Deus se manifesta à alma, misturando coisas muito verossímeis às comunicadas pelo Senhor. Desse modo vai o inimigo se metendo qual lobo entre o rebanho, disfarçado em pele de ovelha, e dificilmente se deixa perceber. Como diz palavras muito verdadeiras, conforme à razão e certas, quando se realizam, nelas é fácil enganar-se a alma, atribuindo-as a Deus somente porque os fatos demonstraram a sua veracidade. Muitos não sabem quanto é fácil, a quem é grandemente dotado de luz natural, conhecer os sucessos passados ou futuros, em suas causas. Ora, o demônio possui esta luz natural em grau muito elevado: pode, portanto, muito facilmente conhecer tal efeito produzido por tal causa, embora as suas previsões nem sempre se realizem, porque todas as causas dependem da vontade de Deus. Citemos alguns exemplos.

8. O demônio conhece a disposição da atmosfera e as influências do sol, prevê que em tal época, necessariamente, a combinação dos elementos trará a peste em certo país, e que esse flagelo provocará maiores danos em algumas regiões e menores em outras. Eis aqui conhecida a peste em sua causa. Será para admirar se disser a uma alma: daqui a seis meses ou um ano haverá peste? Efetivamente, assim acontecerá, mas, apesar de verdadeira, a profecia não deixará de ser do demônio. Do mesmo modo, pode ele conhecer e prenunciar algum terremoto, por ver os vapores encherem as entranhas da terra; no entanto, trata-se apenas de conhecimento puramente natural. Para isso basta ter o ânimo livre de paixões, como diz Boécio por estas palavras: "Se queres com clareza natural conhecer as verdades, lança de ti o gozo e o temor, a esperança e a dor".

9. Certos casos e acontecimentos sobrenaturais podem ser igualmente previstos segundo suas causas, isto é, pelos justos e certos motivos com que a Providência divina atende às causas boas ou más dos filhos dos homens. Por exemplo, é possível saber, por uma simples dedução, que o estado de tal ou tal pessoa, tal ou tal cidade, chega a tal ou tal necessidade ou a tal ou tal ponto, que Deus, segundo sua providência e justiça, in-

tervirá, infligindo um castigo ou oferecendo uma recompensa; então, poder-se-á dizer que, em tal época, Deus fará isto ou aquilo, ou, certamente, tais acontecimentos se hão de realizar. Deste modo falou Judite a Holofernes, quando, para convencê-lo da realidade da ruína que ameaçava os filhos de Israel, desvendou-lhe primeiramente os pecados e maldades deles, acrescentando: "Já que procedem desse modo, perecerão infalivelmente" (Jt 11,12). A punição, pois, pode ser prevista em sua causa, ou, em outras palavras: tais pecados atrairão tais castigos de Deus – que é a própria justiça. Assegura-nos a Sabedoria divina: "Cada qual é punido pelo seu pecado" (Sb 11,17).

10. O demônio conhece essas coisas não somente por sua inteligência natural, mas também pela sua experiência da ação do Senhor em semelhante circunstância. Pode, pois, predizê-las e acertar. Também o santo Tobias previu o castigo de Nínive em sua causa e advertiu seu filho nestes termos: "Ouve, filho, na hora em que eu e tua mãe morrermos, sai desta cidade porque já não existirá mais. Vejo claramente que sua iniquidade há de ser a causa de seu castigo ou da sua completa ruína" (Tb 14,12-13). Tobias conheceu a destruição de Nínive por revelação do Espírito divino, e, não obstante, ele e o demônio poderiam igualmente prevê-la, não só por causa da depravação da cidade, como pela experiência do castigo de Deus sobre os pecados do mundo, quando o destruiu pelo dilúvio, ou quando puniu os crimes dos sodomitas com o fogo.

11. Pode ainda o demônio conhecer a fraqueza e as disposições corporais de um indivíduo, anunciando, assim, com antecedência, a duração ou a brevidade da sua vida. Fatos desse gênero são numerosos e ao mesmo tempo tão complicados e de tal modo cheios de sutilezas e insinuações mentirosas que deles não nos podemos esquivar senão fugindo de todas as revelações, visões e palavras sobrenaturais. É este o motivo de Deus se desgostar contra os que as admitem, porque para estes é temeridade, presunção e curiosidade expor-se ao perigo que daí resulta. É deixar crescer o orgulho, raiz e fundamento de

vanglória, desprezo das coisas divinas, e princípio de numerosos males em que caíram muitas almas. Excitam a tal ponto a indignação do Senhor essas almas que Ele propositadamente as deixa cair no erro e cegueira e na obscuridade do espírito: abandonam, assim, os caminhos ordinários da vida espiritual para satisfazerem suas vaidades e fantasias, segundo Isaías diz: "O Senhor difundiu entre eles um espírito de vertigem" (Is 19,14), isto é, espírito de revolta e confusão, ou, para falar claramente: espírito que entende tudo ao revés. Vai ali o profeta declarando as palavras bem a nosso propósito, referindo-se aos que procuram conhecer os mistérios do futuro por via sobrenatural. Deus, disse ele, lhes envia um espírito de vertigem, não porque queira efetivamente lançá-los no erro, mas porque eles quiseram intrometer-se em coisas acima de seu alcance. Por este motivo é que o Senhor, desgostado, deixou-os errar, não lhes dando luz nesses caminhos impenetráveis onde não deviam entrar. E assim, diz Isaías, Deus enviou-lhes aquele espírito privativamente, isto é, daquele dano tornou-se Deus a causa privativa que consiste em tirar, tão deveras, sua luz e graça que necessariamente as almas venham a cair no erro.

12. O Senhor, desse modo, concede ao demônio permissão para enganar e cegar grande número de pessoas merecedoras desse castigo por seus pecados e atrevimentos. Fortalecido por esse poder, o inimigo leva a melhor: essas almas assim o aceitam como bom espírito e dão crença às sugestões dele com tanta convicção que, ao ser-lhes apresentada mais tarde a verdade, já não é possível desiludi-las, pois já as dominou, por permissão divina, aquele espírito de entender tudo ao revés. Assim aconteceu aos profetas do Rei Acab. Deus abandonou-os ao espírito de mentira, dando licença ao demônio para enganá-los, dizendo: "Tu o enganarás, e prevalecerás: vai e faze-o assim" (1Rs 22,22). Efetivamente, foi tão poderosa a ação diabólica sobre o rei e os profetas que recusaram dar crédito à predição de Miqueias, anunciando-lhes a verdade muito ao contrário do que os outros a haviam profetizado. Deus deixou-os cair na

cegueira por causa da presunção e do apetite com que desejariam receber uma resposta em harmonia com as suas inclinações; só isto era disposição e meio certíssimo para precipitá-los propositadamente na cegueira e na ilusão.

13. O mesmo profetizou Ezequiel em nome de Deus, contra aquele que ousou querer conhecer por via sobrenatural, e satisfazer a vaidade e a curiosidade do espírito, dizendo: "Se vier buscar a algum profeta para saber por ele a minha resposta, eu, o Senhor, lhe responderei por mim mesmo, e porei o meu rosto irritado contra tal homem. E quando algum profeta errar na sua resposta, eu, o Senhor, sou o que enganei esse profeta" (Ez 14,7-9). Esta passagem deve ser tomada no sentido de que Ele não apoiará o profeta com o seu favor para não ser enganado, isto é, Ele próprio, o Senhor, responderá, mas responderá em sua cólera. Ora, da recusa da graça e proteção divina resulta para o homem necessariamente o ser enganado, por causa do abandono de Deus. Então, o demônio se apressa em responder segundo o apetite e gosto desse homem que, comprazendo-se voluntariamente nessas respostas e comunicações, muito se deixa enganar.

14. Parecemos ter saído do assunto prometido no título deste capítulo: provar como Deus se queixa algumas vezes das almas que lhe pedem revelações, embora responda. Mas, se refletirmos atentamente, veremos como toda a exposição vem apoiar o nosso propósito. Com efeito, tudo demonstra como o Senhor se desgosta com as almas desejosas de tais visões, pois permite que sejam enganadas de tantas maneiras.

Capítulo XXII
Solução de uma dúvida. Declara-se por que não é lícito, sob a lei da graça, interrogar a Deus por via sobrenatural, como o era na lei antiga. Prova-se com uma citação de São Paulo.

1. As dúvidas se nos multiplicam entre as mãos, e assim não podemos ir adiante tão depressa quanto desejamos. Porque, pelo mesmo motivo de as suscitarmos, somos necessa-

riamente obrigados a resolvê-las, para dar toda clareza e força à verdade da doutrina. Todavia, há sempre vantagem nessas dúvidas: embora nos detenham um pouco os passos, servem para ensinar e elucidar o nosso intento, como veremos pela seguinte objeção.

2. No capítulo anterior dissemos como não é vontade de Deus que as almas queiram receber por via sobrenatural graças extraordinárias de visões, palavras interiores etc. Por outra parte, vimos nesse mesmo capítulo, e o provamos com testemunhos da Sagrada Escritura, como na antiga lei este modo de tratar com Deus era usado e lícito; e não somente era lícito, mas ainda o próprio Deus o mandava, repreendendo o povo escolhido quando não o fazia. Em Isaías podemos observar como Deus admoestou os filhos de Israel porque desejavam descer ao Egito sem primeiramente consultar o Senhor: "E não tendes consultado o meu oráculo" (Is 30,2). Também lemos em *Josué* que, sendo enganados os mesmos filhos de Israel pelos gabaonitas, censurou-os o Espírito Santo nestes termos: "Tomaram os israelitas dos seus víveres, e não consultaram o oráculo do Senhor" (Js 9,14). Igualmente vemos, na Sagrada Escritura, que Moisés sempre consultava o Senhor, e o mesmo fazia o Rei Davi, e todos os outros reis de Israel em suas guerras e necessidades, bem como os sacerdotes e antigos profetas. Deus lhes respondia falando-lhes sem se desgostar. Assim era conveniente e, se eles não interrogassem, seria malfeito. Qual o motivo, pois, de não ser agora, na nova Lei da graça, como era antigamente?

3. Respondo: se essas perguntas feitas a Deus eram lícitas na antiga Lei, e se convinha aos profetas e sacerdotes desejarem visões e revelações divinas, a causa principal era não estarem bem assentados os fundamentos da fé, nem estabelecida a Lei evangélica. Assim era mister interrogar a Deus e receber as suas respostas, fosse verbalmente ou por meio de visões ou revelações, fosse em figuras ou símbolos, ou, afinal, por sinais de qualquer outra espécie. Porque todas essas palavras e revelações divinas eram mistérios da nossa fé, referentes ou re-

lacionadas a ela. Ora, não sendo as realidades da fé próprias da criatura humana, mas de Deus, reveladas por sua própria boca, era necessário que os homens fossem conhecê-las em sua mesma fonte. Eis por que o Senhor os repreendia quando não o consultavam; e com as suas respostas os encaminhava, por meio dos acontecimentos e sucessos, para a fé, por eles ainda desconhecida por não estar ainda fundada. Agora, já estabelecida a fé em Cristo, e a Lei evangélica promulgada na era da graça, não há mais razão para perguntar daquele modo nem aguardar as respostas e os oráculos de Deus como antigamente. Porque em dar-nos, como nos deu, o seu Filho, que é a sua Palavra única (e outra não há), tudo nos falou de uma vez nessa Palavra, e nada mais tem para falar.

4. Este é o sentido do texto em que São Paulo quer induzir os hebreus a se apartarem daqueles primitivos modos de tratar com Deus conforme a lei de Moisés, e os convida a fixar os olhos unicamente em Cristo, dizendo: "Tudo quanto falou Deus antigamente pelos profetas a nossos pais, de muitas formas e maneiras, agora, por último, em nossos dias, nos falou em seu Filho, tudo de uma vez" (Hb 1,1). O Apóstolo dá-nos a entender que Deus emudeceu por assim dizer, e nada mais tem para falar, pois o que antes falava por partes aos profetas, agora nos revelou inteiramente, dando-nos o Tudo que é seu Filho.

5. Se atualmente, portanto, alguém quisesse interrogar a Deus, pedindo-lhe alguma visão ou revelação, não só cairia em uma insensatez, mas também agravaria muito a Deus em não pôr os olhos totalmente em Cristo sem querer outra coisa ou novidade alguma. Deus poderia responder-lhe deste modo, dizendo: "Se eu te falei já todas as coisas em minha Palavra, que é meu Filho, e não tenho outra palavra a revelar ou responder que seja mais do que Ele, põe os olhos só nele; porque nele disse e revelei tudo, e nele acharás ainda mais do que pedes e desejas. Porque pedes palavras e revelações parciais; se olhares o meu Filho acharás nele a plenitude; pois Ele é toda a minha palavra e resposta, toda a minha visão, e toda a minha revelação. Ao dar-

-vo-lo como irmão, mestre, companheiro, preço e recompensa, já respondi a todas as perguntas e tudo disse, revelei e manifestei. Quando no Tabor desci com meu espírito sobre Ele dizendo: 'Este é meu Filho amado em quem pus todas as minhas complacências, ouvi-o' (Mt 17,5), desde então aboli todas as antigas maneiras de ensinamentos e respostas, entregando tudo nas suas mãos. Procurai, portanto, ouvi-lo; porque não tenho mais outra fé para revelar, e nada mais a manifestar. Se antes falava, era para prometer o meu Cristo; se os meus servos me interrogavam, eram as suas perguntas relacionadas com a esperança de Cristo, no qual haviam de achar todo o bem (como o demonstra toda a doutrina dos evangelhos e dos apóstolos). Mas interrogar-me agora e querer receber minhas respostas como no Antigo Testamento seria de algum modo pedir novamente Cristo e mais fé; tal pedido mostraria, portanto, falta desta mesma fé já dada em Cristo. E assim seria grande agravo a meu amado Filho, pois, além da falta de fé, seria obrigá-lo a encarnar-se novamente, vivendo e morrendo outra vez na terra. Não acharás, de minha parte, o que pedir-me nem desejar, quanto a revelações ou visões; considera-o bem e acharás nele, já feito e concedido tudo isto e muito mais ainda".

6. "Queres alguma palavra de consolação? Olha meu Filho, submisso a mim, tão humilhado e aflito por meu amor, e verás quantas palavras te responde. Queres saber algumas coisas ou acontecimentos ocultos? Põe os olhos só em Cristo e acharás mistérios ocultíssimos e tesouros de sabedoria e grandezas divinas nele encerrados, segundo o testemunho do Apóstolo: 'Nele estão encerrados os tesouros da sabedoria e da ciência' (Cl 2,3). Esses tesouros da sabedoria ser-te-ão muito mais admiráveis, saborosos e úteis que tudo quanto desejarias conhecer. Assim se glorificava o mesmo Apóstolo, quando dizia: 'Porque julguei não saber coisa alguma entre vós, senão a Jesus Cristo, e este crucificado' (1Cor 2,2). Enfim, se for de teu desejo ter outras visões ou revelações divinas, ou corporais, contempla meu Filho humano e acharás mais do que pensas,

conforme disse também São Paulo: 'Porque nele habita toda a plenitude da divindade corporalmente' (Cl 2,9)".

7. Não convém, pois, interrogar a Deus por via sobrenatural, nem é necessário falar-nos desse modo; tendo manifestado toda a fé em Cristo, não há mais fé a revelar nem jamais haverá. Querer receber conhecimentos por via extraordinária é, conforme dissemos, notar falta em Deus, achando não nos ter dado bastante em seu Filho. Mesmo quando se deseja essa via sobrenatural dentro da fé, não deixa de ser curiosidade proveniente de fé diminuta. Assim não havemos de querer nem buscar doutrina ou outra coisa qualquer por meio extraordinário. Quando Jesus, expirando na cruz, exclamou: "Tudo está consumado" (Jo 19,30), quis dizer terem-se acabado todos esses meios, e também todas as cerimônias e ritos da Lei antiga. Guiemo-nos, pois, agora pela doutrina de Cristo-homem, de sua Igreja e seus ministros, e por este caminho, humano e visível, encontraremos remédios para nossas ignorâncias e fraquezas espirituais, pois para todas as necessidades aí se acha abundante remédio. Sair desse caminho não só é curiosidade, mas também muita audácia; não havemos de crer, por via sobrenatural, senão unicamente o que nos é ensinado por Cristo, Deus e homem, e seus ministros, homens também. É isto o que nos diz São Paulo nestas palavras: "Se algum anjo do céu vos ensinar outra coisa fora do que nós, homens, vos pregamos, seja maldito e excomungado" (Gl 1,8).

8. Sendo, portanto, verdade que sempre havemos de praticar agora o que Cristo nos ensinou, e tudo mais fora disso é nada, nem se há de crer senão em conformidade com a doutrina evangélica, perde seu tempo quem quer tratar com Deus como na antiga Lei. Além do mais, naquela época, não era permitido a todos interrogar o Senhor, e Deus não respondia sem distinção de pessoas. Dava seus oráculos somente aos pontífices e profetas, homens que tinham a missão de transmitir ao povo a lei e a doutrina. Quem desejasse consultar a Deus, fazia-o por intermédio do profeta e do sacerdote, e não por si

mesmo. Se Davi interrogou algumas vezes o Senhor, era por ser profeta; ainda assim, nunca o fazia sem as vestes sacerdotais, como se vê no Primeiro Livro de Samuel, quando disse ao sacerdote Abimelec: "Traze-me o *efod*" (1Sm 30,7), que era uma das principais vestes dos sacerdotes e com ela consultou ao Senhor. Outras vezes dirigia-se a Natã ou a outros profetas, para consultar a Deus. Pela palavra dos sacerdotes e dos profetas, não segundo o próprio parecer, cada um se assegurava do que lhe era dito da parte de Deus.

9. E, assim, os oráculos divinos não tinham força nem autoridade alguma para que lhes fosse dado inteiro crédito se não estivessem sancionados pelos profetas e pontífices. Deus gosta tanto de ver o homem governado e dirigido por outro homem, seu semelhante, regido e guiado pela razão natural, que quer de modo absoluto não se creia nas comunicações sobrenaturais, nem se confirmem estas com segurança, senão quando hajam passado por esse canal humano da boca do homem. Deste modo, quando Deus diz ou revela algo a uma alma, inspira-lhe ao mesmo tempo a inclinação de comunicá-lo a quem convém dizer; e até que isto se faça, não costuma Ele dar plena satisfação, porque não a tomou o homem de outro que lhe é semelhante. Está escrito no Livro dos Juízes que Gedeão, não obstante ter recebido do Senhor a segurança da vitória, duvidava e temia ainda. Deus o deixou nessa dúvida e pusilanimidade até o momento em que recebeu da boca dos homens a confirmação da promessa divina. Vendo-o tão abatido, disse-lhe o Senhor: "Levanta-te e desce ao campo... e tendo ouvido o que eles falam, então se confortarão as tuas mãos, e descerás com segurança ao campo dos inimigos" (Jz 7,11). E assim foi. Estando Gedeão no campo, ouviu um madianita contar a outro um sonho que tivera, no qual vira que o mesmo Gedeão os havia de vencer; e, com isto, animou-se a começar a batalha com grande alegria. Por este fato vemos como Deus não quis que Gedeão se assegurasse só por via sobrenatural, mas fosse confirmado naturalmente.

10. Muito mais admirável o exemplo de Moisés. Ordenara-lhe o Senhor, com muitas razões, confirmando sua ordem com os prodígios da vara transformada em serpente e da mão leprosa, que fosse libertar os filhos de Israel. No entanto, Moisés permanecia tão fraco e irresoluto para obedecer que, apesar do descontentamento de Deus, jamais se determinava a ir. Só teve coragem quando o Senhor o animou dizendo: "Eu sei que Aarão, teu irmão, filho de Levi, é eloquente: vê, ele te sai ao encontro, e, vendo-te, se alegrará no seu coração. Fala-lhe, e põe as minhas palavras na sua boca; e eu serei na tua boca e na dele para que cada um receba a confirmação da boca do outro" (Ex 4,14-15).

11. A estas palavras se confortou Moisés, com a esperança do consolo que do conselho de seu irmão havia de receber. Desse modo procede a alma humilde: não ousa tratar só com Deus nem se contenta e assegura enquanto não se submete ao governo e conselho humanos. E Deus assim o quer; quando alguns se juntam a conferir uma verdade, Ele está presente no meio deles para esclarecê-la e confirmá-la em seus espíritos, por meio da razão natural, como aconteceu a Moisés e Aarão, aos quais prometeu o Senhor falar pela boca de um e outro, quando agissem conjuntamente. Também diz o mesmo Senhor no evangelho: "Onde se acham dois ou três congregados em meu nome, para examinar o que é mais vantajoso à minha honra e glória, aí estou eu no meio deles" (Mt 18,20), para fazer brilhar em seus corações o esplendor das verdades divinas. Notável é não ter dito que onde estiver um só, ali estará Ele – mas estará onde estiverem ao menos dois. Com isso nos ensina não ser permitido ao homem julgar sozinho as coisas divinas e nelas se apoiar, sem o conselho e a direção da Igreja e dos seus ministros. Deus não se faz presente àquele que está só; não o esclarece na verdade nem a confirma no seu interior, deixando-o, deste modo, tíbio e fraco em relação à mesma verdade.

12. Exclama o Eclesiastes, encarecendo muito este ponto: "Ai do que está só, porque, quando cair, não tem quem o levante. E, se dormirem dois juntos, aquecer-se-ão mutuamente (isto é,

pelo fogo da caridade que está entre eles); porém, um só, como se há de aquentar? Isto é, como não será frio nas coisas de Deus? E, se alguém mais forte prevalecer contra um deles (isto é, o demônio que prevalece desse modo contra os que querem conduzir-se sós), dois lhe resistirão, a saber, o mestre e o discípulo que se reúnem para conhecer a verdade e praticá-la" (Ecl 4,10-12). O homem isolado geralmente se sente fraco, frio na interpretação da verdade, mesmo quando a recebe da boca de Deus. São Paulo, depois de haver pregado muito o evangelho, dizendo tê-lo recebido de Deus e não dos homens, não descansou até ir conferi-lo com São Pedro e os outros apóstolos. E, com este receio, dizia: "Por temor de correr ou de haver corrido em vão" (Gl 2,2). Não se tinha por seguro, enquanto não recebeu a confirmação humana. Coisa digna de ponderação, ó Paulo! Aquele que vos revelou o evangelho não poderia também revelar-vos a segurança de não errar na pregação de sua verdade?

13. Nisto compreendemos, claramente, como não há certeza nas coisas reveladas por Deus, senão segundo esta ordem aqui explicada. Porque, embora a pessoa que recebe a comunicação divina esteja convicta, como estava São Paulo a respeito do evangelho que começara a pregar, pode errar no conhecimento da revelação e a seu respeito. Porque o Senhor, por dizer uma coisa, nem sempre diz a outra, e muitas vezes não indica o modo de executar o declarado na revelação. Ordinariamente tudo o que se pode fazer por indústria ou conselho humano, Deus não o faz nem o diz por si mesmo, ainda tratando mui frequentemente, e com muita intimidade, com alguma alma. Como já dissemos, muito bem sabia disso São Paulo, quando foi conferir o seu evangelho, mesmo estando convencido de que o recebera por revelação divina. Eis ainda outra clara prova tirada do Êxodo. Deus, embora tivesse relações tão íntimas com Moisés, nunca lhe havia dado o conselho tão salutar que lhe deu Jetro, seu sogro, induzindo-o a escolher outros juízes para ajudá-lo nos seus afazeres, para o povo não ficar esperando da manhã à noite (Ex 18,21-22). Deus aprovou esta sá-

bia medida, que não quisera aconselhar diretamente a Moisés; porque era conselho ao alcance do raciocínio e juízo humanos. Do mesmo modo tudo o que nas visões e palavras interiores pode ser resolvido por meio humano, não o costuma Deus revelar; sua intenção é que os homens recorram a esse meio, a não ser nas coisas da fé, superiores a todo juízo e toda inteligência criada, sem, todavia, lhes serem contrárias.

14. Ninguém imagine que, pelo fato de tratar familiarmente com Deus e seus santos, há de saber por modo sobrenatural os próprios defeitos, podendo conhecê-los por outra via. Não existe motivo para ter segurança em agir assim; com efeito, lemos nos Atos dos Apóstolos que São Pedro, chefe da Igreja, instruído diretamente pelo Senhor, errou mantendo entre os gentios o uso de certa cerimônia judaica. Todavia, guardava Deus o silêncio a tal ponto que São Paulo foi obrigado a censurar São Pedro, como ele próprio o afirma: "Mas, quando vi que não andavam direito segundo a verdade do evangelho, disse a Pedro, diante de todos: 'Se tu, sendo judeu, vives como os gentios, e não como os judeus, por que obrigas tu os gentios a judaizar?'" (Gl 2,14). E o Senhor não advertia diretamente a São Pedro de sua falta porque aquela simulação era coisa que podia saber por via ordinária e racional.

15. Ver-se-á, no dia do juízo, o Senhor castigar faltas e pecados de almas honradas na terra com suas relações íntimas e favorecidas com muitos dons e luzes: porque, demasiadamente confiantes naquele trato familiar com Deus, descuidaram-se de muitas coisas que sabiam dever fazer. E, como disse Cristo no evangelho, cheias de espanto exclamarão: "Senhor, Senhor, não é assim que profetizamos em teu nome, e em teu nome expelimos os demônios, e em teu nome obramos muitos prodígios?" E o Senhor lhes responderá: "Pois eu nunca vos conheci; apartai-vos de mim, os que obrais a iniquidade" (Mt 7,22-23). Nesse número estão o Profeta Balaão e outros semelhantes que, embora lhes tivesse Deus falado e concedido graças, eram pecadores. Repreenderá também o Senhor, de modo relativo, aos

seus escolhidos e amigos, com os quais na terra se comunicou mui familiarmente, censurando então as faltas e os descuidos que hajam tido; porque nessas faltas não era mister serem admoestados diretamente pelo Senhor, visto como pela lei e razão naturais já Ele os advertia.

16. Terminando este assunto, chegamos à seguinte conclusão: a alma deve confiar logo a seu diretor espiritual, com clareza, exatidão, verdade e simplicidade, todas as graças sobrenaturais recebidas. Talvez pareça inútil dar conta disso ou gastar tempo em falar nessas coisas, pois, como dissemos, basta rejeitá-las, não fazendo caso delas nem as querendo, para ficar a alma segura, mormente em se tratando de visões, revelações ou outras comunicações sobrenaturais que ou são distintas ou pouco importa não o serem. No entanto, é muito necessário dizer tudo (embora à alma pareça que não), por três razões. Primeira: como já dissemos, a força, luz, segurança e efeito principal dos dons divinos não se confirmam plenamente na alma, senão quando dá conta deles a quem Deus estabeleceu como juiz espiritual dela. Cumpre a este ligar ou desligar-lhe a consciência, aprovar ou desaprovar as suas disposições. Os exemplos da Sagrada Escritura acima referidos no-lo demonstram evidentemente. Todos os dias ainda provamos, por experiência, vendo como as almas humildes, favorecidas com tais dons, depois de terem falado com quem devem, sentem aumento de satisfação, força, luz e segurança; em algumas chega a tanto esse efeito que lhes parece não haver recebido as graças, nem se asseguram até falarem com o diretor, e então é como se novamente recebessem tudo.

17. Segunda razão: ordinariamente, a alma sente necessidade de ser esclarecida sobre o que nela se passa, para ser encaminhada por aquela via à desnudez e pobreza espiritual, que é a noite escura. Porque, se esta doutrina lhe vai faltando, embora não deseje essas graças extraordinárias, sem o perceber, irá se embotando nas vias espirituais, amoldando-se ao sentido, pelo qual, em parte, recebe aquelas apreensões distintas.

18. Terceira razão: é conveniente dar parte de todas as comunicações sobrenaturais, mesmo que a alma não faça caso delas nem as tenha em nenhuma conta, a fim de manter-se na humildade, submissão e mortificação. Certas almas têm extrema repugnância em dizer essas coisas, por lhes parecerem pouco importantes e não saberem como as acolherá a pessoa com quem devem falar; é sinal de pouca humildade, e, por isso mesmo, hão de sujeitar-se a fazê-lo. Outras sentem muita confusão em as dizer, pelo receio de parecerem receber favores semelhantes aos dos santos, além de várias repugnâncias que costumam sentir; por isso acham melhor não falar, pois não há razão para referi-lo, uma vez que não fazem caso disso. Mas, justamente por causa dessas dificuldades, é necessário que se mortifiquem e o digam até se tornarem humildes, dóceis, simples e prontas para dizer tudo, e depois sempre o dirão com facilidade.

19. Devemos advertir aqui: se insistimos tanto sobre a necessidade de rejeitar essas visões e revelações, e recomendamos encarecidamente aos confessores que não deixem as almas ocupadas nessas graças extraordinárias, não é para os mestres espirituais lhes mostrarem aspereza; nem de tal modo testemunharem o seu desprezo que deem ocasião às almas de se retraírem, sem coragem de manifestar o que recebem. Muitos inconvenientes há em impedir-lhes a expansão nesse ponto. Porque essas graças são o meio e modo por onde Deus conduz tais almas; não convém, portanto, mostrar-lhes desagrado nem espantar-se ou escandalizar-se com isso; antes, ir com muita benignidade e sossego, animando-as e dando-lhes facilidade de se exprimirem abertamente; e, se preciso for, dando-lhes preceito neste sentido, porque algumas almas têm dificuldade tão grande em fazer essas declarações que é mister agir o diretor assim. Encaminhem-nas, na fé, ensinando-lhes a desviar os olhos de todos esses dons sobrenaturais; deem-lhes doutrina para que saibam desapegar o apetite e o espírito dessas graças, a fim de prosseguirem; enfim, expliquem como é muito mais preciosa aos olhos de Deus uma obra ou ato da

vontade feito em caridade, que todas as visões ou revelações celestes; pois estas nem mérito são, nem demérito; e como muitas almas, não favorecidas com semelhantes mercês, estão sem comparação muito mais adiante do que outras que as recebem em abundância.

Capítulo XXIII
Começa a tratar das apreensões do entendimento comunicadas por via puramente espiritual.
Diz em que consistem.

1. A doutrina sobre as apreensões do entendimento recebidas por via do sentido foi um tanto abreviada, em comparação ao muito que haveria a dizer; não quis estender-me mais no assunto porque, para chegar ao fim que pretendo – que é desembaraçar o entendimento dessas apreensões e guiá-lo na noite da fé –, já disse bastante, e até mesmo demais. Começaremos, portanto, agora, a tratar das quatro apreensões do entendimento, mencionadas no capítulo X como puramente espirituais, a saber: visões, revelações, locuções ou palavras interiores, e sentimentos espirituais. A elas chamamos puramente espirituais porque não são comunicadas ao entendimento por meio dos sentidos corporais, como acontece nas apreensões corporais imaginárias, mas, sem meio algum sensível, exterior ou interior, se oferecem ao entendimento clara e distintamente por via sobrenatural, de modo passivo, isto é, sem que a alma coopere com algum ato ou obra de sua parte, ao menos ativamente.

2. É necessário dizer que, geralmente falando, todas estas quatro apreensões podem ser denominadas visões da alma, pois ao entender da alma aqui chamamos "ver". Como todas essas apreensões são inteligíveis para o entendimento, são chamadas "visíveis para o espírito", e, em consequência, as percepções formadas por elas no entendimento podem ser chamadas "visões intelectuais". Tudo quanto se apresenta aos sentidos, e se pode ver, ouvir, cheirar, gostar e tocar, torna-se também objeto do entendimento enquanto este, nelas, distingue o verdadeiro do

falso. Donde, como tudo o que é visível aos olhos corporais, a eles apresenta visão corporal, de modo análogo toda apreensão inteligível causa visão espiritual aos olhos espirituais da alma, que são o entendimento; porque, como dissemos, para a alma, compreender é o mesmo que ver. Assim, estas quatro apreensões podem ser, de modo geral, chamadas "visões", o que não se pode dizer em relação aos sentidos, porque nenhum destes pode perceber por si mesmo o que é objeto dos outros.

3. Como, entretanto, tais apreensões se representam à alma sob uma forma semelhante à que impressiona os sentidos, podemos denominá-las com vocábulos próprios e específicos. A tudo quanto recebe o entendimento por uma espécie de vista ou intuição interior (porque, assim como os olhos veem os objetos corporais, também o entendimento pode ver as realidades espirituais) chamamos "visões". Ao que lhe é comunicado como por um conhecimento de coisas novas até então ignoradas (como o ouvido ao perceber algo nunca ouvido antes) damos o nome de "revelações". As comunicações recebidas pelo entendimento à maneira de audição são chamadas "locuções" ou "palavras interiores". E, enfim, às apreensões que lhe são dadas ao modo dos outros sentidos, como, por exemplo, a percepção de suaves perfumes, sabores e deleites espirituais, de que a alma goza por via sobrenatural, denominamos "sentimentos espirituais". Tudo isto ilustra o espírito sem meio algum de forma, imagem, figura ou fantasia da imaginação; são graças comunicadas imediatamente à alma por operação e meio sobrenaturais.

4. Destas apreensões também é conveniente libertar o entendimento (como já fizemos a propósito das corporais imaginárias), encaminhando-o e dirigindo-o através de todas elas, na noite espiritual da fé à divina e substancial união com Deus; para que não fique o espírito embaraçado nem se torne grosseiro (por causa de tais apreensões), e deste modo venha a ser impedido no caminho da soledade e desnudez espiritual de todas as coisas, qual se requer para a dita união. É verdade, as apreensões mencionadas agora são mais nobres, mais proveitosas, e muito mais seguras do que as corporais imaginárias, por

serem já interiores e puramente espirituais, e, em consequência, menos acessíveis ao demônio; porquanto são comunicadas à alma de modo mais puro e sutil, sem nenhuma cooperação dela, nem trabalho da imaginação, ao menos ativamente. Todavia, se houver pouca vigilância, poderá o entendimento não só embaraçar-se, mas ainda ser muito enganado.

5. Poderíamos, de certa maneira, juntar essas quatro espécies de apreensões, e concluir aplicando-lhes o conselho geral até aqui dado para todas: não as pretender nem desejar. Entretanto, teremos mais luz entrando em suas particularidades e dando doutrina especial a respeito delas; por este motivo será bom tratar de cada uma separadamente, e assim começaremos pelas primeiras, que são as visões espirituais ou intelectuais.

Capítulo XXIV
Trata das duas espécies de visões espirituais que a alma pode receber por via sobrenatural.

1. Falando agora das visões espirituais propriamente ditas, que o entendimento percebe sem meio algum de sentido corporal, podemos distinguir duas espécies: as visões de substâncias corpóreas e as visões de substâncias imateriais ou incorpóreas. As primeiras são acerca de todas as realidades materiais, celestes e terrestres, que a alma pode ver estando no corpo, mediante certa luz sobrenatural emanada de Deus; nessa luz pode ver todos os seres distantes, no céu ou na terra. Dessa maneira foi a visão narrada por São João no capítulo 21 do Apocalipse, quando descreve a excelência e beleza da Jerusalém Celeste que contemplou no céu. Lemos também de São Bento que, em uma visão espiritual, lhe foi mostrado todo o mundo. Essa visão, segundo declara Santo Tomás no primeiro de seus *Quodlibetos*, foi percebida nessa luz, de que falamos, emanada do alto.

2. As visões de substâncias incorpóreas não se podem ver com essa luz sobrenatural já referida; exigem outra mais sublime, que é chamada "lume de glória". Tais visões, portanto, de

substâncias incorpóreas, como as de anjos ou almas, não são deste mundo, nem podem ser vistas em corpo mortal; se Deus as quisesse comunicar à alma como são essencialmente, no mesmo instante ela abandonaria o corpo e seria arrebatada da terra. Por este motivo disse o Senhor a Moisés, quando este lhe solicitava a graça de contemplar a Essência divina: "O homem não pode ver-me e viver" (Ex 33,20). Era esta a razão por que os filhos de Israel se enchiam de temor quando pensavam que haviam de ver a Deus ou que o tinham visto ou a algum anjo do céu: logo se lhes afigurava que depois disso morreriam. Dominados por esse temor, diziam o que lemos no Êxodo: "Não nos fale o Senhor, não nos suceda morrermos" (Ex 20,19). No Livro dos Juízes também se conta como Manué, pai de Sansão, julgando ter visto essencialmente o anjo que sob o aspecto de um jovem formosíssimo havia falado com ele e sua mulher, disse a esta: "Certamente morremos porque vimos a Deus" (Jz 13,22).

3. As visões de substâncias incorpóreas não são, pois, da vida presente, a não ser em caso muito raro e de modo transitório; nestas circunstâncias excepcionais, Deus dispensa ou salva a condição desta vida mortal, abstraindo totalmente o espírito, e pela sua divina graça suprindo as forças naturais que a alma então deixa de dar ao corpo. Assim é que São Paulo deve ter visto as substâncias imateriais no terceiro céu, conforme as suas palavras: foi arrebatado a elas, mas não sabe declarar se a alma estava no corpo ou não (2Cor 12,2): prova evidente de que ultrapassou os limites da vida natural por uma operação divina. Quando Deus, segundo cremos, quis revelar sua Essência a Moisés, disse-lhe que o meteria na entrada da caverna, amparando-o e cobrindo-o com sua destra, a fim de que não morresse quando passasse a glória divina. Esta passagem da glória do Altíssimo era a manifestação transitória do seu Ser, durante a qual protegia com a sua direita a vida natural de Moisés (Ex 33,22). Mas estas visões tão substanciais, como as de São Paulo, Moisés e nosso pai Elias (quando este cobriu o rosto à suave brisa em que Deus se manifestava), mesmo sendo transitórias, raramente acontecem, ou, melhor dizendo, quase

nunca, e a bem poucos. Porque Deus as concede aos que são muito fortes do espírito da Igreja e de sua Lei, como o foram os três grandes santos mencionados.

4. Essas visões de substâncias espirituais, embora não possam ser percebidas na terra de modo claro e evidente pelo entendimento, todavia, se podem sentir na substância da alma mediante suavíssimos toques e graças de união. Isso, porém, já pertence aos sentimentos espirituais de que trataremos depois, com a ajuda de Deus; porque a Ele se endereça e encaminha nossa pena, isto é, ao divino abraço e união da alma com a Substância divina. E será quando falarmos da inteligência, mística, confusa e obscura, que ainda nos falta explicar, mostrando como, mediante esta notícia amorosa e obscura, Deus se une à alma em grau inefável e sublime. De certo modo podemos dizer que esta notícia, que é a fé, serve, na vida presente, para a união divina, assim como, na outra vida, o lume de glória à clara visão de Deus.

5. Ocupemo-nos agora das visões de substâncias corpóreas percebidas espiritualmente à maneira das visões corporais. Como os olhos veem os objetos materiais com o auxílio da luz natural, assim a alma, pelo entendimento, vê interiormente esses mesmos objetos naturais ou outros ainda, segundo a vontade de Deus, por meio da luz sobrenatural já referida. O modo de ver, porém, é diferente; porque as visões espirituais ou intelectuais são percebidas com muito mais claridade e sutileza do que as visões corporais. Quando o Senhor quer conceder a uma alma essa mercê, comunica-lhe a dita luz sobrenatural e, nessa luz, ela distingue facilmente e de modo muito claro o que Deus lhe quer mostrar do céu ou da terra, sem que a ausência ou a presença desses objetos tenham qualquer influência. Sucede como se uma porta se abrisse deixando passar uma brilhante claridade, à maneira de relâmpago iluminando repentinamente os objetos em uma noite escura, fazendo-os aparecer como em pleno dia; depois, desaparecendo imediatamente a luz, desaparecem os objetos, mas as suas formas e imagens se gravam

na fantasia. As visões intelectuais realizam na alma efeito muito mais excelente; o que percebe ao clarão desta divina luz fica tão profundamente impresso no espírito que é suficiente lembrar-se disso para vê-lo como da primeira vez; bem assim como no espelho se refletem sempre as figuras que lhe são apresentadas. Isto acontece de tal modo que aquelas formas de coisas nunca vistas jamais se apagam inteiramente da alma, embora, com o andar do tempo, se vão desvanecendo algum tanto.

6. Os efeitos dessas visões na alma são: paz, luz, alegria, que se podem comparar a glória, pureza, suavidade, amor, humildade e inclinação ou elevação do espírito em Deus, mais ou menos intensa, segundo o espírito em que são recebidas as graças, e conforme o beneplácito divino.

7. Pode também o demônio produzir essas visões, mediante alguma luz natural apresentada à fantasia, por sugestão espiritual iluminando os objetos presentes ou ausentes. Comentando alguns doutores aquela passagem de São Mateus, onde se diz que o demônio mostrou a Cristo todos os reinos do mundo e sua glória (Mt 4,8), afirmam tê-lo feito por sugestão espiritual, porque, com os olhos do corpo, não teria sido possível fazê-lo ver de uma só vez todos os reinos do mundo e suas magnificências. Todavia, há grande diferença entre as visões apresentadas pelo demônio e as de origem divina, pois os efeitos de umas não têm comparação alguma com os efeitos das outras. As primeiras levam a alma a inclinar-se à estima de si mesma e a admitir com complacência essas visões. Ao contrário das visões divinas, longe de causarem suave humildade e verdadeiro amor divino, produzem secura de espírito no trato com Deus. As suas formas não se imprimem na alma com a doce claridade das outras visões; desvanecem-se prontamente, salvo se a alma as estima em muito – nesse caso a própria estima desperta naturalmente a lembrança delas, mas lembrança seca e árida, incapaz de produzir os frutos de humildade e caridade causados pelas verdadeiras visões, todas as vezes que são lembradas.

8. Essas visões, tendo por objeto as criaturas, com as quais Deus não tem proporção alguma nem conveniência essencial, não podem servir ao entendimento de meio próximo para a união com Deus. A atitude da alma em relação a elas deve ser, portanto, puramente negativa, como já o dissemos para todas as outras visões; só assim poderá progredir, guiando-se pelo meio próximo que é a fé. Por conseguinte, a alma não se há de apoiar nas formas que de tais visões lhe ficam impressas, fazendo delas arquivo e tesouro; proceder assim seria deter-se, embaraçada naquelas formas, figuras e personagens que ali residem no seu interior, e jamais chegaria a Deus mediante a renúncia de todas as coisas. Mesmo que se representem sempre as ditas formas dentro da alma, não serão obstáculo, se ela as desprezar. É verdade que a lembrança dessas visões incita a alma a algum amor de Deus e contemplação, mas a pura fé, na desnudez e obscuridade de tudo, a incita e eleva muito mais, sem saber como nem de onde lhe provém aquele transporte. Assim acontecerá achar-se inflamada em ânsias de puríssimo amor de Deus, sem entender de onde procedem nem que fundamento tiveram. E a razão foi que a fé se infundiu e arraigou mais profundamente na alma pela desnudez, vazio e obscuridade de todas as coisas, ou pobreza espiritual, que é tudo o mesmo; e juntamente com a fé mais se lhe infundiu e arraigou a caridade divina. Quanto mais consentir a alma em obscurecer-se e aniquilar-se em relação a todas as coisas exteriores e interiores que pode receber, tanto mais fé lhe será infundida, e, consequentemente, mais caridade e esperança; porque estas três virtudes teologais andam juntas.

9. Este amor, porém, algumas vezes não é compreendido nem percebido pela pessoa a quem é dado; não tem seu fundamento no sentido com ternura, e sim na alma com fortaleza, tornando-a mais animosa e ousada do que antes; pode, todavia, redundar às vezes no sentido, com ternura e suavidade. Para alcançar esse amor, alegria e gozo causados pelas visões, convém à alma ter força, mortificação e amor para que-

rer permanecer no vazio e na obscuridade de tudo. Cumpre estabelecer o amor e o gozo justamente no que não vê nem sente, porque não é possível nesta vida ver ou sentir a Deus, incompreensível e inefável; por isto, o caminho para Ele é o da renúncia total. De outro modo, ainda que a alma seja tão prudente, humilde e forte que não possa o demônio enganá-la nessas visões, ou fazê-la cair em alguma presunção como sói fazer, não a deixará, contudo, ir adiante; porque ele põe obstáculo à desnudez espiritual e pobreza de espírito e ao vazio da fé, requeridos para a união com Deus.

10. A respeito de todas essas visões pode ser aplicada a doutrina desenvolvida nos capítulos XIX e XX, quando tratamos das visões e apreensões sobrenaturais do sentido; por este motivo não gastaremos aqui mais tempo no assunto.

Capítulo XXV
Trata das revelações e declara o que são. Como se distinguem.

1. Pela ordem seguida, convém tratar agora da segunda espécie de apreensões espirituais acima denominadas "revelações", algumas das quais pertencem propriamente ao espírito de profecia. Observemos antes de tudo que revelação nada é senão o descobrimento de uma verdade oculta, ou a manifestação de algum segredo ou mistério, assim como se Deus iluminasse o entendimento mostrando-lhe a verdade sobre alguma coisa, ou descobrisse à alma algumas das suas obras ou desígnios, presentes ou futuros.

2. Conforme esta observação, podemos distinguir duas espécies de revelações: umas desvendam verdades ao entendimento e propriamente são denominadas "notícias intelectuais" ou "inteligências"; outras consistem na manifestação de certos segredos, e o nome de "revelação" se lhes ajusta melhor. Em rigor mesmo, esta última denominação não cabe às primeiras, pois são inteligência clara e manifesta que Deus dá à alma, de verdades simples e puras, não só a respeito de realidades tem-

porais, mas também espirituais. No entanto, quis dar aqui a todas o nome genérico de "revelações"; primeiro, em razão da proximidade e estreita aliança entre umas e outras e, depois, para não multiplicar os nomes e distinções.

3. Poderemos agora estabelecer, nas revelações, dois gêneros de apreensões: a um chamaremos "notícias intelectuais"; a outro, "manifestação de segredos e mistérios ocultos de Deus". Trataremos desta matéria em dois capítulos, o mais breve possível; começando a falar, neste, do primeiro gênero.

Capítulo XXVI
Trata das inteligências, comunicadas ao entendimento, de verdades despidas de toda forma. São de duas espécies. Atitude da alma em relação a elas.

1. Para escrever convenientemente sobre essa inteligência de verdades simples e puras, dada ao entendimento, seria necessário se dignasse Deus guiar-me a mão e a pena. Porque hás de saber, amado leitor, que excede toda palavra o que são em si mesmas essas verdades para a alma. Não pretendo, aliás, falar aqui diretamente delas, mas somente industriar e encaminhar a alma no meio dessas inteligências à divina união; ser-me-á, pois, permitido dizer de modo breve e sucinto quanto baste para o dito intento.

2. Esse gênero de visões, ou, melhor dizendo, notícias de verdade em si mesmas e na simplicidade de sua essência, é muito diferente das visões a que nos referimos no capítulo XXIV. Efetivamente, não mais se cogita de ver realidades corporais com o entendimento, mas de distinguir e ver o mesmo entendimento, verdades referentes a Deus, ou a fatos presentes, passados e futuros, coisa mui conforme ao espírito de profecia, como talvez demonstremos mais tarde.

3. Essas notícias dividem-se em duas espécies: as da primeira têm por objeto o Criador, e as da segunda, as criaturas. Embora umas e outras causem à alma grande gozo, as primei-

ras causam deleite tão excessivo e incomparável que não há palavras nem expressões capazes de traduzi-lo; porque são notícias do mesmo Deus, e deleite do mesmo Deus de quem diz Davi: "Não há quem te seja semelhante" (Sl 39,6). São notícias diretas da Divindade, manifestando de maneira sublime algum atributo de Deus, seja sua onipotência, seja sua fortaleza, ou sua bondade e doçura etc. E todas as vezes que essas notícias são dadas, imprimem fortemente na alma aquilo que manifestam. Como são graças de pura contemplação, claramente vê a alma ser-lhe impossível referir algo do que nela se passou, a não ser em termos gerais, nos quais prorrompe movida pela abundância do deleite e amor, então sentidos; todavia, não de modo a traduzir o que naquela notícia gozou e experimentou.

4. Davi, tendo provado algo desses efeitos, só os soube descrever com expressões comuns e gerais, dizendo: "Os juízos do Senhor, isto é, as virtudes e os atributos em Deus conhecidos, são verdadeiros, cheios de justiça em si mesmos; são mais para desejar do que o muito ouro e as muitas pedras preciosas; e são mais doces do que o mel e o favo" (Sl 18,10-11). Lemos também que Moisés, quando Deus lhe comunicou altíssima notícia de si mesmo, ao passar diante dele, prostrou-se imediatamente por terra, exclamando: "Dominador, Senhor Deus misericordioso e clemente, sofredor e de muita compaixão e verdadeiro, que guardas misericórdia em milhares de gerações" (Ex 34,6-7). Por estas palavras multiplicadas, e em termos comuns, Moisés tentou declarar a compreensão sublime das perfeições divinas em uma só notícia. Se a alma favorecida de semelhantes graças procura dizer às vezes algumas palavras, bem vê nada ter dito do que na realidade sentiu; reconhece que jamais achará termo adequado à sua verdadeira expressão. Desse modo São Paulo, arrebatado ao terceiro céu, naquela sublime notícia de Deus, contentou-se em dizer somente não ser lícito ao homem falar em tal (2Cor 12,4).

5. Estas notícias divinas, tendo o mesmo Deus por objeto, nunca se referem a seres particulares, porquanto são relativas

ao sumo Princípio e por isto nada se pode dizer de distinto, exceto se comunicassem ao mesmo tempo o conhecimento de alguma verdade ou de algum objeto abaixo de Deus; porque, quando são puramente divinas, de nenhum modo se podem exprimir. Essas notícias tão sublimes são próprias do estado de união, ou, por melhor dizer, são a própria união. Consistem em um misterioso contato da alma com a Divindade, de modo que o próprio Deus é ali por ela sentido e gozado, embora, certamente, não com a plenitude e a evidência da clara visão beatífica; todavia, é tão elevado e sublime esse toque de notícia e sabor que penetra intimamente a substância da alma. Não pode o demônio intrometer-se nisso, nem fazer coisa alguma que seja comparável a tão alta mercê, ou infundir gosto e deleite semelhante; pois essas notícias de Deus sabem à essência divina e vida eterna; e o demônio não pode fingir realidade tão elevada.

6. Poderia, entretanto, através de falsas aparências, procurar macaquear a Deus, apresentando à alma grandezas e farturas muito sensíveis e, ao mesmo tempo, persuadindo-a de sua origem divina. Jamais, porém, teria poder para infundir esses sentimentos na substância da alma, transformando-a e enamorando-a subitamente, como o fazem as notícias divinas. Algumas dessas notícias e toques, pelos quais se comunica Deus à substância da alma, de tal modo a enriquecem que bastaria apenas um deles, não só para tirar de vez todas as imperfeições que não havia podido vencer em toda a vida, mas também para deixá-la cheia de virtudes e bens de Deus.

7. São tão saborosos e de tão íntimo deleite esses toques divinos que, com um deles, se daria a alma por bem paga de todos os trabalhos, fossem mesmo inumeráveis, padecidos durante a vida. Sente-se animada de tal coragem, e com tanto ardor para sofrer muito por Deus, que lhe é particular tormento ver que não padece muito.

8. Nenhuma comparação ou imaginação natural poderia levar a alma a essas notícias sublimes, ultrapassando toda concepção: só Deus pode comunicá-las, sem nenhum trabalho

da própria alma. Quando menos pensa e pretende, apraz ao Senhor produzir nela esses toques divinos, causando-lhe singular memória do seu Ser. Às vezes, produzem-se subitamente na alma, só ao lembrar-se de algumas coisas, mínimas em si mesmas. Chegam a ser tão sensíveis e eficazes que, não só à alma como também ao corpo, fazem estremecer. Em outros momentos, comunicam-se ao espírito com grande sossego e paz, sem nenhum estremecimento sensível, e com súbito sentimento de deleite e refrigério espiritual.

9. Outras vezes, ainda, basta uma palavra pronunciada ou ouvida, seja da Sagrada Escritura ou outra, para produzir semelhantes favores. No entanto, nem todos têm a mesma eficácia e intensidade, porque frequentemente esses toques são muito fracos. Mas, por muito fracos que sejam, um só deles é mais precioso do que outras muitas notícias e considerações das criaturas e obras de Deus. E como esses toques são dados à alma imprevistamente e sem o seu alvedrio, não adianta querer ou não querer; portanto, procure permanecer humilde e resignada, e Deus fará sua obra quando e como quiser.

10. Aqui nesses toques, não digo que a atitude da alma deva ser negativa, como a respeito das demais apreensões: pois já constituem parte da união, para a qual vamos encaminhando a alma. Foi para atingir esse fim que ensinamos o desapego e a desnudez de todas as graças precedentes. Ora, o meio para Deus conceder à alma os toques de sua divina união há de ser a humildade, e padecer por amor dele, com renúncia de toda retribuição: porque essas mercês tão elevadas não são concedidas à alma proprietária; são manifestações de mui particular amor de Deus para com aquela alma já desprendida de tudo e até dos dons divinos. Esta verdade quis declarar o Filho de Deus, quando disse por São João: "Quem me amar será amado por meu Pai, e eu o amarei e me manifestarei a ele" (Jo 14,21). Nessas palavras se incluem as notícias e toques a que nos referimos, pelos quais Deus se manifesta à alma que deveras o ama.

11. A segunda espécie de notícias ou visões de verdades interiores é mui diferente da que acabamos de explicar. Tem por objeto o que está abaixo de Deus e encerra o conhecimento da verdade essencial das criaturas, e de fatos e casos sucedidos entre os homens. No instante em que são mostradas à alma tais verdades, gravam-se tão fortemente no seu interior – embora nenhuma palavra lhe seja dita – que jamais poderá concordar interiormente com o contrário, por mais força queira fazer a si mesma para assentir. Está o espírito tão convencido do que lhe foi revelado que é como se o estivesse vendo claramente. Esta graça pertence ao espírito de profecia, e São Paulo chama-a "dom de discernimento dos espíritos" (1Cor 12,10). Embora a alma tenha aquela revelação por tão certa e verdadeira, e não possa impedir o consentimento interior passivo experimentado em si mesma, todavia, não será isso motivo suficiente para deixar de crer e dar o consentimento da razão ao que lhe disser e mandar o diretor espiritual, e a conformar-se com todos os seus conselhos mesmo quando sejam opostos à verdade a ela revelada. Assim procedendo, encaminha-se, pela fé, à união divina, à qual chegará antes crendo que entendendo.

12. Destes dois modos de conhecimento temos na Sagrada Escritura testemunhos admiráveis. A propósito da ciência particular dos seres criados, diz o Sábio: "Deu-me Deus a verdadeira ciência das coisas; fez-me ver a disposição do universo, as virtudes dos elementos, o começo, o fim e o meio dos tempos, as mudanças que causam o afastamento e a volta do sol, a vicissitude das estações, as revoluções dos anos, as disposições das estrelas, a natureza dos animais, a ferocidade das feras, a força dos ventos, os pensamentos dos homens, a variedade das plantas e as virtudes das raízes; e tudo o que existe de oculto e desconhecido, eu o aprendi porque a própria sabedoria que tudo criou mo ensinou" (Sb 7,17-21). A ciência que o Sábio afirma ter recebido de todas as coisas era infusa e geral. Esta citação, porém, prova suficientemente a existência de outras notícias particulares infundidas por Deus nas almas por via

sobrenatural, quando Ele quer. É verdade que não lhes concede ciência universal e infusa, como a de Salomão; todavia, lhes revela, às vezes, algumas verdades enumeradas pelo Sábio. Esses hábitos infusos variam segundo a diversidade dos dons divinos distinguidos por São Paulo, entre os quais põe: sabedoria, ciência, fé, profecia, discernimento dos espíritos, inteligência das línguas e interpretação das palavras (1Cor 12,8). Todos esses dons são hábitos infusos concedidos por Deus gratuitamente a quem lhe apraz, ora por via natural, como o espírito de profecia a Balaão e a outros profetas idólatras e muitas sibilas; ora por via sobrenatural, como aos santos apóstolos e profetas e a outros santos.

13. Mas, além desses hábitos ou graças *gratis datae*, as almas perfeitas – ou as proficientes – costumam receber com frequência ilustrações e notícias de coisas presentes ou ausentes, mediante uma luz comunicada ao espírito já purificado e esclarecido. Podemos aplicar aqui a passagem dos Provérbios: "Como na água resplandece o rosto dos que nela se miram, assim os corações dos homens são descobertos aos prudentes" (Pr 27,19), isto é, aos que possuem a sabedoria dos santos, denominada, pela Sagrada Escritura, prudência. Estes espíritos conhecem muitas vezes outras coisas. Dessa maneira, embora não possam conhecê-las sempre que o desejem; isto só acontece aos que têm já o hábito infuso; e, ainda assim, nem estes conhecem tudo perfeitamente, pois dependem da vontade divina.

14. Devemos, contudo, fazer aqui uma observação: os espíritos bastante purificados podem, naturalmente, descobrir com muita facilidade – umas pessoas mais do que outras – o interior do coração e do espírito, as inclinações e qualidades dos outros, por indícios exteriores, mesmo bem pequenos, como uma palavra, um movimento ou algo semelhante. Se o demônio, por ser espírito, pode perceber por esses sinais o que se passa no interior, também o pode o homem espiritual, segundo a palavra do Apóstolo: "O espiritual julga todas as coisas" (1Cor 2,15). E noutro lugar: "O espírito tudo penetra,

ainda o que há de mais oculto nas profundezas de Deus" (1Cor 2,10). Donde, embora não possam os espirituais conhecer naturalmente os pensamentos ou o interior dos homens, podem, todavia, conhecê-lo por ilustração sobrenatural, ou por amostras exteriores. Sem dúvida, no conhecimento baseado sobre indícios exteriores frequentemente se podem enganar, mas a maior parte das vezes acertam. Em qualquer dos casos, não há que fiar-se, porque o demônio se intromete aqui grandemente e com muita sutileza, como logo diremos. É, portanto, indispensável a renúncia a todas essas espécies de inteligências.

15. A história de Giezi, servo de Eliseu, no Segundo Livro dos Reis, prova-nos como os homens espirituais podem, mesmo de longe, conhecer também os fatos e sucessos humanos. Querendo Giezi ocultar a seu senhor o dinheiro que recebera de Naamã, o sírio, repreendeu-o Eliseu nestes termos: "Não estava, porventura, presente o meu espírito, quando aquele homem desceu do coche e veio ao teu encontro?" (2Rs 5,26). O profeta vira, em espírito, o que então se passara, como se estivesse presente. Lemos no mesmo Livro dos Reis a confirmação do que asseveramos. Sabia Eliseu, e revelava ao rei de Israel, todos os projetos que o rei da Síria, em segredo, tratava com seus príncipes, frustrando desse modo o que deliberavam em conselho. E, vendo divulgados todos os seus segredos, disse o rei da Síria aos cortesãos: "Por que me não descobris quem dentre vós me atraiçoa junto ao rei de Israel?" E um dos servos respondeu: "Não é assim, ó Rei, meu senhor, mas o Profeta Eliseu, que está em Israel, descobre ao seu rei tudo o que secretamente dizes na tua câmara" (2Rs 6,11-12).

16. Estas duas espécies de notícias, como também as de que falamos no princípio, se transmitem à alma passivamente sem a sua cooperação. Poderá acontecer que, estando mais alheia e descuidada, subitamente o espírito seja tocado por viva inteligência do que lê ou ouve, percebendo mais claramente do que soam as palavras; outras vezes, embora não entenda o seu significado, se, por exemplo, são em latim e não as sabe tradu-

zir, receberá inteligência bastante clara do sentido, mesmo não entendendo as palavras.

17. Haveria muito a dizer, se enumerássemos todos os artifícios usados pelo demônio, e dos quais efetivamente se serve nesta espécie de notícias e inteligências, pois, em verdade, são grandes esses enganos e mui sutis. Pode representar à alma, por sugestão, muitas notícias intelectuais e gravá-las tão fortemente, até parecer não haver outra coisa. Se a alma não é humilde e receosa, sem dúvida, far-lhe-á crer mil mentiras. A sugestão, com efeito, faz às vezes muita influência na fraqueza dos sentidos, e por meio destes se firma a impressão na alma com tanta força, persuasão e convicção que é necessário à alma, para desembaraçar-se dela, muita oração e fortaleza. Costuma também o demônio descobrir pecados alheios, maldade de consciência, almas culpadas, falsamente, com grande luz. Sua tática é difamar e descobrir aquelas coisas para que se cometam pecados, excitando na alma o falso zelo de que é para encomendar tais coisas a Deus. É verdade que o Senhor às vezes mostra às almas santas as necessidades dos próximos, para induzi-las a rezar por eles ou remediar as mesmas necessidades. Assim o Senhor mostrou a Jeremias a fraqueza do Profeta Baruc, para que o instruísse com seus conselhos (Jr 45,3). Todavia, muitas vezes, é o demônio quem o faz, com fingimentos, para induzir os espíritos em infâmias, pecados e aflições; disto temos muitíssima experiência. Outras vezes, imprime diferentes notícias com grande firmeza, e consegue que lhe deem crédito.

18. Todas essas notícias, venham ou não de Deus, pouquíssimo proveito trazem à alma para unir-se a Ele, se nelas se quiser apoiar. Antes, se não tivesse o cuidado de recusá-las, não somente a estorvariam, mas prejudicariam muito, e chegaria a cair em muitos erros, pois todos os perigos e inconvenientes já assinalados a propósito das apreensões sobrenaturais podem ser aqui encontrados, e até muito mais. Eis por que me abstenho de desenvolver este assunto, sobre o qual já demos

bastante doutrina. Direi somente que haja grande atenção em renunciar a tudo, a fim de caminhar para Deus pelo não saber. Dê a alma sempre conta a seu padre espiritual, submetendo-se sempre ao que ele disser. O confessor, por sua vez, faça com que a alma passe através de tudo, mui rápido, sem se deter nem fazer caso, pois não importa para a união. Já sabemos que as graças dadas passivamente à alma produzem sempre o efeito requerido por Deus, sem cooperação da alma. Parece-me supérfluo declarar aqui os bons efeitos das verdadeiras comunicações, bem como os maus causados pelas falsas: seria cansativo e interminável, visto como não se pode resumir brevemente doutrina tão extensa. Efetivamente, sendo essas notícias mui numerosas e variadas, também o são seus respectivos efeitos, isto é, os bons nas verdadeiras, e os maus nas falsas. Dizendo que a alma deve renunciar a todas, fica suficientemente declarado o necessário para não errar.

Capítulo XXVII
Segundo gênero de revelações ou manifestação de segredos ocultos. Como podem servir à união divina, e em que podem estorvá-la. Quanto pode o demônio enganar as almas neste ponto.

1. O segundo gênero de revelações é a manifestação de segredos e de mistérios ocultos; pode ser de duas espécies. Primeiro, acerca do que é Deus em si mesmo; aqui se encerra a revelação do mistério da Santíssima Trindade e Unidade de Deus. Segundo, acerca do que é Deus considerado em suas obras; nesta segunda espécie se incluem todos os outros artigos da nossa santa fé católica e todas as proposições que deles decorrem explicitamente; nestas proposições se encerram numerosíssimas revelações, promessas e ameaças divinas, passadas ou futuras, relacionadas com a Fé. Podem ser também incluídos nesta mesma espécie os fatos particulares que apraz a Deus revelar, seja a respeito do universo em geral, seja em particular, de reinos, províncias, estados, famílias e indivíduos. A Sagra-

da Escritura nos fornece exemplos, em grande número, desta dupla espécie de revelação, sobretudo nos profetas. Não desejo deter-me para citá-las aqui por serem tão conhecidas e manifestas. Digo, apenas, que Deus se serve de muitos meios para transmiti-las: ora emprega palavras, sinais, figuras, imagens e semelhanças, ora usa, conjuntamente, de palavras e símbolos. Tudo isso vemos nos profetas, especialmente no Apocalipse, onde não só se encontram essas duas espécies de revelações, mas também os diversos modos que aqui vamos expondo.

2. Estas revelações, incluídas na segunda espécie, Deus as concede ainda em nossos dias a quem Ele quer; costuma revelar a certas pessoas quantos dias lhes restam de vida, os trabalhos a sofrer, o que deve acontecer com tal ou tal indivíduo, tal ou tal reino etc. Como sói também descobrir ao espírito as verdades doutrinárias encerradas nos mistérios de nossa fé; no entanto, não podemos propriamente dar o nome de revelação a essas luzes interiores, pois se trata de verdades já conhecidas; antes, são declaração ou manifestação do que já está revelado.

3. Neste gênero de revelação pode o demônio intrometer-se muito. Porque, como se apresentam sob forma de palavras, figuras e símbolos etc., sabe muito bem o inimigo contrafazê-las, com maior facilidade aqui do que nas comunicações feitas em puro espírito. Portanto, se em qualquer dos dois gêneros recebêssemos alguma revelação tocante à nossa fé, de qualquer modo diferente ou estranha ao que professamos, absolutamente não havemos de dar nosso assentimento, mesmo se tivéssemos a certeza de que a revelação era feita por um anjo do céu. É o ensinamento de São Paulo, quando diz: "Mas ainda quando nós mesmos ou um anjo do céu vos anuncie um evangelho diferente do que nós vos temos anunciado, seja anátema" (Gl 1,8).

4. Quanto à substância de nossa fé, não há mais artigos a revelar além dos já revelados na doutrina da Igreja; por essa razão é necessário à alma não só rejeitar qualquer coisa nova, mas também ter cautela para não admitir outras variedades sutilmente misturadas à substância dos dogmas. E para manter a

pureza da alma que se deve conservar em fé, mesmo quando lhe forem comunicadas novamente verdades já reveladas, não lhes deve dar crédito por este motivo de serem reveladas de novo, mas só porque fazem parte do ensinamento da Igreja; e, assim, fechando os olhos do entendimento a todas as revelações, simplesmente se apoia na doutrina da Igreja e na sua fé, que, como diz São Paulo, entra pelo ouvido (Rm 10,17). E não lhes dê facilmente crédito nem submeta o entendimento a estas verdades da fé reveladas novamente, por mais conformes e verdadeiras que pareçam, se não quiser ser enganada. Porque o demônio, a fim de iludir a alma pela insinuação de mentiras, começa por atraí-la com verdades e coisas verossímeis para infundir-lhe segurança, e logo depois a vai enganando: faz como quem cose o couro, que primeiro introduz a cerda rija e logo atrás vem o fio frouxo que não poderia entrar se não fosse precedido pela cerda.

5. Reparemos bem neste ponto: mesmo não havendo perigo algum de cair na ilusão, é sempre preferível não desejar a inteligência de verdades claras com referências à fé, a fim de conservar-lhe o mérito em sua pureza e integridade, e também para chegar através desta noite do entendimento à sublime luz da união divina. É de tanta importância firmar-se de olhos fechados nas profecias antigas, em qualquer nova revelação, que o apóstolo São Pedro, apesar de ter contemplado de algum modo, no Tabor, a glória do Filho de Deus, todavia, em sua segunda epístola, afirma: "Embora estejamos certos da visão de Cristo no monte, mais certa e firme é a palavra da profecia que nos é revelada, à qual fazeis bem de apoiar vossas almas" (2Pd 1,19).

6. Se é verdade, pelas razões já enumeradas, que se devem fechar os olhos às revelações novas acerca das proposições da fé, quão mais necessário ainda será não admitir nem dar crédito a outras revelações de coisas diferentes! O demônio nestas se intromete tanto que tenho por impossível deixar de enganar muito à alma que não as despreza – tão grande é a aparência

de verdade e segurança nelas posta pelo inimigo. Por que reúne tamanhas semelhanças e conveniências para acreditá-las, imprimindo-as tão fixamente no sentido e na imaginação, que deixa a alma certíssima de que se hão de realizar. E, se não for humilde, se apegará e firmará tanto naquelas falsas revelações que com dificuldade poderão arrancá-la de sua obstinação e conseguir que aceite a verdade contrária. Assim, a alma pura, simples, cauta e humilde, com tanta força e cuidado há de resistir às revelações e outras visões, como às mais perigosas tentações; porque, para chegar à união de amor, não há necessidade de as admitir, mas, sim, de não as aceitar. Esta atitude nos quis ensinar Salomão, quando disse: "Que necessidade tem o homem de buscar o que é acima de sua capacidade natural?" (Ecl 7,1). Isto é, a alma, para ser perfeita, nenhuma necessidade tem de querer algo sobrenatural por via extraordinária, superior à sua capacidade.

7. Tendo já respondido nos capítulos XIX e XX deste livro às objeções que contra esta doutrina poderiam ser feitas, a eles remeto o leitor. Digo somente: a alma deve acautelar-se de todas as revelações para caminhar pura e sem erro na noite da fé à união divina.

Capítulo XXVIII
Das palavras interiores que podem sobrenaturalmente apresentar-se ao espírito. De quantos gêneros são.

1. O discreto leitor deverá sempre lembrar-se do fim que me propus neste livro: encaminhar a alma através de todas as apreensões naturais e sobrenaturais, sem perigo de ilusão nem embaraço, na pureza da fé, até chegar à divina união com Deus. Só assim compreenderá como, embora não me tenha estendido sobre o assunto tão longamente como porventura requer a sua compreensão, nem tenha descido a todas as minudências na exposição da doutrina, todavia, não fui demasiado breve. Está declarada a matéria com bastantes avisos, luz e documentos,

para que a alma, em todos os casos, exteriores e interiores, possa com prudência prosseguir no seu caminho. Esta é a causa de termos concluído com tanta brevidade a exposição das apreensões das profecias, bem como a de todas as demais. Haveria ainda muito que dizer a respeito dos diferentes modos e maneiras de cada uma delas, mas declarar tudo seria negócio interminável. Contento-me, pois, em ter apresentado, a meu ver, substância da doutrina, e a cautela necessária à alma em todas essas apreensões e outras semelhantes que lhe sejam dadas.

2. O mesmo farei a respeito do terceiro gênero de apreensões, chamadas "locuções" ou "palavras interiores", sobrenaturais, ordinariamente percebidas pelas almas, de modo espiritual, sem intermédio de sentido algum corporal. São numerosas e variadas; no entanto, creio poder reduzi-las a três gêneros: palavras sucessivas, formais e substanciais. Denomino palavras sucessivas certos raciocínios ou proposições que o espírito, recolhido, interiormente, vai formando. Dou o nome de "formais" às palavras distintas e precisas recebidas pelo espírito, não de si mesmo, mas como de terceira pessoa, estando ou não recolhido. Enfim, chamo "palavras substanciais" as que também formalmente se imprimem no espírito, umas vezes estando recolhido, outras não; estas se produzem na substância da alma, operando nela o que significam. Trataremos aqui sucessivamente destas três espécies de palavras interiores.

Capítulo XXIX
Trata do primeiro gênero de palavras que algumas vezes o espírito recolhido forma em si. Diz a sua causa, e o proveito e dano que nelas podem haver.

1. As palavras sucessivas sempre se apresentam ao espírito quando está recolhido e profundamente embebido em alguma consideração; e nesta matéria ocupado, discorre de uma ideia a outra tirando consequências mui a propósito; raciocina com tanta facilidade e precisão, e tais verdades até então ignoradas

vai descobrindo, que não lhe parece ser trabalho seu, mas de outra pessoa a ensinar-lhe interiormente por meio daqueles raciocínios ou respostas. Há, na verdade, fortes motivos para assim pensar, pois o próprio espírito raciocina e responde a si mesmo, como se fossem duas pessoas, e de certo modo assim é; embora seja o espírito humano o que desenvolve aquelas razões, como instrumento, muitas vezes o Espírito Santo o ajuda a formar aqueles conceitos, palavras e raciocínios verdadeiros. E assim fala a si mesmo o espírito, como se fosse terceira pessoa. Porque, como está recolhido e unido à verdade que o ocupa, e o Espírito divino também lhe está unido naquela verdade – como sempre o está com toda verdade –, por meio dessa comunicação do entendimento com o Espírito Santo, vão se formando no interior e sucessivamente as demais verdades relacionadas à primeira, abrindo para isto a porta e dando luzes o Espírito de Deus, supremo mestre; pois esta é uma das maneiras usadas pelo Espírito Santo para ensinar.

2. Assim iluminado e ensinado por esse supremo mestre, o entendimento, ao compreender aquelas verdades, vai formando as suas concepções sobre o que lhe é comunicado da parte de Deus. Podemos dizer, portanto, "a voz é de Jacó e as mãos de Esaú" (Gn 27,22). A alma dificilmente poderá acreditar nisso; está convencida de serem palavras e sentenças de terceira pessoa. Não sabe com que facilidade pode o entendimento formar para si, como de terceira pessoa, palavras sobre conceitos e verdades que lhe vêm também de terceira pessoa.

3. Decerto, em si, esta comunicação e ilustração do entendimento não oferece motivo para engano. No entanto, pode haver erro, e frequentemente o há, nas palavras e conclusões formadas pelo entendimento sobre aquilo. Esta luz do alto é às vezes tão espiritual e sutil que o entendimento não alcança informar-se bem dela e, em consequência, suas deduções são muitas vezes falsas, outras verossímeis, ou ainda defeituosas. Embora no começo siga a verdade, logo depois põe a sua habilidade própria ou a grosseria das suas mesquinhas concepções;

daí vem a facilidade de variar conforme a sua capacidade; e em tudo isso fala o espírito a si mesmo como se falasse uma terceira pessoa.

4. Conheci alguém muito habituado a formar essas locuções sucessivas, e entre muitas verdadeiras e substanciais sobre o Santíssimo Sacramento da Eucaristia formava algumas bastante heréticas. Admira-me muito o que se passa em nossos tempos, isto é, qualquer alma por aí, com quatro maravedis[13] de consideração, quando sente, em um pouco de recolhimento, algumas locuções dessas, logo as batiza como vindas de Deus. E, convencida de assim ser, afirma: "Disse-me Deus, respondeu-me Deus". E não é assim: na maior parte das vezes, é a própria alma falando a si mesma.

5. Além disso, a estima e o desejo de tais favores fazem essas pessoas responderem a si mesmas, imaginando ser Deus que lhes fala ou responde. Se nisto não põem muito freio, e se quem as dirige não as forma na negação desses discursos interiores, virão a cair em grandes desatinos. Costumam tirar daí muito mais loquacidade e impureza espiritual do que humildade e mortificação interior. Creem ter sido grande coisa, e que lhes falou Deus; e haverá sido pouco mais que nada, ou nada, ou menos que nada. Tudo o que não produz humildade e caridade, mortificação, santa simplicidade e silêncio etc., que pode ser? Logo todas essas locuções podem estorvar grandemente o caminho para a divina união; porque apartam a alma, que se lhes apega, do abismo da fé, onde o entendimento deve permanecer obscuro, e na obscuridade guiar-se pelo amor e pela fé, e não por muitos raciocínios.

6. Podereis, aqui, fazer-me uma pergunta: se é o Espírito de Deus quem revela essas verdades, não podem ser prejudiciais; por que então o entendimento há de privar-se delas? Respondo: o Espírito Santo esclarece o intelecto recolhido, e na proporção de seu recolhimento. Ora, essa potência não pode

---

13. Antiga moeda espanhola de pouco valor.

achar melhor recolhimento do que na fé; portanto, somente na fé receberá a iluminação do Espírito de Deus. Quanto mais pura e perfeita está a alma na fé, mais caridade infusa de Deus possui; e, quanto mais caridade tiver, mais a ilustrará o Espírito Divino concedendo-lhe seus dons; porque é a caridade causa e meio para a comunicação dos dons divinos. Decerto, naquele conhecimento de verdades acima referido, a alma recebe alguma luz. No entanto, entre esta e a que recebe na obscuridade da fé há tão grande diferença quanto à qualidade, como entre o ouro preciosíssimo e o mais vil metal; e quanto à quantidade, tão grande desproporção como excede o mar a uma gota de água. Porque a luz do conhecimento particular comunica sabedoria de uma, duas ou três verdades etc., e a luz da fé comunica à alma toda a sabedoria de Deus em geral, isto é, o próprio Filho de Deus que se comunica à alma na pura fé.

7. Se me disserdes ser tudo bom, e uma luz não impedir a outra, responderei que impede muito, se a alma faz caso dela, pois ocupa-se em coisas distintas e de pouco valor que bastam para impedir a comunicação do abismo da fé. Neste abismo, sobrenatural e secretamente se compraz Deus em instruir a alma, elevando-a em graças e virtudes, sem saber como. Dessas comunicações sucessivas não tira a alma proveito ocupando-se de propósito nelas; antes as afastaria de si, conforme diz a Sabedoria à alma no Livro dos Cantares: "Aparta de mim teus olhos, porque são os que me fazem voar" (Ct 6,4), isto é, voar para longe de ti, a uma altura que não podes atingir. Portanto, com simplicidade e pureza aplique a vontade unicamente ao amor de Deus, sem concentrar o entendimento no que sobrenaturalmente recebe; pois é por amor que aqueles bens lhe vão sendo comunicados, e assim deles participará com muito maior abundância. Ao contrário, se nessas comunicações passivas e sobrenaturais o entendimento, ou outra potência, se intrometer com sua atividade própria, não chegará, em seu modo canhestro, a tão altas mercês; por força modificá-las-á a seu modo e, consequentemente, introduzirá muitas alterações;

e assim irá necessariamente errando e formando raciocínios próprios, não já sobrenaturais, como no princípio, nem a eles semelhantes, mas tudo virá a ser mui natural, errôneo e baixo.

8. Existem entendimentos tão vivos e penetrantes que, apenas recolhidos em alguma consideração, discorrem naturalmente com extrema facilidade, exprimindo os pensamentos com palavras interiores e raciocínios muito agudos, atribuindo, sem mais nem menos, tudo a Deus; e apenas se trata de trabalho do entendimento, algo livre da operação dos sentidos e favorecido pela própria luz natural; consegue isto e mais ainda sem qualquer auxílio sobrenatural. Isto é muito comum: várias pessoas se enganam pensando ser isso muita oração e comunicação de Deus, e por este motivo escrevem ou fazem escrever o que se passa com elas. E, porventura, nada será tudo aquilo, sem substância de nenhuma virtude, servindo apenas para alimentar a vaidade.

9. Aprendam antes a cuidar de firmar sua vontade em amor humilde e generoso, na prática sólida das boas obras e da mortificação, imitando a vida do Filho de Deus. É por este caminho, e não pela multiplicidade dos discursos interiores, que se chega a todo o bem espiritual.

10. O demônio se intromete muito neste gênero de palavras interiores sucessivas, principalmente com as almas a elas inclinadas ou afeiçoadas. Quando começam a recolher-se, costuma o inimigo lhes oferecer numerosa matéria de digressões, formando-lhes na inteligência palavras ou conceitos para deste modo precipitá-las mui sutilmente no engano, com coisas verossímeis. Esta é uma das maneiras de comunicar-se o demônio com os que com ele fizeram pacto tácito ou formal; assim procede com alguns hereges e, sobretudo, com alguns heresiarcas, enchendo-lhes o entendimento de concepções e raciocínios mui sutis, cheios de falsidades e erros.

11. Segundo a doutrina dada neste capítulo, fica bem provado que as palavras sucessivas procedem, no entendimento,

de três causas: do divino Espírito movendo e esclarecendo o entendimento; da luz natural do mesmo entendimento; enfim, das insinuações do demônio, falando por sugestão. Dizer agora por que sinais se reconhecerá a origem dessas palavras, quando procedem de uma causa ou de outra, e dar provas certas, seria bastante difícil. Podemos, entretanto, assinalar alguns indícios gerais, e são os seguintes: quando, nas palavras e nos conceitos, a alma simultaneamente vai amando e sentindo amor com humildade e reverência para com Deus, é sinal da presença do Espírito Santo, pois suas mercês se revestem sempre deste caráter. Quando procedem da vivacidade e luz do entendimento, está somente este agindo, sem aquele efeito dos atos de virtudes (embora o conhecimento daquelas verdades possa levar a vontade a certo amor natural); mas, terminada a meditação, fica a vontade árida, conquanto não inclinada ao mal nem à vaidade, salvo se o demônio nisto vier tentá-la novamente; o que não acontece nas locuções nascidas de bom espírito, porque, depois destas, fica a vontade, ordinariamente, afeiçoada a Deus e inclinada ao bem. Todavia, pode acontecer ficar a vontade árida, embora a comunicação tenha sido de bom espírito, permitindo assim Deus para o bem da alma; como também, às vezes, só fracamente sentirá estas operações e os movimentos daquelas virtudes, e, contudo, será bom o que teve. Por isto, algumas vezes, é difícil conhecer a diferença entre umas e outras, em consequência da diversidade dos seus efeitos. Enumeramos, simplesmente, os sinais mais comuns, podendo ser mais ou menos abundantes. As palavras do demônio são também difíceis de entender e conhecer. Ordinariamente deixam a vontade seca para tudo quanto se relaciona com o amor divino, e o espírito inclinado à vaidade, estima e complacência de si mesmo. Algumas vezes, porém, o demônio insinua falsa humildade e fervorosa afeição da vontade fundada no amor-próprio, e é preciso ser a alma muito esclarecida nas vias espirituais para descobrir a ilusão. O mau espírito assim procede para melhor se disfarçar. Às vezes, sabe muito bem provocar lágrimas pelos sentimentos que excita, para ir pondo na alma as afeições que ele quer. Procura sempre o demônio mover a vontade a estimar essas comunicações interiores, a fazer muito caso delas e a se ocupar, não no exercício das virtudes, mas no que lhe é ocasião de perder as já adquiridas.

12. Para não sermos embaraçados nem enganados em todas essas palavras, tenhamos a necessária cautela, tanto em umas como em outras, de não fazer caso delas; tratemos unicamente de dirigir para Deus toda a força de nossa vontade pelo perfeito cumprimento de sua lei e dos seus santos conselhos, que é a sabedoria dos santos. Contentemo-nos com saber os mistérios e os dogmas na singeleza e verdade em que são propostos pela santa Igreja. Temos aqui o suficiente para inflamar muito a vontade, sem necessidade de nos metermos em outras profundidades e curiosidades nas quais é bem raro não haver perigo. Vêm a este propósito as palavras de São Paulo: "Não convém saber mais do que convém saber" (Rm 12,3). Isto basta para deixar explicada a matéria das palavras sucessivas.

Capítulo XXX
Palavras interiores que se produzem formalmente no espírito por via sobrenatural. Advertência do dano que podem causar e da cautela que deve ter a alma para não ser nelas enganada.

1. As palavras formais constituem o segundo gênero de palavras interiores; produzem-se sobrenaturalmente no espírito, recolhido ou não, sem a intervenção de sentido algum. São ditas formalmente no espírito, sem nenhuma cooperação dele, por terceira pessoa: daí o nome de "palavras formais". Diferem muito das que acabamos de tratar, não só porque se formam sem trabalho algum do espírito, mas também porque, ao contrário das palavras sucessivas – que sempre se referem à verdade considerada em recolhimento –, podem se manifestar ao espírito recolhido ou não, e mesmo quando está muito longe de pensar no que então lhe é dito.

2. As palavras tratadas neste capítulo são, ora mais, ora menos, distintas e precisas: muitas vezes consistem em simples conceitos sugeridos ao espírito sob forma de resposta ou de qualquer outro modo. Às vezes são uma só palavra; ora duas ou mais; ora se sucedem como as precedentes e transmitem à alma longa instrução. Todas, recebe o espírito sem nada fazer de sua parte, como quando uma pessoa fala com outra. Assim lemos ter acontecido com Daniel quando diz ter falado nele o anjo; era isto de modo formal e por raciocínios sucessivos em seu espírito, instruindo-o como explicou o mesmo anjo: que viera para lhe ensinar (Dn 9,22).

3. Quando estas palavras são apenas formais, o seu efeito não é muito forte na alma. Porque se destinam geralmente a instruí-la ou dar-lhe luz sobre tal ou tal ponto; ora, para produzir este resultado não é mister causarem efeito mais eficaz do que o seu próprio fim. E este fim, quando as palavras são de Deus, sempre é realizado na alma, dispondo-a com clareza e determinação para fazer o que lhe é ensinado ou prescrito. No entanto, essas palavras nem sempre tiram a repugnância ou dificuldade da alma para executar essas ordens, antes, algumas vezes lha aumentam, por permissão de Deus, para maior ensino, humildade e bem da alma. Essa repugnância se acentua quando o Senhor lhe manda coisas de importância nas quais pode haver alguma honra e preeminência para si mesma; quando são coisas baixas e humildes, sente ela mais facilidade e prontidão para executá-las. Assim no Êxodo, Moisés, ao receber de Deus a ordem de se dirigir ao faraó para livrar o povo de Israel, sentiu tal repugnância em obedecer que o Senhor se viu constrangido a mandá-lo três vezes, dando-lhe evidentes sinais da sua vontade. E tudo isto não satisfez a Moisés até Deus decidir dar-lhe Aarão por companheiro, com o qual partilhasse a honra do empreendimento (Ex 3–4).

4. Acontece o contrário quando as palavras e as comunicações vêm do demônio. Infunde ele prontidão e facilidade para as coisas elevadas, e desgosto para as humildes. Certamente,

Deus sente tanto ao ver as almas inclinadas às dignidades e grandezas que, mesmo lhes ordenando aceitar as honras, ou lhas conferindo, não quer que as aceitem prontamente. As palavras formais diferem das sucessivas nesse efeito de prontidão e facilidade que Deus costuma pôr na alma. De fato, aquelas movem muito mais o espírito do que estas, porque são mais formais, tomando nelas menos parte o entendimento. Todavia, pode suceder algumas vezes as palavras sucessivas produzirem mais efeito na alma por causa da íntima comunicação entre o Espírito de Deus e o espírito do homem; o modo, porém, é muito diferente. Quanto às palavras formais, a alma não duvida se é ela que as profere; está bem convencida do contrário, sobretudo quando não estava pensando no que lhe foi dito; e se o estava, sente com clareza e evidência que as palavras lhe veem de outra parte.

5. A alma deve fazer tão pouco caso das palavras formais como das sucessivas. Pois, além de ocupar o espírito no que não é meio próximo e legítimo para a união com Deus como o é a fé, poderia ser mui facilmente enganada pelo demônio. Às vezes dificilmente se poderá distinguir quais as palavras ditas pelo espírito bom e quais as provenientes do mau. Como essas palavras formais não deixam muito efeito, mal se pode conhecer a sua procedência; porque não raramente acontece produzirem maior eficácia as palavras do demônio nas pessoas imperfeitas do que as do bom espírito nos espirituais. É necessário, portanto, não se ocupar a alma de tais palavras – venham de onde vierem – nem fazer o que prescrevem. Deverá, antes de tudo, manifestá-las a um confessor prudente, ou a alguma pessoa discreta e douta para que lhe dê doutrina e veja o que convém fazer, com seu conselho; permaneça a alma na renúncia e negação a respeito delas. Se não encontrar um diretor bastante experimentado, será melhor não participá-las a pessoa alguma, sem fazer caso de tais palavras. De outro modo arriscar-se-á a encontrar algumas pessoas que, ao invés de edificarem a alma, antes venham a destruí-la. Porque as almas não

hão de ser dirigidas por qualquer um, pois em tão grave negócio o erro ou acerto é de máxima importância.

6. Tenhamos muita advertência neste ponto: jamais a alma, de sua própria iniciativa, admita ou execute coisa alguma do que lhe dizem aquelas palavras interiores, sem muita ponderação e conselho de outrem. Porque nesta matéria sobrevêm enganos estranhos e sutis; isto acontece tanto que tenho para mim esta convicção: a alma, não sendo inimiga de receber tais comunicações, não poderá deixar de ser enganada, em muitas delas.

7. E como nos capítulos XVII, XVIII, XIX, XX deste livro já tratamos desses enganos e perigos, e também da cautela a tomar para evitá-los, não me estenderei mais agora, remetendo os leitores ao que ali foi explicado. Direi apenas a principal doutrina para essas coisas sobrenaturais: é não fazer caso delas de modo algum.

Capítulo XXXI
Palavras substanciais que se formam interiormente no espírito. Diferença entre estas e as formais. Proveito que nelas encontra a alma e quanta resignação e reverência deve nelas ter.

1. O terceiro gênero de palavras interiores é o das palavras substanciais. Por se imprimirem muito distintamente na alma, são ao mesmo tempo formais. A diferença, porém, entre as palavras formais e estas substâncias estão no efeito vivo e substancial que estas últimas produzem na alma – efeito não observado naquelas. Sendo toda palavra substancial também formal, nem por isso toda palavra formal é substancial, senão somente aquela que, segundo declaramos acima, imprime substancialmente na alma o que significa. Por exemplo, se Nosso Senhor dissesse formalmente a alguma alma: "Sê boa", logo substancialmente seria boa. Ou se dissesse: "Ama-me", no mesmo instante teria e experimentaria em si mesma substância de amor divino. Ou ainda, se a alma estando com grande

temor, Deus lhe dissesse: "Não temas", subitamente teria grande fortaleza e tranquilidade. A Palavra de Deus é cheia de poder (Ecl 8,4), diz-nos o Sábio; obra substancialmente na alma o que exprime. Isto mesmo quis dizer Davi quando exclamou: "O Senhor dará a sua voz, voz de virtude" (Sl 67,34). E assim o fez Deus com Abraão, ao dizer-lhe: "Anda em minha presença e sê perfeito" (Gn 17,1), e na mesma hora Abraão foi perfeito e andou sempre reverente na presença de Deus. No evangelho vemos o poder dessa palavra divina com a qual o mesmo Senhor sarava os enfermos e ressuscitava os mortos simplesmente por dizê-la. Assim são as palavras substanciais com que Ele favorece a certas almas; são de tão grande valor e importância que lhes comunicam vida, virtude e dons incomparáveis; porque uma só palavra dessas faz mais bem à alma do que tudo quanto haja feito em toda a sua vida.

2. Acerca de tais palavras, a alma nada tem a fazer, nem querer nem não querer; não deve rejeitar nem deve temer. Não tem de executar o que dizem essas palavras substanciais, pois jamais Deus as diz para que a alma as ponha por obra; senão para Ele mesmo as realizar nela; nisto diferem das formais e sucessivas. Porque não é necessária a vontade da alma para Deus agir, nem a falta de cooperação é obstáculo para a ação divina; portanto, permaneça humilde e resignada a respeito delas. Não tem que rejeitar, pois o seu efeito fica impresso na alma, penetrando-a plenamente daquele bem recebido de modo passivo. Não deve temer engano algum, porque nem o entendimento nem o demônio podem intrometer-se aí. O inimigo não pode causar passivamente aquela operação substancial na alma de modo a imprimir o efeito e hábito de sua palavra, a não ser a mesma alma estando entregue a ele por pacto voluntário; então, dominando-a como senhor, imprime nela os seus efeitos, mas de malícia e não de bem. Como essa alma se une a ele por iniquidade voluntária, pode assim facilmente o demônio nela imprimir os efeitos de seus ditos e palavras em malícia. A experiência nos demonstra que ele importuna mesmo as

almas boas, por meio de poderosas e frequentes sugestões; com muito mais força poderá consumar no mal as perversas. Todavia, efeitos semelhantes aos bons não os pode o inimigo imprimir, por não haver palavras que se possam comparar às de Deus. Todas são como puro nada diante da palavra divina, e o efeito delas é nulo em comparação com o de uma só vinda de Deus. Donde, pelo Profeta Jeremias, exclama o Senhor: "Que comparação há entre a palha e o trigo? Não são as minhas palavras como fogo, e como martelo que parte a pedra?" (Jr 23,28-29). Assim, estas palavras substanciais concorrem muito eficazmente para a união da alma com Deus. Quanto mais interiores, mais substanciais e mais proveitosas são para os que as recebem. Ditosa a alma a quem Deus as dirige! "Fala, Senhor, porque o teu servo ouve" (1Sm 3,10).

Capítulo XXXII
Apreensões que o entendimento recebe sobrenaturalmente por sentimentos interiores. Qual a sua causa. Atitude da alma em relação a elas, para que não a estorvem no caminho da união com Deus.

1. Vamos tratar agora do quarto e último gênero de apreensões intelectuais que, como dissemos, o entendimento pode receber por sentimentos espirituais e se manifestam, muitas vezes, de modo sobrenatural na alma das pessoas espirituais. Classificamo-las entre as apreensões distintas do entendimento.

2. Estes sentimentos espirituais distintos podem ser de duas espécies. A primeira é a dos sentimentos no afeto da vontade; a segunda é a dos sentimentos na substância da alma. Uns e outros variam grandemente em suas formas. Os primeiros, quando provêm de Deus, são muito elevados; os segundos, porém, são altíssimos e trazem à alma imenso bem e proveito; nem ela nem seu diretor podem saber ou entender a causa de onde procedem ou que obras mereceram tais favores. Na rea-

lidade, esses toques divinos não dependem das obras da alma, nem de suas considerações, embora essas constituam boas disposições para recebê-los. Deus gratifica a quem lhe apraz e por motivos que Ele quer. Pode acontecer que uma pessoa se exercite em muitas obras, e Deus não lhe conceda esses toques; a outra, menos exercitada em tais obras, lhos concederá o Senhor, elevadíssimos e em grande abundância. Não é necessário, portanto, estar a alma atualmente ocupada e aplicada às coisas espirituais para Deus lhe conceder esses toques que produzem no íntimo os ditos sentimentos, embora naqueles exercícios esteja em melhor disposição para recebê-los; porque na maior parte das vezes sucedem quando menos se esperam. Uns são distintos e breves; outros, menos distintos e duram mais.

3. Esses sentimentos espirituais, tomados na significação que lhes damos aqui, não pertencem ao entendimento, mas à vontade. Por este motivo, não quero agora tratar deles de propósito; deixo-os para quando tiver de falar da noite e purificação da vontade em suas afeições – o que farei no Livro III. Como, porém, muitas e as mais das vezes desses sentimentos espirituais refluem no entendimento apreensão, notícia e inteligência, convém aqui mencioná-los, só para este fim. Ora, todos eles, quer seja na vontade, quer na substância da alma, quer seja súbitos, duradouros ou sucessivos, produzem, como já disse, no entendimento, uma apreensão de notícia ou inteligência que costuma ser uma subidíssima e saborosíssima ciência experimental de Deus, à qual não se pode dar denominação alguma, como ainda menos ao sentimento donde provém. São essas notícias de grande variedade, sendo mais ou menos elevadas e luminosas, conforme os toques divinos causam os sentimentos de que procedem, e segundo as propriedades destes.

4. Para encaminhar o entendimento nessas notícias à união com Deus pela fé, ensinando a devida cautela, não é preciso gastar aqui muitas palavras. Como os sentimentos de que falamos são produzidos na alma sem trabalho efetivo de sua parte, daí resulta que as notícias deles são igualmente recebidas

de modo passivo no entendimento, isto é, no intelecto que os filósofos denominam "passível", o qual não pode nada de sua parte para receber a notícia. Para não errar, pois, nem impedir o proveito, causado à alma por esses sentimentos, a atitude do entendimento deve ser passiva sem intrometer a sua própria capacidade natural. Porque, como dissemos nas palavras sucessivas, também aqui a atividade do entendimento pode mui facilmente perturbar e desfazer essas delicadas notícias, que são uma saborosa inteligência sobrenatural que o natural não alcança nem pode compreender agindo, mas só passivamente recebendo. Por conseguinte, não há de procurar nem ter vontade de admitir tais notícias, para que o entendimento não vá forjando outras de si mesmo, e o demônio, de sua parte, não tenha entrada com outras numerosas e falsas. O inimigo pode efetivamente agir desse modo, pelos ditos sentimentos, ou introduzir os que lhes são peculiares, na alma que se prende a essas notícias. Permaneça a alma bem humilde, resignada e passiva a respeito delas; uma vez que lhe são dadas passivamente por Deus, Ele as concederá quando for servido, vendo-a humilde e desprendida. Assim não impedirá em si o grande proveito que trazem para a união divina estas notícias ou toques de união, a qual se opera então passivamente na alma.

5. Para qualquer coisa que suceda à alma em relação ao entendimento, encontrar-se-á doutrina e aviso nas classificações já feitas. E ainda quando algum conhecimento pareça diferente e impossível de compreender-se nas ditas divisões, nenhum há que não se possa reduzir a alguma delas, tirando daí doutrina conveniente.

Livro III

Capítulo I
A purificação ou noite ativa da memória e da vontade.
Como deve proceder a alma em relação às apreensões
destas duas potências, a fim de chegar à união com Deus
em perfeita esperança e caridade.

1. Até aqui orientamos a primeira potência da alma, o entendimento, instruindo-o na primeira virtude teologal que é a fé, através de todas as apreensões intelectuais; assim poderá a alma chegar à união com Deus, segundo essa mesma potência, por meio da pureza da fé. Resta-nos agora fazer outro tanto a respeito das outras duas potências, isto é, memória e vontade, purificando-as também em todas as suas apreensões para que, por elas, venha a alma a unir-se com Deus em perfeita esperança e caridade. Será a matéria desenvolvida brevemente neste Livro III. Estando já declarada toda a doutrina sobre o entendimento – receptáculo de todos os objetos apresentados às outras duas potências –, muito se facilita o que temos a dizer daqui por diante, e assim não há necessidade de nos estendermos muito acerca da memória e da vontade. Não é possível, efetivamente, ao espiritual, orientar bem o entendimento na fé, segundo a doutrina já exposta, sem instruir simultaneamente, de passagem, as outras duas potências nas virtudes correspondentes, pois as operações de umas dependem das operações das outras.

2. Para continuar, porém, com o plano começado e para maior clareza, cumpre explicar cada matéria particular e determinadamente. Falaremos, pois, das apreensões próprias de cada potência, primeiramente as da memória. Faremos delas a distin-

ção suficiente ao nosso intento, tomando por norma a mesma divisão de seus objetos: naturais, imaginários e espirituais. A estes objetos correspondem as três espécies de notícias da memória, naturais e sobrenaturais, imaginárias e espirituais[14].

3. Destas notícias trataremos agora, com o favor divino, começando pelas naturais que se referem aos objetos exteriores. Mais adiante explicaremos as afeições da vontade, com que se concluirá este livro da noite ativa espiritual.

Capítulo II
Trata das apreensões naturais da memória. Como a alma há de renunciar a elas para poder unir-se com Deus, segundo esta potência.

1. É necessário ter o leitor em vista, em cada um destes livros, o fim a que nos propomos. De outro modo, poderão surgir em seu espírito muitas dúvidas, tanto sobre o que já dissemos do entendimento como o que diremos agora da memória e mais tarde da vontade. Diante do aniquilamento exigido das potências em suas operações, talvez lhe pareça que destruímos o caminho do exercício espiritual, em vez de construí-lo. Isso seria verdade se quiséssemos instruir aqui apenas os principiantes, aos quais convém dispor-se gradativamente por meio das apreensões discursivas e perceptíveis.

2. Aqui, porém, vamos dando doutrina para a alma adiantar-se na contemplação, até chegar à união com Deus. Para isso hão de ficar atrás e em silêncio todos esses meios e exercícios sensitivos das potências, para Deus, de sua parte, operar na alma a divina união. Eis por que é conveniente continuarmos com o nosso estilo, desembaraçando e esvaziando as potências, privando-as de sua jurisdição natural e operações próprias; só

---

14. *Nota da edição crítica*: Como se vê pela explicação que dá o Santo nos capítulos seguintes, na divisão não entram mais do que três espécies de notícias: naturais, imaginárias e espirituais. As sobrenaturais se referem a todas as partes da tríplice divisão feita.

assim poderá o Senhor ilustrá-las e nelas infundir o sobrenatural, pois sua capacidade natural não logra chegar tão alto, e, enquanto não for posta de lado, só poderá estorvar.

3. É verdade inegável que a alma chega ao conhecimento de Deus, antes, pelo que Ele não é do que pelo que Ele é. Necessariamente, pois, a alma, a fim de unir-se com Deus, há de ir não admitindo e sim negando de modo total e absoluto tudo quanto puder negar em suas apreensões, naturais ou sobrenaturais. Assim faremos agora a respeito da memória, tirando-a de seus limites e modos naturais para elevá-la acima de si mesma, isto é, acima de toda concepção distinta e de toda posse apreensível, em suma esperança de Deus incompreensível.

4. Comecemos pelas notícias naturais: são todas as que a memória pode formar dos objetos dos cinco sentidos corporais, a saber: audição, visão, olfato, paladar e tato; e todas as que, com a ajuda deles, pode formar e conceber. De todas essas notícias e formas se há de desprender e esvaziar a memória, esforçando-se por esquecer a apreensão imaginária que deixam; de tal modo que não lhe fique impressa notícia ou lembrança alguma, mas permaneça vazia e pura, como se jamais houvesse passado por ela, em completo olvido e separação de tudo. Porque a memória jamais chegará à união com Deus sem esse aniquilamento acerca de todas as formas sensíveis. Deus não cai sob forma ou notícia alguma distinta, como dissemos na noite do entendimento; portanto, para unir-se a Ele, a memória há de desprender-se de todas as formas que não são Deus. "Ninguém pode servir a dois senhores", disse Cristo (Mt 6,24). Ora, a memória não pode estar ao mesmo tempo unida a Deus e às formas e conhecimentos particulares. Como Deus não tem imagem nem forma que possa ser compreendida pela memória, mostra a experiência que esta potência, quando a Deus se une, fica como sem forma ou imagem, perdida e embebida em um bem infinito, com grande olvido, sem lembrança de coisa alguma. Porque aquela divina união tira todas as imagens da fantasia, varrendo todas as formas e notícias, enquanto a eleva ao sobrenatural.

5. É notável o que às vezes sucede: ao operar Deus esses toques de união na memória, sente-se de súbito uma espécie de vertigem no cérebro – sede da memória – tão sensível que parece esvair-se a cabeça e perder-se o juízo e os sentidos: isto, ora mais, ora menos, conforme for mais ou menos intenso o toque. Esta união, pois, purifica e separa a memória de todo o criado, e a põe tão alheia a tudo e às vezes tão esquecida de si que precisa de grandes esforços para se lembrar do que quer que seja.

6. De tal maneira é algumas vezes este olvido da memória e suspensão da imaginação – estando a memória unida com Deus – que decorre muito tempo sem a alma perceber nem saber o que então se passou. Fica tão suspensa a imaginação, que não pode a pessoa sentir dor alguma física, mesmo havendo causa para isso: porque sem imaginação não pode haver sentimento, nem por pensamento, pois este, então, não existe. Para Deus operar estes divinos toques de união, deve a alma desprender a memória de todas as notícias apreensíveis. Devemos observar, contudo, que nas almas perfeitas não há mais suspensões; estas são apenas princípio da união em que tais almas já estão consumadas.

7. Tudo isso, dir-me-á alguém, parece bom, mas daí resulta a necessidade de destruir as funções e o uso natural das potências; ora, através desta supressão, o homem desce à categoria dos animais e mesmo mais baixo ainda, pois não mais exercita nem mesmo recorda as necessidades e operações naturais. Deus não destrói a natureza, antes aperfeiçoa-a; a doutrina exposta acima, pelo contrário, tende infalivelmente à destruição, pois ensina o esquecimento dos princípios morais e racionais e de toda operação natural, privando a memória de todos os conhecimentos que são, para ela, o meio de reminiscência.

8. A essa objeção, respondo: quanto mais se vai unindo a memória com Deus, mais vai se aperfeiçoando quanto às notícias distintas – até perdê-las completamente, quando chega a consumar-se no estado de união. Por conseguinte, no começo desta transformação, quando a lembrança das formas e dos conhecimentos se desvanece pouco a pouco na alma, é

impossível esta não ser invadida por grande abstração de todo o criado. Donde cai em muitas faltas a respeito do uso e trato das coisas exteriores. Com a memória totalmente abismada em Deus, não se lembra de comer e beber, nem sabe se viu ou fez isto ou aquilo, se lhe falaram ou não. Mas, uma vez chegada ao hábito da união – que é um sumo bem –, não mais está sujeita a esquecimento destes, quanto à razão moral e natural. Pelo contrário, nas ações convenientes e necessárias tem muito maior perfeição, embora não as faça com o auxílio das formas e dos conhecimentos da memória; chegada à união, estado já sobrenatural, desfalecem de todo as operações da memória e das demais potências, quanto ao seu modo natural, passando estas do limite da natureza ao termo de Deus, que é sobrenatural. A memória, assim transformada em Deus, não pode, pois, receber impressão de formas ou notícias de realidades criadas; as suas operações, como as das outras potências, neste estado, são todas divinas. Por essa transformação das potências em si, Deus as possui como Senhor soberano: é Ele mesmo que as move e governa divinamente, segundo o seu divino espírito e a sua vontade. Desde então, as operações da alma não são distintas, porque são de Deus; e são operações divinas, conforme diz São Paulo: "Quem se une com Deus torna-se um mesmo espírito com Ele" (1Cor 6,17).

9. Donde as operações das almas, unidas a Deus, são do Espírito divino e, por isso mesmo, divinas. Desde logo as suas obras são marcadas pelo cunho da razão e da conveniência perfeita. O Espírito de Deus lhes faz saber ou ignorar o que convém conhecer ou ignorar; recordar com formas ou sem elas, ou esquecer, o que devem; dar afeição ao que merece amor, e não amar o que não é em Deus. E, assim, não é de admirar que, nessas almas, todos os primeiros movimentos e operações das potências sejam divinos, pois se acham transformados em ser divino.

10. Quero trazer alguns exemplos em apoio do que digo. Pede uma pessoa a outra, posta neste estado de união, que a

recomende a Deus; esta última não se lembrará de fazê-lo, pois nenhum vestígio desta recomendação lhe ficará na memória. Entretanto, se convém orar por essa intenção, isto é, querendo Deus receber orações pela tal pessoa, inclinará sua vontade e lhe dará o desejo de interceder por ela. Ao contrário, se Deus não quiser mostrar-se favorável a essa oração, serão inúteis seus esforços: não poderá nem terá vontade de orar, enquanto o Senhor fará com que reze por outras pessoas a quem jamais viu ou conheceu. Só Deus é quem move as potências dessas almas, como já expliquei, para aquelas obras conforme à sua santa vontade e divinos decretos, sem que possam agir de outro modo; e assim as obras e súplicas dessas almas são sempre eficazes. Tais foram as da gloriosíssima Virgem Nossa Senhora, elevada desde o princípio a este sublime estado; jamais teve impressa na alma forma de alguma criatura nem se moveu por ela, mas sempre agiu sob a moção do Espírito Santo.

11. Outro exemplo: uma pessoa deve atender, a tal tempo, a certo negócio necessário, de que não se lembrará de maneira alguma; sem saber como, porém, sentirá na alma um impulso interior que lhe mostrará quando e como deve agir, sem que haja falta.

12. Assim o Espírito Santo ilumina as almas, não somente em ocorrências semelhantes, mas em muitos outros acontecimentos, embora a eles estejam ausentes; age às vezes por formas intelectuais, outras muitas, sem nenhuma forma apreensível, não sabendo as almas de onde lhes vem aquele conhecimento. Quem as instrui é a Sabedoria divina; como essas almas se exercitam em nada saber ou conhecer pelas potências, vêm a saber tudo, conforme dissemos no "Monte", verificando-se a palavra do Sábio: "A própria sabedoria que tudo criou mo ensinou" (Sb 7,21).

13. Talvez me digam que é quase impossível à alma privar e despojar tanto a memória de todas as formas e imagens, segundo as exigências requeridas para atingir grau tão sublime. Porque há aqui duas dificuldades que superam as forças e a ha-

bilidade humana: a primeira é a de desfazer-se da própria natureza, mediante o trabalho natural; a segunda é a de elevar-se e unir-se ao sobrenatural – coisa ainda mais difícil e mesmo, para dizer a verdade, impossível às forças naturais. Respondo que, realmente, só Deus pode colocar a alma neste estado sobrenatural, mas de sua parte ela deve dispor-se e cooperar com a ação divina, à medida das suas próprias forças: e isto pode fazer naturalmente, sobretudo, com o auxílio dado por Deus. Na razão direta de seus progressos no desprendimento de todas as formas e espécies sensíveis, vai o Senhor estabelecendo-a na posse da união, agindo na alma passivamente. Desenvolveremos este assunto na noite passiva do espírito. Assim, quando aprouver a Deus, e segundo as disposições da alma, acabará Ele de dar-lhe o hábito da divina união perfeita.

14. Sobre os divinos efeitos que produz na alma essa união perfeita – seja no entendimento, seja na memória e vontade –, não falaremos nesta noite e purificação ativa, porque não se consuma aqui a divina união. Trataremos deles na noite passiva, mediante a qual se realiza a união da alma com Deus. Agora diremos apenas o modo necessário para entrar a memória ativamente, tanto quanto é possível à sua própria habilidade, nessa noite e purificação. Tenha sempre o espiritual esta cautela: em tudo que vir, ouvir, gostar, cheirar e tocar, não procure fazer arquivo ou presa na memória, mas antes esqueça depressa; e, isso, faça com o mesmo empenho com que outras pessoas procuram lembrar; de maneira que não lhe fique impressa na memória notícia ou figura alguma daquelas coisas, como se jamais houvessem existido no mundo; deixe a memória livre e desembaraçada, sem prendê-la a qualquer consideração, do céu ou da terra, perdida em um total olvido, como se não tivesse memória, e como sendo obstáculo para a união; pois tudo o que é natural antes estorva que ajuda, quando se quer usar dele para o sobrenatural.

15. Se as dúvidas surgidas a respeito do entendimento ainda se apresentassem aqui – isto é: a alma nada faz, perde tempo e se priva dos bens espirituais provindos do exercício da

memória –, já respondi a tudo, quando tratei da primeira potência, e voltarei à matéria mais adiante, na noite passiva; não há, portanto, razão para nos determos aqui. Queremos somente advertir que, pelo fato de não sentir logo a alma o proveito dessa suspensão de notícias e formas, não há de desanimar; Deus não deixará de acudir em seu tempo. E para alcançar tão grande bem é muito conveniente esperar e sofrer com paciência e confiança.

16. Na verdade, é raro encontrar alma movida em tudo e em todo tempo por Deus, e tão inseparavelmente unida ao Senhor que, sem nenhuma forma apreensível, estejam suas potências sempre sob a ação do Espírito Santo. Todavia, algumas há muito ordinariamente movidas por Deus em suas operações, e não são elas que se movem, segundo a expressão de São Paulo: "Os filhos de Deus", isto é, os transformados em Deus e a Ele unidos, "são movidos pelo Espírito de Deus" (Rm 8,14), isto é, movidos a divinas obras em suas potências. Não é de admirar que, sendo divina a união da alma, suas operações também o sejam.

Capítulo III
Três espécies de danos aos quais se expõe a alma não fechando os olhos às notícias e aos discursos da memória. Fala do primeiro dano.

1. A três espécies de danos ou inconvenientes se expõe o espiritual querendo usar dos conhecimentos da memória para se aproximar de Deus ou para qualquer outro fim. Dois desses danos são positivos e o terceiro é privativo. O primeiro resulta do contato com as coisas deste mundo, o segundo procede do demônio e, afinal, o último – que é privativo – resulta do impedimento e estorvo que as ditas notícias causam à união divina.

2. O primeiro dano, que é da parte do mundo, consiste em ficar a alma exposta a muitos perigos provenientes das notícias e discursos da memória. Estes perigos são: ilusões, imperfeições, apetites, juízos, perda de tempo e muitas outras coisas

que trazem à alma grande número de impurezas. Abrir a porta a essas notícias e discursos é, evidentemente, cair em numerosos erros, expondo-se a tomar frequentemente o verdadeiro pelo falso e o certo pelo duvidoso, e vice-versa; pois mal podemos conhecer profundamente uma só verdade. O preservativo contra todos esses perigos é obscurecer a memória quanto ao exercício natural dos seus conhecimentos.

3. A memória também traz à alma, a cada passo, imperfeições, tudo quanto recebe por meio dos sentidos exteriores que excitam nela diversas impressões de dor, medo, ódio, vã esperança, alegria ou gozo, vanglória etc. Esses diferentes movimentos são, no mínimo, imperfeições e, algumas vezes, pecados veniais manifestos, que mui sutilmente mancham a alma, mesmo quando as notícias e os raciocínios são acerca de Deus. Tais notícias, é claro também, geram na alma apetites, pois nascem estes naturalmente daquelas; aliás, só o desejo de as ter já é um apetite. Muitos juízos também há de formar, pois não pode deixar de tropeçar com a memória em bens e males alheios, em que às vezes o mal parece bem e o bem parece mal. Ninguém, a meu ver, poderá livrar-se perfeitamente desses danos, senão cegando e obscurecendo a memória em tudo.

4. Se me objetarem que bem poderá o espiritual triunfar dessas dificuldades à medida que se apresentarem, respondo ser absolutamente impossível vencê-las todas enquanto quiser alimentar a memória com notícias. Delas decorrem mil imperfeições e impertinências, algumas tão sutis e delicadas que por si mesmas, sem que a alma o perceba, a ela se pegam, como o piche a quem o toca. O meio mais seguro é vencer o mal pela raiz, e esvaziar a memória de todas as coisas sensíveis. Mas, replicarão, a alma se priva assim de muitos bons pensamentos e piedosas considerações que lhe seriam de grande utilidade para dispô-la a receber os favores divinos. Respondo: para tal, muito mais aproveita a pureza da alma, isto é, estar livre de qualquer afeição de criatura ou coisa temporal, ou lembrança voluntária delas; do contrário, não deixará de ficar manchada

pela imperfeição natural ao exercício das potências. O melhor, portanto, é aprender a conservar em silêncio as ditas potências, fazendo-as calar para que Deus fale. Para chegar ao estado de união é necessário perder de vista as operações naturais; e só poderá consegui-lo quando, conforme a palavra do profeta, entrar a alma na solidão, segundo suas potências, e lhe falar Deus ao coração (Os 2,14).

5. Talvez ainda me digam: se a memória não considerar e discorrer sobre Deus, a alma não adquirirá bem algum espiritual, e irão logo penetrando nela muitas distrações e tibiezas. A isso respondo: se a memória rejeitar simultaneamente as coisas espirituais e as temporais, é impossível ter distrações ou lembranças importunas, ou ainda pecados e vícios, pois tudo isso sempre entra por vagueação da memória; donde, na renúncia de tudo, não tem como nem por onde entrar. Expor-se-ia às distrações se, fechando a porta às considerações e aos discursos espirituais, a abrisse aos pensamentos terrestres, mas aqui a memória se cerra a tudo que poderia trazer tais pensamentos, permanecendo calada e muda; só o ouvido do espírito, em silêncio, escuta a Deus, dizendo com o profeta: "Fala, Senhor, porque o teu servo ouve" (1Sm 3,10). O esposo dos Cantares declarou que assim seria a sua esposa: "Minha irmã é um jardim fechado e uma fonte selada" (Ct 4,12), isto é, nada do que é criado nela pode penetrar.

6. Portanto, permaneça a alma recolhida sem cuidado e sem pena. Aquele que entrou corporalmente no Cenáculo, fechadas as portas, a visitar os discípulos e dar-lhes a paz, sem que soubessem nem imaginassem como tal pudesse acontecer, entrará também espiritualmente nessa alma, sem que ela saiba como nem coopere para isso; basta-lhe ter fechadas as portas das potências, memória, entendimento e vontade, a todas as apreensões; e o Senhor tudo encherá com sua paz divina, declinando sobre ela, no dizer de Isaías, como um rio de paz, tirando-lhe todos os receios, dúvidas, perturbações e trevas que antes a faziam temer se estava ou ia perdida (Is 48,18). Não perca o cuidado de orar e espere, em desnudez e vazio, que não tardará seu bem.

Capítulo IV
Do segundo dano que o demônio pode causar à alma por meio dos conhecimentos naturais da memória.

1. O segundo dano positivo que a alma pode encontrar nas notícias da memória vem da parte do demônio; e neste ponto tem o inimigo grande entrada: pode acumular, nessa potência, formas, notícias e discursos imaginários; e por tais meios provocar movimentos de orgulho, avareza, inveja, cólera etc., e também ódio injusto, amor vão e, enfim, de muitas maneiras enganar a alma. Além disso, costuma ele fixar tão fortemente os objetos na fantasia que o falso parece verdadeiro, e vice-versa. Em uma palavra, todas as ilusões e todos os males causados pelo demônio entram na alma pela porta das notícias e formas apreendidas pela memória. Se esta potência, pois, se obscurece em todas as apreensões, e se aniquila em completo esquecimento, fecha completamente a porta aos enganos do inimigo, livrando-se de todos os inconvenientes, o que é grande bem. O demônio nada pode fazer na alma senão por intermédio das operações das potências, principalmente com o auxílio das notícias das quais dependem quase todos os atos da inteligência e da vontade. Se a memória renuncia à sua atividade natural, nada mais é possível ao demônio, pois não acha ele por onde entrar, e assim nada poderá fazer.

2. Quisera eu reconhecessem as pessoas espirituais quantos danos lhes causa o inimigo por meio da memória quando querem usar dela: quantas aflições, tristezas e vãs alegrias põe em suas relações com Deus ou com o mundo, e quantas impurezas lhes arraiga no espírito. O demônio as afasta e distrai do sumo recolhimento, que consiste em ocupar toda a alma segundo as suas potências no único Bem supremo e incompreensível, tirando-a de todas as coisas apreensíveis que não são este sumo Bem. E mesmo quando não fosse tão grande o lucro deste despojamento e vazio, como o é para a alma recolher-se em Deus, já lhe seria de imenso proveito livrar-se de numerosas aflições, tristezas e penas, e, mais ainda, de imperfeições e pecados.

Capítulo V
Terceiro dano que as notícias distintas e naturais da memória causam à alma.

1. As apreensões naturais da memória causam ainda à alma um terceiro dano, privativo: estorvam nela o bem moral e privam-na do espiritual. Para compreender primeiro como tais apreensões são obstáculos ao bem moral é preciso dizer que este consiste no domínio das paixões e freio dos apetites desordenados, trazendo, em consequência, ao espírito tranquilidade, paz, sossego e as virtudes morais. Ora, essas rédeas e freio não podem ser mantidos se a alma não esquece e aparta de si todos os objetos que produzem as afeições; e as perturbações que nelas encontra sempre nascem das apreensões da memória. Olvidando tudo, não há mais motivo para perder a paz, nem ter apetites, pois, como dizem, o que os olhos não veem, o coração não sente.

2. Temos a cada momento experiência disso. Cada vez que a alma se põe a imaginar, fica alterada ou movida, mais ou menos, acerca daquilo que pensa e conforme a apreensão que tem; se é coisa triste e penosa, ficará triste; se agradável, tirará dali apetite e gozo etc. Assim, forçosamente há de achar a alma perturbação na mudança daquelas apreensões passando por alternativas de alegrias, pesares, ódio, amor; não pode permanecer estável em um só sentimento – que é o efeito da tranquilidade moral –, enquanto não procura olvidar tudo. Logo, as notícias impedem muito na alma o bem das virtudes morais.

3. Claramente se prova, pelo que estamos dizendo, como as apreensões que embaraçam a memória estorvam o bem espiritual. Pois a alma agitada, não estando solidamente estabelecida no bem moral, não tem capacidade para o bem espiritual, que só se imprime no espírito moderado e posto em paz. Mais ainda: se ela faz caso de coisas apreensíveis – como são as notícias da memória –, apegando-se a elas, não está livre para Deus, que é incompreensível, pois é certo não poder a alma ocupar-se em mais de uma coisa ao mesmo tempo. Para chegar a Deus, há de ir antes não compreendendo que compreendendo, isto é, há de trocar o comutável e compreensível pelo incomutável e incompreensível.

Capítulo VI
Proveitos proporcionados à alma pelo olvido e vazio de todos os pensamentos e notícias naturais da memória.

1. Pelos danos que, segundo declaramos, recebe a alma nas apreensões da memória, podemos coligir os proveitos contrários que o esquecimento e vazio dessas apreensões costumam trazer; pois, como dizem os filósofos, a mesma doutrina sobre um contrário serve para o conhecimento do outro. Em oposição ao primeiro dano, o primeiro desses proveitos consiste na tranquilidade e paz interior de que goza o espírito, pela carência de agitação e perturbação oriunda das ideias e notícias da memória, e, consequentemente, experimenta também o proveito ainda maior da pureza de consciência e de alma. Este estado dispõe admiravelmente para a aquisição da sabedoria humana e divina, e para a prática das virtudes.

2. Contrariamente ao segundo dano, o proveito é ver-se a alma livre de muitas sugestões, tentações e movimentos que o inimigo insinua por meio dos pensamentos e imagens, fazendo-a cair em numerosas imperfeições e até pecados, segundo as palavras de Davi: "Cogitaram e falaram maldade" (Sl 72,8). Portanto, rejeitados todos esses pensamentos, o demônio não tem meios para atacar o espírito por via natural.

3. Evitando o terceiro dano, o proveito consiste na disposição em que a alma se põe, mediante este olvido e recolhimento de tudo, para ser movida e ensinada pelo Espírito Santo. Diz o Sábio que o Espírito de Deus se aparta dos pensamentos afastados da razão (Sb 1,5). Ainda mesmo que não houvesse para o homem outro proveito senão de livrar-se de penas e aflições neste esquecimento e vazio da memória, já lhe seria este de grande benefício e vantagem. Efetivamente, os sofrimentos e as agitações que as coisas e os sucessos produzem na alma de nada servem, nem melhoram essas mesmas coisas e sucessos; ao contrário, agravam-nos e prejudicam a própria alma. Davi diz, nesse sentido: "Todo homem em vão se perturba" (Sl 38,7). Decerto sempre é inútil a perturbação, pois nunca

traz proveito. Ainda que tudo se acabe e se desmorone, e os fatos aconteçam adversamente e ao contrário do que esperamos, de nada adianta a nossa inquietação; antes, com isso, se avultam os males, em vez de serem remediados. A igualdade de ânimo, com paz e tranquilidade, não só enriquece a alma de imensos bens, como também ajuda muito a julgar com melhor acerto nas adversidades, dando-lhes o remédio conveniente.

4. Tinha Salomão a experiência dessas vantagens e desses danos quando disse: "E eu reconheci que nada havia melhor do que alegrar-se o homem, e fazer bem enquanto lhe dura a vida" (Ecl 3,12). Por aí nos faz compreender que, em todas as circunstâncias, por mais adversas que sejam, devemos antes nos alegrar do que nos perturbar, para não perdermos o maior dos bens, isto é, a tranquilidade e o sossego do espírito, tanto nos reveses como nas prosperidades, conservando igualdade de ânimo. Jamais o homem perderia essa paz interior se de uma parte se aplicasse a esquecer todas as notícias e a deixar todas as suas ideias particulares; e se, de outra, se apartasse, quanto possível, de ouvir e ver e tratar com o mundo. A nossa natureza humana é tão facilmente inclinada a cair que, embora bem exercitada na virtude, mal poderá deixar de tropeçar com a memória na perturbação e agitação de ânimo, perdendo a paz e tranquilidade de que gozara no olvido de tudo. Isso quis dizer Jeremias: "Com memória me lembrarei, e a minha alma desfalecerá de dor" (Lm 3,20).

Capítulo VII
Do segundo gênero de apreensões da memória, isto é, imaginárias, e notícias sobrenaturais.

1. A doutrina sobre as apreensões naturais aplica-se também às imaginárias da mesma ordem. No entanto, convém estabelecer aqui esta divisão por causa de outras formas e notícias que a memória guarda em si de coisas sobrenaturais, tais como visões, revelações, palavras e sentimentos, recebidos por via sobrenatural. Quando comunicados à alma, deixam,

de ordinário, impressas na memória, ou na imaginação, formas, imagens e figuras, às vezes muito vivas e eficazes. É bom precaver-se a esse respeito, a fim de que a memória não encontre aqui obstáculos capazes de impedir a união com Deus em esperança pura e perfeita.

2. Ora, para obter esse bem, a alma jamais deve refletir sobre as coisas claras e distintas já recebidas por via sobrenatural, com o fim de conservar em si as formas, figuras e notícias. Tenhamos sempre presente este princípio: quanto mais a alma se prende a uma distinta e clara apreensão natural ou sobrenatural, menos capacidade e disposição tem para entrar no abismo da fé, onde tudo é absorvido. Com efeito, nenhuma forma ou notícia sobrenatural impressa na memória é Deus; e a alma para ir a Deus há de renunciar a tudo quanto não é Ele. A memória, pois, precisa desfazer-se de todas essas formas e notícias para se unir com Deus na esperança. Toda posse é contra a esperança, porque, como diz São Paulo, a esperança é do que não se possui (Hb 11,1). Assim a alma, quanto mais despoja a memória, tanto mais espera; e quanto maior é sua esperança, tanto maior sua união com Deus, porque, em relação a Deus, quanto mais espera, tanto mais alcança. E mais espera, quanto mais despojada está; quando totalmente o estiver, possuirá perfeitamente a Deus, na união divina. Não obstante essa verdade, há muitos que não querem renunciar à doçura e satisfação das lembranças distintas, e por isso não chegam à suma posse e total suavidade do Senhor; porque, quem não renuncia a tudo que possui, não pode ser seu discípulo (Lc 14,33).

Capítulo VIII
Danos causados à alma que se detém nas apreensões sobrenaturais. – Quantos são.

1. O espiritual se expõe a cinco gêneros de danos ao fixar a atenção sobre as notícias e imagens, recebidas sobrenaturalmente, e que se lhe imprimem na memória.

2. O primeiro é enganar-se muitas vezes tomando uma coisa por outra. O segundo é expor-se à presunção ou à vaidade. O terceiro vem da facilidade que o demônio tem de enganar a alma por meio dessas apreensões. O quarto é impedir a união com Deus pela esperança. Afinal, o quinto faz com que frequentemente se julgue a Deus de um modo baixo e imperfeito.

3. Quanto ao primeiro dano, é evidente que o espiritual se expõe a formar muitas vezes juízos errôneos quando se detém com reflexão nessas formas e notícias. Ninguém pode saber a fundo tudo que se passa naturalmente em sua imaginação, nem disso formar juízo seguro e completo; e muito menos dar justo valor aos fatos sobrenaturais, muito mais raros e acima de nossa capacidade. Aí está por que amiúde pensará que tais ou tais coisas vêm de Deus, e serão apenas obras da própria fantasia. Outras vezes, imputará ao demônio o que é dado por Deus, ou vice-versa. Com mais frequência ainda, acontecerá que certas formas, ou notícias, se lhe gravarão profundamente na memória, de males ou bens, alheios ou próprios, e outras figuras que se lhe representam; tê-las-á em conta de verdadeiras, quando na realidade são mui falsas. Ainda lhe acontecerá julgar as verdadeiras como falsas, porém isto é mais seguro, porque costuma proceder de humildade.

4. Enfim, mesmo não se enganando sobre a verdade das coisas, a alma poderá enganar-se quanto à qualidade e importância delas, tendo em muito o pouco, e em pouco o muito; ou estimando ser fatal ou tal o que tem na imaginação, quando nada é; e dando, como disse Isaías, às trevas o nome de luz e à luz o nome de trevas; tomando o amargo pelo doce, e o doce pelo amargo (Is 5,20). Em uma palavra, se acertar em um ponto, será difícil não se enganar em outro. Ainda que não queira ajuizá-lo, bastará estimá-lo e dar-lhe atenção para, ao menos passivamente, cair em algum dano, se não deste gênero, ao menos de um dos outros quatro que breve declararemos.

5. Para evitar os erros do próprio juízo, convém ao espiritual não querer refletir no que recebe em si, para saber qual

foi tal ou tal visão, notícia ou sentimento, nem fazer caso dessas comunicações. Só se ocupe delas para dar conta ao diretor espiritual, a fim de que este lhe ensine a esvaziar a memória de todas aquelas apreensões. Porque tudo quanto são em si mesmas não contribui tanto para aumentar o amor de Deus na alma, como o menor ato de fé viva e esperança, feito na desnudez e renúncia total.

Capítulo IX
Do segundo gênero de danos, isto é, do perigo de se deixar levar pela estima própria e vã presunção.

1. As apreensões sobrenaturais recebidas pela memória são também para os espirituais perigosa ocasião de caírem em alguma presunção ou vaidade, quando a elas se apegam e as estimam. Está livre desse vício quem não as recebeu, pois não vê em si motivo de presunção; porém quem as recebe facilmente será levado a pensar que é alguma coisa, pelo fato de ter aquelas comunicações sobrenaturais. Embora, na verdade, possam atribuí-las a Deus, e dar-lhe fervorosas ações de graças, reconhecendo-se indignos dessas mercês, contudo, costuma ficar no espírito certa satisfação e estima oculta e, daí, imperceptivelmente, nasce muita soberba espiritual.

2. Esta soberba se manifesta pelo desgosto e afastamento em relação a quem não lhes louva o espírito, nem tem em grande apreço as graças extraordinárias; e, também, pelo pesar que sentem, quando imaginam ou sabem que outras pessoas recebem comunicações semelhantes ou mais elevadas. Tudo isso procede da secreta estima e vã complacência, e aquelas almas não acabam de entender como estão metidas na soberba até os olhos. Pensam ser suficiente certo conhecimento da sua miséria, e, juntamente com isto, estão cheias de secreta satisfação e estima de si mesmas; julgam-se melhores e mais favorecidas de bens espirituais do que os outros, como o fariseu que dava graças a Deus por não ser como os demais homens, e por ter tais e tais virtudes, estando na verdade cheio de presunção e

vã complacência (Lc 18,11-12). Embora não se exprimam de modo tão formal como este fariseu, conservam, comumente, boa opinião de si. Algumas se tornam, em consequência desse excesso de orgulho, piores do que o demônio. Como descobrem em si algumas apreensões e sentimentos suaves e devotos, que julgam vindos de Deus, ficam por isto satisfeitas e, acreditando-se muito unidas a Ele, desprezam as outras almas que não têm aqueles sentimentos, formando delas baixa opinião, a exemplo do fariseu.

3. Para evitar dano tão pestilencial e abominável aos olhos do Senhor, duas considerações são necessárias. Primeira: a virtude não consiste nas apreensões e sentimentos de Deus, por sublimes que sejam, nem em nada de semelhante que se possa experimentar interiormente. Ao contrário, a virtude está no que não se sente, isto é, em humildade profunda e grande desprezo de si mesmo e de tudo quanto é nosso, bem arraigado na alma; e em gostar de que todos a tenham em nenhuma conta, não querendo valer coisa alguma em coração alheio.

4. Segunda: o espiritual deve advertir que as visões, revelações, sentimentos celestes, e tudo quanto pode imaginar de mais elevado, não valem tanto como o menor ato de humildade. Esta virtude produz efeitos idênticos aos da caridade, que não estima seus interesses, nem os procura, nem julga mal senão de si; não estima suas próprias obras, mas só as do próximo. Convencidas, pois, disso, não queiram as almas encher os olhos dessas apreensões sobrenaturais, mas procurem olvidá-las para adquirir a verdadeira liberdade.

Capítulo X
Do terceiro dano ocasionado à alma da parte do demônio pelas apreensões imaginárias da memória.

1. Pela doutrina acima dada, pode-se avaliar e compreender bem os prejuízos que resultarão à alma nestas apreensões sobrenaturais por parte do demônio. Com efeito pode o inimigo

representar na memória e na imaginação muitas imagens e notícias falsas, de aparência boa e verdadeira; e as imprime com tanta eficácia e força, por sugestão, no espírito e no sentido que a alma não pode senão pensar que aquilo é assim como lhe é mostrado. Transformado em anjo de luz, fá-la crer que está na luz. Até nas comunicações verdadeiras da parte de Deus pode o demônio intrometer-se, tentando a alma de muitas maneiras e movendo desordenadamente os apetites e os afetos, quer espirituais, quer sensíveis, a respeito daquelas apreensões. Se a alma gostar dessas coisas, é muito fácil ao inimigo aumentar os apetites e afetos, precipitando-a na gula espiritual e em muitos outros males.

2. Para melhor realizar seus maus intentos, costuma ele envolver as comunicações divinas em doçura, deleite e sabor sensíveis, a fim de que a alma, melosa e fascinada com esta suavidade, fique cega e repare mais no sabor do que no amor; ou ao menos não tanto no amor. O demônio a inclina a preferir as comunicações sobrenaturais à desnudez e vazio da fé, esperança e amor de Deus. Assim, pouco a pouco, vai ele enganando-a e com grande facilidade lhe faz crer em suas mentiras. Cega, o falso não mais se lhe afigura falso; o mal já não lhe parece mal, as trevas se lhe afiguram como sendo luz, e a luz trevas. Daí cai em mil absurdos no tríplice ponto de vista da vida natural, moral e espiritual. E o que era vinho transforma-se em vinagre. Tudo veio da sua negligência em renunciar desde o começo ao gosto das comunicações sobrenaturais. Como no princípio era coisa pouca, ou não era tão má, não tomou cuidado e deixou crescer esse pouco, como o grão de mostarda que, rapidamente, se torna grande árvore. Como se diz, um erro, a princípio leve, torna-se muito grande no fim.

3. Para fugir deste grande dano causado pelo demônio importa muito à alma não se comprazer nos bens sobrenaturais, pois, do contrário, irá certissimamente ficando cega e caindo. É próprio do prazer e do deleite cegar, por si mesmo, a alma, sem ajuda do demônio. É o sentimento de Davi quando diz em um dos seus salmos: "Porventura, nas minhas delícias, me cegarão as trevas; e para minha luz, abraçarei a noite" (Sl 138,11).

Capítulo XI
Do quarto dano que as apreensões distintas e sobrenaturais da memória podem causar à alma: consiste em impedir a união divina.

1. Não há muito a dizer sobre o quarto dano, porquanto tem sido esta questão declarada a cada passo, neste Livro III, no qual provamos como a alma, para se unir com Deus em esperança, deve renunciar a toda posse da memória. A esperança de Deus só pode ser perfeita sob condição de banir-se da memória tudo que não seja Deus. Como dissemos também, nenhuma forma ou figura, nem imagem alguma natural ou sobrenatural, ou qualquer apreensão da memória, seja celeste ou terrestre, é Deus ou semelhante a Deus. Assim nos ensina Davi nestas palavras: "Não há semelhante a ti entre os deuses, Senhor" (Sl 85,8).

2. Por conseguinte, querer a memória conservar alguma apreensão dessas é obstáculo para a união com Deus: primeiro, porque se embaraça e, depois, porque, quanto mais posse tiver, menos esperança terá. Logo, é necessário que a alma fique completamente olvidada e desprendida das formas e notícias distintas de coisas sobrenaturais, para não impedir a união da memória com Deus, em perfeita esperança.

Capítulo XII
Do quinto dano causado à alma pelas formas e apreensões imaginárias sobrenaturais, que é julgar baixa e impropriamente a Deus.

1. Não é dos menores o quinto dano a que se expõe a alma ao querer reter na memória e imaginação as formas e figuras das coisas que lhe são comunicadas sobrenaturalmente, sobretudo se as quer tomar como meio para a união divina. É muito fácil julgar o ser e a majestade de Deus de modo menos digno e elevado do que convém à sua incompreensibilidade. Embora a alma, com a razão e o juízo, não faça conceito expresso de que Deus seja semelhante a alguma dessas representações, to-

davia, quando as tem em alta conta, a mesma estima impede de julgar e apreciar a Deus tão elevadamente como ensina a fé, a qual nos diz ser Ele incomparável, incompreensível etc. De fato, além de tirar de Deus tudo o que põe nas criaturas, a alma, por causa da estima daquelas coisas apreensíveis, estabelece interiormente certa comparação entre Deus e elas, que não a deixa julgar nem estimar a Ele tão altamente como deve. Todas as criaturas, celestes ou terrestres, e todas as notícias e imagens distintas, naturais e sobrenaturais, apreendidas pelas potências da alma, por mais elevadas que sejam neste mundo, não têm proporção alguma nem podem ser comparadas com o ser divino; porquanto Deus não está contido sob gênero ou espécie, como as criaturas, segundo ensinam os teólogos. Ora, a alma, nesta vida terrena, é incapaz de possuir conhecimento claro e distinto a não ser do que se compreende sob gênero ou espécie. Nesse sentido afirma São João: "Ninguém jamais viu a Deus" (Jo 1,18). E o Profeta Isaías declara que o coração humano jamais compreendeu como seja Deus (Is 64,4). O próprio Deus disse a Moisés que não o poderia ver nesta vida (Ex 33,20). Portanto, quem embaraça a memória e as demais potências com as coisas compreensíveis não pode ter de Deus o sentimento e a estima convenientes.

2. Estabeleçamos esta simples comparação: uma pessoa que, na presença do rei, prestasse atenção aos servos, estimá-lo-ia em pouco, e quanto mais reparasse neles, menos importância daria ao mesmo rei. E, embora não tivesse intenção formal e determinada de faltar à devida consideração para com ele, faltaria com as obras, pois a honra prestada aos servos seria tirada ao rei: não teria em mui alta conta a majestade real, pois na sua presença fazia caso dos servos. Assim faz a alma com seu Deus quando presta atenção às criaturas. Esta comparação é ainda muito imperfeita, porque incomensurável distância separa o ser infinito de Deus do ser finito das criaturas. Todas estas, portanto, hão de ficar perdidas de vista, e em nenhuma lembrança deve a alma pôr os olhos, para poder fixá-los em Deus pela fé e esperança.

3. Caem em grave erro os que, além de fazer caso dos conhecimentos imaginários, pensam que Deus é semelhante a qualquer deles e ainda julgam poder chegar por eles à união divina. Estes tais sempre irão perdendo a luz da fé – único meio para o entendimento se unir com Deus; deixarão igualmente de crescer na esperança, que é, por sua vez, também o meio para a memória se unir com Deus pelo despojamento de tudo que é imaginário.

Capítulo XIII
Dos proveitos que a alma tira em apartar de si as apreensões da imaginação. Resposta a uma objeção. Diferença entre as apreensões imaginárias, naturais e sobrenaturais.

1. Os proveitos provenientes do despojar a imaginação das formas imaginárias facilmente podem ser deduzidos dos cinco danos já mencionados, produzidos na alma quando as quer conservar, conforme já explicamos a propósito das formas naturais. Além desses proveitos, há outros de sumo descanso e quietação para o espírito. Sem falar da paz que naturalmente a alma goza estando vazia de imagens e formas, ademais fica livre do cuidado de examinar se são boas ou más, ou qual deve ser a sua atitude em relação a umas e outras; não precisa de trabalho e perder tempo com os mestres espirituais para discernir a qualidade ou gênero delas. Tudo isso é desnecessário querer saber, pois de nenhuma imagem ou forma há de fazer caso. Assim, os esforços e o tempo que deveria gastar em tais inquirições pode muito bem empregar em outro melhor e mais proveitoso exercício: o de ordenar a vontade para Deus, procurando cuidadosamente a desnudez e pobreza do espírito e do sentido, que consiste em querer deveras carecer de todo apoio e consolação apreensível, tanto interior como exterior. Neste desapego se exercita muito a alma quando se determina e procura desprender-se de todas essas formas, e daí tirará o imenso

proveito de aproximar-se de Deus – que não tem imagem, figura ou forma. E tanto mais dele se aproximará quanto mais se alhear de todas as formas, imagens e figuras da fantasia.

2. Mas talvez alguém me objete: por que então muitos mestres espirituais aconselham às almas que procurem aproveitar-se das comunicações e dos sentimentos de Deus, e as induzem a desejar tais coisas, a fim de ter o que dar-lhe em troca? Pois, afinal, se Deus não nos der primeiro, nada teremos para oferecer-lhe de nossa parte? E não disse São Paulo: "Não extingais o Espírito"? (1Ts 5,19). E o Esposo à Esposa: "Põe-me a mim como selo sobre o teu coração, como selo sobre o teu braço"? (Ct 8,5). Tudo isso, a doutrina acima nos ensina a não procurar, e até a rejeitar, mesmo quando Deus no-lo envia. No entanto, está fora de dúvida que, se no-lo dá, para bem da alma é que o concede, e bom resultado trará. Não havemos de jogar fora pérolas; e não seria ainda uma espécie de orgulho não querer admitir as graças de Deus, como se nos pudéssemos valer sem elas e por nós mesmos?

3. Em grande parte já foi esta objeção resolvida nos capítulos XV e XVI do Livro II[15]. Demonstramos ali como o bem que resulta na alma, dessas apreensões sobrenaturais, quando vêm de Deus, passivamente se opera no mesmo instante em que se representam ao sentido, sem cooperação alguma das potências. Consequentemente, não é preciso que a vontade consinta em admitir; ao contrário, se quiser agir com as potências, longe de tirar proveito do seu exercício, com a sua operação natural e grosseira impedirá o efeito sobrenatural que por meio dessas apreensões opera Deus nela. A substância das apreensões imaginárias lhe é comunicada de maneira passiva; e assim passivamente deve a alma recebê-la, sem nenhuma intervenção interior ou exterior de sua parte. Isto, sim, é conservar os sentimentos de Deus, não os perdendo pela imperfeição e grosseria da operação pessoal; é também não extinguir o es-

---

15. Caps. XVI e XVII.

pírito; porque, em verdade, extingui-lo-ia se quisesse proceder de modo diferente do que Deus quer. Assim faria a alma, se, ao dar-lhe o Senhor passivamente o espírito – como faz nessas apreensões –, pretendesse ela intervir com a ação pessoal do entendimento e da vontade. É evidente: se a alma quiser por força agir, sua obra não passará além do natural, pois é incapaz de se elevar por si mesma a maior altura. No sobrenatural, já não é a alma que se move nem se pode mover, mas é somente Deus, com sua divina moção, quem aí a põe. Querer então agir a mesma alma, de sua parte, é impedir com sua obra ativa a comunicação passiva de Deus, isto é, o espírito; é deter-se no próprio trabalho, de outro gênero e bem inferior à obra divina, pois esta é passiva e sobrenatural, e aquela, ativa e natural. Isto seria extinguir o espírito.

4. É evidente também que a ação própria da alma é ainda mais baixa, pois a capacidade ordinária e natural das potências não se pode exercer senão sobre formas, figuras ou imagens, que são apenas como a casca e acidente sob os quais estão ocultos a substância e espírito. Esta substância e espírito não se comunica às potências da alma, por verdadeira inteligência e amor, senão quando cessa a operação delas. O fim e objeto de tal operação é precisamente tornar a alma capaz de receber em si a substância conhecida e amada das coisas encobertas sob aquelas formas. Ora, entre a operação ativa e a passiva existe a mesma diferença e vantagem que entre o que atualmente se faz e o já feito, ou entre o fim por atingir e o já alcançado. Querer a alma empregar ativamente as potências nas apreensões sobrenaturais em que Deus comunica passivamente o espírito nelas contido é como recomeçar um trabalho já terminado; não gozaria da obra já feita nem conseguiria tornar a fazê-la, impedindo com este inútil esforço o proveito a encontrar na obra acabada. Porque, repetimos, não podem as operações das potências chegar por si mesmas ao espírito que Deus infunde na alma sem o exercício delas. Seria, portanto, extinguir o espírito comunicado por essas apreensões imaginárias, se delas a alma

fizesse caso; deve, pois, renunciar a elas e manter-se em atitude passiva. Deus então moverá a alma a muito mais do que ela seria capaz de imaginar ou de alcançar. Por isso disse o profeta: "Estarei de pé no lugar da minha sentinela e permanecerei firme sobre as fortificações, e pôr-me-ei alerta para ver o que se me diga" (Hab 2,1). Como se dissesse: "Conservar-me-ei de pé e imóvel sobre a fortaleza das minhas potências; não darei passo algum à frente por minhas próprias operações e, assim, poderei contemplar e saborear tudo o que me for comunicado sobrenaturalmente".

5. Quanto à passagem dos Cânticos, alegada na objeção precedente, refere-se ao amor do Esposo pela Esposa; ora, é próprio do amor assimilar entre si os que se amam no que eles têm de mais substancial; por isso, lhe diz ele: "Põe-me a mim como um selo sobre o teu coração" (Ct 8,6), onde todas as setas da aljava do amor venham arrojar-se, isto é, as intenções e os atos de amor; para que todas o atinjam, estando ali o Esposo por alvo delas; assim todas sejam só para ele, e se assemelhe a Esposa ao Esposo pelas ações e movimentos de amor, até à completa transformação. Diz-lhe também que o ponha como selo em seu braço, por simbolizar este o exercício do amor, com que se sustenta e regala o Amado.

6. Portanto, a alma deve só buscar, em todas as apreensões sobrenaturais – quer imaginárias ou de qualquer outro gênero, pouco importa serem visões, locuções, revelações ou sentimentos –, não se deter na aparência e no exterior, isto é, no que significam, representam ou fazem compreender, mas advertir unicamente no amor divino que essas comunicações despertam interiormente. Há de fazer caso, não de suavidade ou sabor ou figuras, mas dos sentimentos de amor por elas causado. Só para este efeito, bem poderá lembrar-se algumas vezes da imagem ou apreensão que lhe causou amor, para pôr no espírito um motivo de amor. Embora não produza depois, pela lembrança, tão vivo efeito como da primeira vez que se comunicou, todavia, renova o amor, eleva o espírito a Deus, sobretudo quando é recordação

de certas imagens, figuras ou sentimentos sobrenaturais que soem gravar-se e imprimir-se na alma de modo durável e algumas vezes indelével. E estas assim gravadas, quase a cada vez que a alma adverte nelas, produzem divinos efeitos de amor, suavidade, luz etc., ora mais, ora menos, pois para isso nela se imprimiram. E assim é grande mercê de Deus uma dessas graças, pois é ter em si uma mina de bens.

7. Estas representações, que produzem tais efeitos, gravam-se vivamente na alma; não são como as outras formas e figuras conservadas na fantasia. Assim, quando se quer lembrar delas, não há mister a alma de recorrer a esta potência, pois vê que as tem dentro de si mesma, como se vê a imagem no espelho. Quando acontecer a uma alma ter em si as ditas figuras formalmente, bem pode recordar-se delas para o mencionado efeito de amor, pois, longe de estorvarem a união na fé, antes a ajudarão, desde que não queira embeber-se na forma imaginária, mas só aproveitar-se do amor, deixando logo a figura.

8. É muito difícil, todavia, distinguir quando essas imagens estão impressas na alma ou simplesmente na imaginação, pois as da fantasia costumam ser muito frequentes. Algumas pessoas costumam trazer na imaginação e fantasia visões imaginárias, e mui amiúde se lhes tornam a representar sob a mesma forma, seja devido à penetração da imaginação que, por pouco que pensem, imediatamente lhes representa e debuxa aquela figura ordinária na fantasia, seja ainda porque lhes represente o demônio ou que lhas represente Deus – sem, entretanto, essas imagens nela se imprimirem formalmente. Podem ser reconhecidas, porém, pelos efeitos. As naturais ou do demônio, por mais que se recordem, não causam efeito algum benéfico na alma nem trazem renovação espiritual: é uma lembrança árida. Ao contrário, as boas, quando lembradas, produzem algum bom efeito, semelhante ao que se produziu na alma da primeira vez; porém as representações formais, gravadas na substância da alma, produzem algum efeito quase sempre que a lembrança nelas adverte.

9. O espiritual, tendo experiência destas últimas, facilmente distinguirá umas das outras, porque a diferença é muito evidente. Advirto apenas o seguinte: as que se imprimem na alma de modo formal e durável são muito raras. Seja, entretanto, estas ou aquelas, é sempre bom para a alma não querer compreender coisa alguma, procurando antes ir a Deus pela fé e na esperança. Quanto à objeção de parecer orgulho rejeitar essas coisas, em si boas, respondo ser antes prudente humildade o aproveitar-se delas do melhor modo, como já explicamos, e guiar-se pelo mais seguro.

Capítulo XIV
Das notícias espirituais, enquanto podem ser percebidas pela memória.

1. Colocamos as notícias espirituais no terceiro gênero das apreensões da memória. Não porque pertençam, como as outras, ao sentido corporal da fantasia, pois não têm imagem ou forma corporal, mas porque são também objeto da reminiscência ou memória espiritual. Com efeito, se a alma, após haver recebido alguma destas notícias, pode recordar-se dela quando quiser, não o faz por meio de forma ou imagem gravada no sentido corporal, pois este não tem capacidade para formas espirituais. Lembra-se intelectual e espiritualmente, ou pela forma que na alma de si deixou impressa, que também é forma ou notícia, ou imagem espiritual ou formal, ou ainda pelo efeito produzido. Por isso, classifico-as entre as apreensões da memória, embora não pertençam às da imaginação.

2. Quais sejam estas notícias e como nelas há de proceder a alma para chegar à união divina, já o dissemos no capítulo XXVI do Livro II[16], onde tratamos delas como apreensões do entendimento. Veja-se ali serem de duas maneiras: umas, notícias incriadas; outras, só de criaturas. Para indicar como deve, nelas, haver-se a memória para atingir o fim da união, repito o

---

16. O texto original diz XXIV.

que acabo de explicar, no capítulo precedente, sobre as formais. Essas de coisas criadas são do mesmo gênero e, quando produzirem bom efeito, pode a alma recordá-las, não para querer retê-las em si, mas somente para avivar o amor e notícia de Deus. Se a sua lembrança, ao contrário, não causar proveito algum, jamais deve ocupar-se delas. Quanto às incriadas, procure recordá-las o mais frequentemente possível e tirará grande fruto; esses são toques e sentimentos de união com Deus, para a qual vamos encaminhando a alma. E destes não se recorda a memória por alguma forma, figura ou imagem imprimidos na alma – porque nada disso produzem esses toques e sentimentos de união do Criador –, mas somente pelos efeitos de luz, amor, deleite e renovação espiritual etc., que nela operaram e que se renovam algum tanto a cada recordação.

Capítulo XV
Modo geral que a alma há de ter para reger-se em relação a este sentido.

1. Para encerrar este assunto da memória será bom dar aqui ao leitor uma exposição sucinta da atitude a tomar universalmente para chegar à união com Deus segundo esta potência. Embora já tenhamos explicado tudo de modo bem claro, convém, todavia, fazer agora um resumo de toda a doutrina, pois assim será mais facilmente assimilada. Tenhamos em vista o nosso objetivo: unir a alma com Deus segundo a memória, pela virtude da esperança. Ora, só se espera aquilo que não se possui; e quanto menos se possui, mais se tem capacidade para esperar o objeto desejado; consequentemente, mais se aumenta a esperança. Ao contrário, quanto mais a alma possui, menos apta está para esperar e, portanto, menos esperança terá. Segundo esta argumentação, quanto mais a alma desapropriar a memória de formas e objetos de que possa guardar lembrança, e que não são Deus, tanto mais ocupará em Deus essa potência, e mais vazia a terá para esperar que Ele a encha totalmente.

Portanto, para viver em inteira e pura esperança de Deus, é mister, todas as vezes que ocorrerem notícias, formas ou imagens distintas, não se deter nelas, mas elevar-se a Deus no vazio de todas essas lembranças, com afeto amoroso, sem reparar em tais coisas senão para entender e cumprir o que é de obrigação, no caso de serem relativas a seus deveres. Mesmo assim é necessário não pôr o afeto e gosto naquilo que lhe vem à memória, para não ficar efeito na alma. Desse modo, não deve deixar de ocupar o pensamento em lembrar-se do que é obrigada a saber e a fazer, pois, não tendo nisso propriedades em apego, não lhe será prejudicial. As sentenças encontradas no fim do capítulo XIII do Livro I, e escritas no "Monte", poderão ser-lhe úteis nesse trabalho de despojamento.

2. Advirta-se, porém, que, nesta nossa doutrina, jamais queremos concordar com a daqueles perniciosos homens que, obcecados pelo orgulho e pela inveja de satanás, quiseram subtrair aos olhos dos fiéis o santo e necessário uso das imagens de Deus e dos santos, de modo a desviar os corações do culto que a elas é devido. Ao contrário, o que ensinamos é muito diferente: não tratamos de abolir as imagens e impedir as almas de venerá-las, como fazem eles. Nosso propósito é assinalar a infinita distância existente entre essas imagens e Deus. De tal maneira deve a alma usar delas que lhe sirvam de meio para passar da imagem à realidade, e não se tornem obstáculo para impedir à alma o acesso ao espiritual, como sucederia se quisesse deter-se em tais representações mais do que é necessário. Assim como é bom e imprescindível o meio para chegar ao fim, e, no nosso caso, as imagens para trazerem a lembrança de Deus e dos santos, também é impedimento e estorvo o mesmo meio, quando a ele nos apegamos. Se nos demorarmos no meio mais do que o necessário, acharemos tanto obstáculo nele para o fim como em outra qualquer coisa diferente. Com muito mais forte razão, insisto no desapego das imagens e visões sobrenaturais, donde podem nascer muitos enganos e perigos. Quanto à lembrança, veneração e

estima das imagens apresentadas aos nossos olhos pela Igreja Católica, não pode haver perigo nem engano, porque a alma nelas estima só o que representam; e, por este motivo, só poderão trazer-lhe proveito. Efetivamente, a lembrança dessas sagradas imagens produz na alma o amor daquilo mesmo que figuram; e se a alma não se demorar nelas mais do que é necessário para este fim, sempre a ajudarão para a união divina, deixando o espírito livre para que Deus o eleve quando lhe aprouver, da imagem ao Deus vivo, no olvido de toda criatura e objeto criado.

Capítulo XVI
Começa a tratar da noite escura da vontade. Divisão das afeições da vontade.

1. Seria inútil termos purificado o entendimento fundando-o na fé e a memória firmando-a na esperança, se não procurássemos purificar também a vontade em relação à terceira virtude ou caridade. É esta virtude que dá vida e valor às obras praticadas sob a luz da fé; sem a caridade de nada serviriam, pois, como disse São Tiago: "Sem as obras da caridade a fé é morta" (Tg 2,20). Ao tratar do despojamento e da noite ativa da vontade para estabelecê-la nesta divina virtude da caridade, não encontro autoridade mais conveniente do que esta passagem do Deuteronômio, capítulo 6, onde diz Moisés: "Amarás ao Senhor, teu Deus, de todo o teu coração, e de toda a tua alma, e de todas as tuas forças" (Dt 6,5). Encerram estas palavras tudo o que o espiritual deve fazer e tudo o que tenho a ensinar-lhe aqui, para chegar verdadeiramente a Deus, pela união de vontade, por meio da caridade. Esse mandamento impõe ao homem o dever de empregar todas as suas potências, forças, operações e afetos de sua alma no serviço do Senhor, de modo que toda a habilidade e força da alma sejam dirigidas a Ele somente, segundo o pensamento de Davi: "Guardarei minha força para vós" (Sl 58,10).

2. A força da alma reside nas suas potências, paixões e apetites, governados pela vontade. Quando esta os dirige para Deus e os afasta de tudo o que não é Ele, guarda a fortaleza da alma para o Senhor, e, na verdade, ama-o com toda a sua força. A fim de ajudar a alma a agir desse modo, vamos tratar aqui da purificação da vontade em todas as suas afeições desordenadas, donde nascem os apetites, afetos e operações também desordenados, impedindo-a de conservar toda sua força para Deus. Quatro são as paixões: gozo, esperança, dor e temor. Quando a alma as dirige para Deus por um exercício racional, isto é, não goza senão puramente, como que se refere à honra e glória divina, e não põe sua esperança em coisa alguma fora de Deus, não se entristece senão somente com o que desagrada ao Senhor, não teme senão unicamente a Ele, então é evidente que as paixões guardam a fortaleza e capacidade da alma só para Deus. E, pelo contrário, quanto mais a alma quiser deleitar-se em outra coisa fora de Deus, tanto menos concentrará seu gozo nele; quanto mais esperar outra coisa, menos esperará em Deus e assim quanto às outras paixões.

3. Para mais completa doutrina, falaremos separadamente, segundo o nosso costume, destas quatro paixões da alma e dos apetites da vontade. Para chegar à união com Deus, tudo está precisamente em purificar a vontade dos seus afetos e apetites, transformando assim essa vontade grosseira e humana em vontade divina, identificada à vontade de Deus.

4. Estas quatro paixões tanto mais reinam na alma e a combatem quanto menos firme a vontade está em Deus e mais pendente das criaturas. Então, com muita facilidade, põe o gozo em seres que não o merecem; espera o que não lhe traz proveito; aflige-se com o que talvez devesse regozijá-la e teme, afinal, onde não há que temer.

5. As paixões, quando desordenadas, produzem na alma todos os vícios e imperfeições, e, quando ordenadas e bem dirigidas, geram todas as virtudes. À medida que uma delas se vai submetendo ao jugo da razão, todas as outras vão igual-

mente, pois essas quatro paixões estão de tal modo unidas e irmanadas entre si que, aonde vai uma atualmente, acompanham-na as outras virtualmente; reprimir uma é enfraquecer as outras na mesma medida. Decerto, se a vontade se compraz em um objeto, consequentemente e na mesma medida, espera a sua posse, e sofre, com temor de perdê-lo. Na medida em que renunciar a esse gozo desaparecerão o temor e a dor, desvanecendo-se também a esperança. A vontade com estas quatro paixões pode ser figurada pelos quatro animais que o Profeta Ezequiel viu reunidos em um só corpo com quatro faces; as asas de cada um dos animais estavam unidas às de outro, e não se voltavam quando iam caminhando, mas cada qual andava diante de sua face (Ez 1,8-9). De modo semelhante, as asas das quatro paixões estão unidas umas às outras; se uma volta a sua face, isto é, a sua operação, para um objeto, as outras fazem virtualmente o mesmo. Assim, quando uma paixão se abaixar (conforme diz o texto citado, a respeito das asas), as outras se abaixarão, e, quando se elevar, elevar-se-ão todas. Para onde for a esperança, subindo ou descendo, irão o gozo, o temor e a dor, no mesmo movimento; e assim sucede a cada uma das quatro paixões em relação às outras.

6. Daqui se pode tirar esta advertência: para onde quer que se dirija uma paixão, irá também toda a alma com a vontade e as demais potências; todas viverão cativas de tal paixão. As outras paixões, por sua vez, estarão vivas naquela, afligindo e prendendo a alma nas suas cadeias, de modo a não permitirem que voe à liberdade e ao repouso da suave contemplação e união. Eis por que diz Boécio: "Se queres ter um conhecimento claro da verdade, afasta de ti o gozo, a esperança, o temor e a dor"[17]. Porque, enquanto reinam estas paixões, não deixam a alma permanecer na tranquilidade e paz requeridas para alcançar a sabedoria que natural ou sobrenaturalmente pode receber.

---

17. Boécio, Liv. II, cap. XXI.

Capítulo XVII
Começa a tratar da primeira afeição da vontade.
Declara o que é gozo e faz a distinção dos
objetos de que a vontade pode gozar.

1. A primeira das paixões da alma, e das afeições da vontade, é o gozo. Como o entendemos aqui, é certa satisfação produzida na vontade pela estima de algo que lhe parece vantajoso. A vontade, com efeito, jamais se regozija senão no que aprecia ou lhe proporciona prazer. Refiro-me ao gozo ativo, isto é, quando a alma entende clara e distintamente aquilo de que goza, e tem liberdade para gozá-lo ou não. Existe também gozo passivo, em que pode a vontade se achar gozando sem compreender claramente (embora algumas vezes entendendo) a causa dele, e sem que então dependa de seu arbítrio ter ou não gozo. Deste, falaremos mais tarde. No momento, queremos tratar do gozo ativo voluntário, de coisas claras e distintas.

2. O gozo pode nascer de seis gêneros de bens: temporais, naturais, sensíveis, morais, sobrenaturais e espirituais. Estudemo-los por ordem, submetendo neles a vontade à razão a fim de que a alma, livre de todo embaraço, possa pôr somente em Deus a força do seu gozo. É necessário pressupor um fundamento que seja como o bastão do viajor sobre o qual iremos sempre nos apoiando; e convém levá-lo entendido, por ser a luz que nos deverá guiar e esclarecer nesta doutrina e dirigir, em todos estes bens, o gozo a Deus. Este fundamento é o seguinte: a vontade deve colocar o seu gozo unicamente no que se refere à honra e à glória de Deus, e a maior honra que lhe podemos dar é servi-lo segundo a perfeição evangélica. Fora disso, tudo mais nenhum valor tem nem aproveita ao homem.

Capítulo XVIII
Trata do gozo proveniente dos bens temporais. Diz como neles se há de dirigir o gozo para Deus.

1. No primeiro gênero de bens, classificamos os temporais, que são: riquezas, posições, ofícios e outras honras exte-

riores; como também casamentos, parentes, filhos etc. Tudo isso pode oferecer gozo à vontade, mas é evidentemente gozo vão este produzido por semelhantes bens, isto é, pelas riquezas, títulos, posições e outras coisas geralmente ambicionadas pelos homens. Se na proporção das suas riquezas fosse o homem maior servo de Deus, teria nelas motivo para gozar, mas, muito ao contrário, ordinariamente as riquezas são causa de ofensas à divina Majestade, segundo o ensinamento do Sábio: "Filho, se fores rico, não estarás livre do pecado" (Ecl 11,10). Na verdade, os bens temporais em si mesmos não levam necessariamente ao pecado; todavia, a fragilidade humana é tão grande que o coração a eles se apega, deixando a Deus. Este abandono de Deus é que constitui o pecado, e por isso o Sábio disse ao rico: não estarás livre de pecado. Pelo mesmo motivo, Nosso Senhor, no evangelho, chama as riquezas de espinhos, dando a entender que não deixarão de ser feridos de algum pecado os que usarem delas com espírito de propriedade (Mt 13,22 e Lc 8,14). E aquela exclamação do mesmo Senhor em São Mateus, dizendo: "Em verdade vos digo que um rico, isto é, o que põe seu gozo nas riquezas, dificultosamente entrará no Reino dos Céus" (Mt 19,23 e Lc 18,24), bem dá a entender que o homem não se deve comprazer nas suas posses, porquanto se expõe a tanto perigo. Davi também nos exorta a fugir delas por este conselho: "Se abundardes em riquezas, não ponhais nelas o coração" (Sl 61,11). Não citarei outras autoridades em apoio de verdade tão manifesta.

2. Jamais acabaria, aliás, de alegar todas as passagens da Escritura Sagrada e enumerar os males atribuídos às riquezas por Salomão no Eclesiastes. Esse rei, como homem que havia tido tantas riquezas, e conhecendo bem o valor delas, disse que tudo quanto havia debaixo do sol era vaidade das vaidades, aflição de espírito e vã solicitude da alma (Ecl 1,14). E quem ama as riquezas não tirará delas fruto (Ecl 5,9). E mais adiante: "As riquezas se conservam para infelicidade de quem as possui" (Ecl 5,12). Isto também se vê no evangelho

pela parábola do homem que, comprazendo-se em guardar abundante colheita para muitos anos, ouviu uma voz do céu a dizer-lhe: "Néscio, esta noite te virão pedir a tua alma; e o que ajuntaste, para quem será?" (Lc 12,20). E finalmente Davi nos ensina o mesmo ao dizer que não tenhamos inveja quando o nosso vizinho se enriquecer, pois de nada lhe aproveitará para a outra vida; dando a entender que antes o deveríamos lastimar (Sl 48,17-18).

3. Segue-se que não deve o homem alegrar-se de possuir riquezas nem de que as possua o próximo, a não ser quando com elas servem a Deus. Porque, se existe razão pela qual é permitido ao homem comprazer-se nas riquezas, é somente quando se despendem e empregam no serviço de Deus; de outra maneira não se pode tirar delas proveito. O mesmo se aplica aos outros bens temporais: títulos, posições, empregos etc. É pura vaidade colocar o gozo em tudo isso, se não sente a alma que serve mais a Deus por meio delas e segue caminho mais seguro para a vida eterna. Ora, como disso ninguém pode estar certo, nem de que esses bens produzem tais efeitos ajudando a melhor servir a Deus, seria vão comprazer-se determinadamente neles, pois não pode ser razoável esse gozo. Com efeito, nos diz o Senhor: "De que aproveita o homem ganhar todo o mundo, se vier a perder a sua alma?" (Mt 16,26). Não há, pois, nesses bens, motivos para se alegrar a não ser de que por eles se sirva melhor a Deus.

4. Nem tampouco nos filhos há motivo para alguém se comprazer, por serem muitos ou ricos ou favorecidos de graças naturais e de bens da fortuna, mas somente por serem fiéis servos do Senhor. A Absalão, filho de Davi, de nada lhe aproveitou sua beleza, nem sua riqueza e linhagem ilustres, pois não serviu a Deus (2Sm 14,25). Foi, portanto, vã a complacência posta em tal filho. Daqui vem a ser também vão querer filhos, como certas pessoas que revolvem e alvoroçam o mundo com o desejo de os ter; e não sabem se serão bons e devotados a Deus, e se o contentamento que deles esperam se transformará

em dor, o repouso e consolação em trabalhos e desolações, a honra em desonra e ocasião de ofenderem mais a Deus, como acontece a muitos. De tais pessoas disse Cristo que percorrem mar e terra para enriquecer os filhos e fazê-los duas vezes mais dignos do inferno que elas (Mt 23,15).

5. Embora, pois, tudo sorria ao homem e lhe suceda favoravelmente, deve antes temer que gozar, pois está em ocasião perigosa de esquecer a Deus. Deste perigo se precavia Salomão, dizendo no Eclesiastes: "Reputei o riso por um erro e disse ao gozo: Por que te enganas tu assim vãmente?" (Ecl 2,2). Isto é: quando tudo me sorria, considerei como erro e engano comprazer-me nisso. Sem dúvida, é erro grosseiro e grande insensatez entregar-se o homem ao gozo quando tudo lhe é propício, pois não está certo de auferir dessa prosperidade algum bem eterno. O coração dos insensatos está onde se acha a alegria, mas o do sábio se acha na tristeza, diz Salomão (Ecl 7,5). Porque a alegria cega o coração e não o deixa considerar nem apreciar as coisas; ao contrário, a tristeza faz abrir os olhos e examinar o dano ou proveito que encerram. Melhor é a ira do que o riso (Ecl 7,4), diz ainda o Sábio; melhor é ir à casa em luto do que à casa em festa, pois naquela se mostra o fim de todos os homens (Ecl 7,3).

6. Vaidade semelhante é a da mulher, ou a do marido, que se compraz no seu estado sem saber claramente se com sua união serve cada um melhor a Deus. Antes deveriam confundir-se, pois o matrimônio, segundo São Paulo, é causa de que se dividam os corações, impedindo-os de pertencerem inteiramente a Deus. E assim diz ele: "Se estiveres livre de mulher, não busques mulher. Mas o que a tem, convém seja com tão grande liberdade de coração como se não a tivesse" (1Cor 12,27). Este ponto, e tudo o mais que dissemos a respeito dos bens temporais, nos ensina ele por estas palavras: "Isto finalmente vos digo, irmãos: o tempo é breve; resta que os que têm mulheres sejam como se as não tivessem; os que choram, como se não chorassem, e os que folgam, como se não folgassem; e os que compram, como se não possuíssem; e os que usam deste mun-

do, como se dele não usassem" (1Cor 7,30-31). Faz o Apóstolo esta advertência para ensinar que é vão e sem proveito pôr o gozo em coisa fora do serviço de Deus, pois, o gozo que não é segundo Deus, não pode fazer bem à alma.

Capítulo XIX
Dos danos que provêm à alma quando põe o seu gozo nos bens temporais.

1. Se tivéssemos de enumerar aqui todos os danos que provêm à alma quando põe o afeto da vontade nos bens temporais, não haveria tinta, nem papel, nem tempo, bastantes para isso. Porque uma coisa de nada pode ser origem de grandes males e a destruição de consideráveis bens, assim como a centelha não apagada pode atear labaredas capazes de incendiar todo o mundo. Todos esses danos têm sua origem e raiz em um dano privativo principal, produzido por este gozo, a saber: o afastamento de Deus. Assim como, aproximando-se de Deus com afeto da vontade, alcança a alma todos os bens, assim também, ao se afastar dele, por esta afeição às criaturas, torna-se presa de todos os males, na medida do gozo e afeto com que a elas se une; porque isto é separar-se de Deus. Em consequência, conforme se afastar mais ou menos de Deus, cada alma poderá entender que serão seus danos maiores ou menores, em número ou em intensidade, e, como acontece mais frequente, de ambos os modos ao mesmo tempo.

2. Esse dano privativo, donde nascem todos os outros, privativos e positivos, encerra quatro graus, cada qual pior. Quando a alma chegar ao quarto, terá chegado a todos os males e misérias que se possam referir neste caso. Moisés assinala perfeitamente esses diversos graus no Deuteronômio, quando diz: "Mas o Amado, enfartado, recalcitrou; enfartado, engordou, dilatou-se, abandonou a Deus, seu Criador, e se apartou de Deus, seu Salvador" (Dt 32,15).

3. Enfartar-se a alma, antes amada de Deus, é engolfar-se no gozo das criaturas. Daí provém o primeiro grau do mencionado dano: voltar atrás; nada é senão o embotamento do espírito em relação a Deus, de modo a obscurecer os bens divinos, assim como o nevoeiro obscurece o ar, impedindo-o de ser iluminado pelos raios do sol. Porque, pelo mesmo fato de pôr o espiritual seu gozo em algum objeto criado, e soltar as rédeas ao apetite, para nutrir-se de coisas vãs, logo fica obscurecido a respeito de Deus, anuviando-se-lhe a clara inteligência do próprio juízo, segundo ensina o Espírito Divino no Livro da Sabedoria: "A fascinação da bagatela obscurece o bem; e as paixões volúveis da concupiscência corrompem o espírito puro e simples" (Sb 4,12). Nestas palavras, o Espírito Santo nos dá a entender que, embora não haja intencionada malícia no entendimento, basta a concupiscência e gozo dos objetos criados para produzir na alma o primeiro grau do já citado dano, isto é, o embotamento da mente com a obscuridade do juízo para entender a verdade e julgar o bem de cada coisa.

4. Por maior santidade e acertado juízo que tenha o homem, não conseguirá livrar-se desse dano, se puser o gozo e apetite nos bens temporais. Disso nos avisa o Senhor, dizendo por Moisés: "Não aceitarás dádivas porque cegam até aos mais prudentes" (Sb 4,12). Referia-se Deus especialmente aos que haviam de ser juízes e por esse motivo tinham mais necessidade de discernimento claro e seguro – o que é incompatível com a cobiça e o gosto dos presentes. Por isso mesmo Deus ordenou a Moisés que estabelecesse como juízes aos que aborrecessem a avareza, a fim de não se lhes embotar o juízo com o gozo das paixões (Ex 23,8). E assim não diz apenas que não sejam dados à avareza, mas que a aborreçam; porque, para defender-se alguém perfeitamente da paixão de amor, há de opor-lhe o aborrecimento, vencendo assim um contrário com outro. O motivo de ter sido sempre o Profeta Samuel juiz tão reto e esclarecido foi justamente nunca haver recebido presentes de pessoa alguma, como ele próprio o assegura no Primeiro Livro de Samuel.

5. O segundo grau do dano privativo deriva do primeiro e é expresso pelas palavras seguintes do referido texto: "enfartado, dilatou-se e engordou". É uma dilatação da vontade que, no gozo mais livre dos bens temporais, já não faz tanto caso nem tem escrúpulos de comprazer-se neles com maior gosto. Isto acontece à alma porque no princípio soltou as rédeas ao prazer, e, deixando dominar o gozo, veio a engordar nele, segundo diz o texto: e aquela gordura de prazer e apetite produziu maior avidez e dilatação da vontade nas criaturas. Daí resultam grandes males: este segundo grau aparta a alma dos exercícios devotos e do trato com Deus, tirando-lhe o sabor que antes encontrava nisso, pelo mesmo fato de comprazer-se agora nos bens criados; e, consequentemente, vai caindo em muitas imperfeições, impertinências e gozos vãos.

6. Quando o homem chega a consumar-se neste segundo grau, abandona inteiramente as práticas habituais de piedade, pondo toda a sua mente e cobiça nas coisas do século. As almas, nesse grau, não somente têm o juízo e a inteligência obscurecidos para distinguir a verdade e a justiça, como também as que se acham no primeiro grau, mas são acometidas de grande tibieza, frouxidão e descuido para saber o que é bom e reto, e mais ainda para praticá-lo. As seguintes palavras de Isaías traduzem bem este estado: "Todos amam as dádivas, andam atrás de recompensas. Não fazem justiça ao órfão, e a causa da viúva não lhes interessa" (Is 1,23). Tais almas não são livres de pecado, mormente se o dever as obriga a atender à justiça; e, assim, não carecem de malícia, como acontece no primeiro grau. Cada vez mais se apartam da justiça e da virtude, porque vão inclinando a vontade para as criaturas, sempre com maior apego. As almas chegadas a esse segundo grau se caracterizam pela grande tibieza nas coisas espirituais, cumprindo muito mal os deveres de piedade, mais por desencargo, ou por força ou rotina, do que por motivo de amor.

7. O terceiro grau do dano privativo é o completo abandono de Deus e da sua lei para não se privar da melhor sa-

tisfação mundana. A cobiça, então, chega a precipitar a alma dos abismos do pecado mortal. Este terceiro grau está assim descrito no texto mencionado: "Abandonou a Deus, seu Criador". A este grau pertencem todos os homens que estão com as potências de tal modo engolfadas nos prazeres, bens e negócios mundanos que nada se lhes dá de cumprir as obrigações da lei divina. Tanto estão submersos em grande olvido e torpor acerca do que concerne à sua salvação quanto têm mais atividade e esperteza para as coisas do mundo. De maneira que, no evangelho, lhes dá Cristo o nome de filhos deste século e deles diz: são mais prudentes e atilados em seus negócios que os filhos da luz nos seus (Lc 16,8). Dão tudo para o mundo e nada para Deus; são propriamente os avarentos cujo apetite e gozo se derramam nos bens da terra, e a eles se apegam com tanta avidez que jamais se veem fartos. A sua fome e sede, ao contrário, aumentam à medida que se afastam da única fonte capaz de saciá-los, que é Deus. O Senhor lhes diz pela boca de Jeremias: "Deixaram-me a mim fonte de água viva, e cavaram para si cisternas, cisternas rotas, que não podem conter água" (Jr 2,13). E isto se dá porque as criaturas, longe de aplacarem a sede do avaro, só podem aumentá-la. São estes os que caem em uma infinidade de pecados por amor dos bens temporais, e cujos males não têm número, segundo a expressão de Davi: "Entregaram-se às paixões de seu coração – *Transierunt in affectum cordis*" (Sl 72,7).

8. O quarto grau do dano privativo é expresso pelas últimas palavras da nossa citação: "Afastou-se de Deus, seu salvador". É consequência do terceiro. Com efeito, não mais orientando o seu coração para a lei divina, por causa dos bens temporais, a alma do avarento afasta-se muito do Senhor segundo a memória, entendimento e vontade. Dele se olvida como se não fosse o seu Deus, porque fez do dinheiro e dos bens temporais deuses para si, conforme a palavra de São Paulo: "A avareza é servidão de ídolos" (Cl 3,5). Este quarto grau conduz o homem ao total esquecimento de Deus, a ponto de pôr o coração – que

devia pertencer de modo exclusivo ao Senhor – formalmente no dinheiro, como se não tivesse outro Deus.

9. Neste grau se incluem os que não hesitam em ordenar as coisas divinas e sobrenaturais a serviço dos interesses temporais como a seus deuses, quando deviam fazer o contrário, ordenando-as a Deus, se o tivessem por seu Deus como o exige a razão. Deste número foi o iníquo Balaão, que vendeu o dom de profecia recebido de Deus (Nm 22,7); e também Simão Mago, que queria comprar a preço de dinheiro a graça de Deus (At 8,18-19). Nisto bem mostrou estimar mais o dinheiro, pois supunha haver quem o avaliasse em mais, dando a graça pelo dinheiro. Muitas pessoas chegam hoje, de outras maneiras, a esse extremo grau. A razão se lhes obscurece pela cobiça dos bens terrenos, mesmo nas coisas espirituais; e assim servem ao dinheiro e não a Deus, visando à paga material e não ao divino valor e prêmio. Desse modo fazem do dinheiro seu principal deus e fim, antepondo-o ao fim supremo, que é Deus.

10. São deste último grau todos aqueles miseráveis que, tão apaixonados pelos bens terrenos, não duvidam sacrificar-lhes a própria existência; quando veem qualquer míngua neste seu deus temporal, desesperam-se e se matam por lamentáveis fins, mostrando por suas próprias mãos o triste galardão que de tal deus se recebe. Como não há que esperar deste ídolo, daí vem, consequentemente, desesperação e morte. Aos que não persegue até este funesto extremo, faz com que vivam morrendo nas ânsias de muitas inquietações e outras tantas misérias; jamais lhes deixa entrar a alegria no coração, e não lhes permite auferir bem algum na terra. E, assim, sempre ocupados em pagar o tributo do amor ao dinheiro – enquanto penam por causa dele –, acumulam riquezas para sua última calamidade e justa perdição, como adverte o Sábio, dizendo: "As riquezas estão guardadas para a infelicidade de quem as possui" (Ecl 5,12).

11. A esse quarto grau pertencem aqueles de quem diz São Paulo aos romanos: "Entregou-os Deus a um sentimento depravado" (Rm 1,28). Porque até a este abismo a paixão do gozo

arrasta o homem que prende o coração às riquezas, como a seu último fim. Ainda que não chegue a tal ponto, será sempre digno de grande lástima, pois, como dissemos, esta paixão faz a alma retroceder muito no caminho de Deus. Assim diz Davi: "Não temas quando se enriquecer o homem, isto é, não lhe tenhas inveja, pensando que te leva vantagem, pois, em morrendo, nada levará consigo, nem a sua glória descerá com ele" (Sl 48,17-18).

Capítulo XX
Dos proveitos encontrados pela alma na renúncia ao gozo das coisas temporais.

1. Deve o espiritual estar muito atento para o seu coração não começar a apegar-se ao gozo dos bens temporais, pelo temor de ver o pequeno ir crescendo de grau em grau, até chegar a ser grande. É do pouco que se vai ao muito; e um leve inconveniente, a princípio, torna-se no fim grave dano, como uma centelha basta para incendiar um monte e mesmo o mundo inteiro. Nunca se fie em ser pequeno o apego, pensando que, se não o quebrar agora, mais tarde o fará. Se no início, quando é ainda tão pequeno, não tem coragem de o vencer, como pensa e presume poder consegui-lo quando estiver grande e bem arraigado? Tanto mais, tendo Nosso Senhor dito no evangelho: "Quem é infiel no pouco também o será no muito" (Lc 16,10). Certamente quem evita as pequenas faltas não cometerá maiores, mas até nas pequenas há grande perigo, porque por elas se abre a porta do coração e, como diz o provérbio: obra começada, metade acabada. A esse respeito nos adverte Davi: "Se abundardes em riquezas, não ponhais nelas o coração" (Sl 61,11).

2. Efetivamente, se o homem não desprendesse o coração de todo o gozo de bens temporais puramente por amor de Deus e dos deveres da perfeição cristã, devê-lo-ia fazer pelas vantagens temporais e mais ainda espirituais que disso lhe advêm. Porque não somente se livra dos males desastrosos, ditos no capítulo

precedente, como também adquire a virtude da liberalidade, um dos principais atributos de Deus, totalmente incompatível com a cobiça. Além de tudo, na renúncia ao gozo dos bens temporais, adquire o homem liberdade de espírito, juízo lúcido, calma, tranquilidade e confiança pacífica em Deus, verdadeiro culto e submissão da vontade ao Senhor. Desprendendo-se das criaturas, encontra nelas mais gozo e satisfação do que se as amasse com apego e propriedade. Porque o apego é uma solicitude que, como laço, prende o espírito à terra e impede a liberdade do coração. Pela renúncia a tudo, adquire o homem mais clarividência para penetrar bem na verdade, tanto natural como sobrenaturalmente. Por este motivo, mui diferentemente goza, e com mais vantagens e lucros, do que o homem apegado, porquanto goza segundo a verdade, e o outro segundo a mentira; um penetra a substância, o outro fica no acidente; o primeiro, conforme o melhor, e o segundo conforme o pior. Com efeito, o sentido não pode apreender nem chegar a mais do que às formas acidentais, mas o espírito purificado de nuvens e espécies de acidente penetra na verdade e valor das coisas, pois é este seu objeto. O gozo obscurece o juízo, como nuvem; porque não pode haver gozo voluntário de criatura sem ato voluntário de propriedade, assim como não pode existir gozo de paixão sem que haja também propriedade atual no coração. Uma vez negado e purificado o tal gozo, fica o juízo claro, do mesmo modo que se torna límpido o ar, quando se desfazem os vapores.

3. O espiritual, desprendendo totalmente o seu gozo das coisas temporais, goza em todas elas como se as possuísse todas; e quem a elas se aplica, com apego particular, perde o gosto de todas em geral. O primeiro, não tendo o coração preso a nada, possui tudo com grande liberdade, conforme a palavra de São Paulo (2Cor 6,10). O segundo, estando apegado pela vontade, nada possui; antes, de todas as coisas é possuído, e o seu coração, como cativo, sofre. E assim, quantos gozos quiser ter o homem nas criaturas, tantas aflições e angústias terá em seu apegado e possuído coração. Ao que está desprendido, não lhe pesam cuidados, na hora da oração, ou fora dela; sem perda de

tempo e com facilidade adquire muitas riquezas espirituais. O homem, porém, que não está livre, passa a vida a volver-se e revolver-se sobre o laço a que está preso; mal poderá, com toda a sua diligência, libertar-se um instante sequer desse laço, que lhe prende o pensamento e o coração ao objeto do seu gozo. Deve, portanto, o espiritual reprimir, desde o primeiro movimento, qualquer satisfação que o leve às criaturas, lembrando-se daquele princípio que pusemos como fundamento de toda esta doutrina: só se deve alegrar o homem no que contribui para o serviço, honra e glória de Deus, dirigindo tudo a este fim único, e fugindo de todas as vaidades, sem buscar gosto ou consolação.

4. Outro principal e grandíssimo proveito, resultante do desapego dos bens temporais, é deixar o coração livre para Deus – disposição primeira e essencial para atrair as divinas mercês. E são tais estas que, mesmo temporalmente, por um gozo que a alma deixe por amor do Senhor e pela perfeição do evangelho, receberá já nesta vida cem por um, conforme a promessa de Sua Majestade no mesmo evangelho (Mt 19,29). Além disso, sem contar este interesse, só pelo desgosto que dá a complacência nas criaturas, deveria o espiritual bani-la do coração. Lembremo-nos daquele rico do evangelho que, só por se alegrar de ter acumulado bens para longos anos, desgostou tanto a Deus que lhe declarou o Senhor chamaria a contas sua alma, naquela mesma noite (Lc 12,20). Donde todas as vezes que gozamos vãmente em algo, podemos temer esteja Deus vendo e preparando algum castigo e provação amarga segundo merecemos. E muitas vezes é a punição cem vezes maior do que o gozo inútil. Embora São João, no Apocalipse, falando da Babilônia, tenha dito: "Quanto havia gozado e vivido em deleites, tanto lhe dessem de tormento e pranto" (Ap 18,7), não significam estas palavras que a aflição não excederá o gozo, pois, por prazeres passageiros, sofrem-se tormentos imensos e eternos. O texto citado quer dar apenas a entender que nenhuma falta ficará sem receber o seu castigo particular, pois aquele que pedirá conta de uma palavra inútil não deixará impune o vão prazer.

Capítulo XXI
Declara-se como é vão colocar o gozo da vontade nos bens naturais e como nos devemos dirigir a Deus por meio deles.

1. Compreendemos aqui por bens naturais a beleza, a graça, a boa compleição, e todos os outros dotes corporais; também quanto à alma: o bom entendimento, a discrição e todas as demais qualidades pertencentes à razão. Comprazer-se o homem nisso por possuí-lo em si ou nos seus, sem dar as devidas graças a Deus que lho concedeu para ser mais conhecido e amado, gozando só por este motivo, é vaidade e engano. Assim o atesta Salomão, dizendo: "A graça é enganadora e a formosura, vã; a que teme o Senhor, essa será louvada" (Pr 31,30). Com estas palavras nos ensina que tais dons devem ser para o homem antes motivo de temor, porque podem facilmente levá-lo a entibiar-se no amor de Deus, e, atraído por eles, pode cair na vaidade e ser enganado. Por isso diz o Sábio ser a graça corporal enganadora; com efeito, arma ciladas ao homem no seu caminho, atraindo-o ao que não convém, por vanglória e complacência de si mesmo ou dos que esses dois possuem. Diz também ser a beleza do corpo vã, porque faz pecar de muitos modos quem nela se compraz e põe a estima; porquanto só deveria alegrar-se no caso de servir mais ao Senhor por meio daqueles bens, ou levar outras almas a Ele. Mais justo, porém, é temer não sejam seus dons e graças causa de ofensas a Deus, ou por vã presunção, ou pelo afeto desordenado, olhando-os. Aquele, portanto, que tiver tais dons deve andar com muito recato, e viver com cautela, a fim de não ser causa, por vã ostentação, de alguém apartar o coração de Deus no mínimo ponto. Esses dotes naturais são tão atraentes e provocantes, seja para quem os possui, seja para quem neles repara, que não se achará pessoa cujo coração não esteja preso a eles, ao menos por algum pequenino laço ou apego. Foi temendo isto que muitas almas, agraciadas com esses dons, alcançaram de Deus, por meio de orações, que as desfigurasse, para não darem ocasião a si e a outros de alguma complacência ou vanglória.

2. Deve, pois, o espiritual purificar e obscurecer sua vontade quanto ao gozo vão nos bens naturais. Advirta que a beleza e as outras qualidades exteriores são terra; da terra vêm e à terra hão de voltar; a graça e os encantos naturais não passam de fumo e vapor desta mesma terra, e como tais os deve considerar e estimar, para não cair em vaidade. Em tudo isso eleve o coração a Deus, gozando-se e alegrando-se de que nele estejam encerradas eminentemente todas essas belezas e graças, em um grau infinitamente superior às perfeições das criaturas. E, segundo diz Davi, todas elas envelhecerão como as vestes, e passarão, enquanto Deus permanece para sempre imutável (Sl 101,27). Se não dirigir, pois, puramente a Deus o gozo dos bens naturais, este será sempre falso e ilusório. Isto quis significar Salomão, quando exclamou, referindo-se ao gozo das criaturas: "Ao gozo disse: Por que te enganas assim em vão?" (Ecl 2,2). Assim acontece ao coração que se deixa atrair pelas criaturas.

Capítulo XXII
Danos causados à alma que põe o gozo da vontade nos bens naturais.

1. Entre os danos e proveitos dos diversos gêneros de gozo já mencionados, há muitos que são comuns a todos. Entretanto, como provêm diretamente da aceitação ou da renúncia do gozo, seja ele de qualquer gênero, aponto aqui, em cada uma das seis divisões de que vou tratando, alguns danos e proveitos determinados, embora também se achem nas outras, por serem, como digo, anexos ao gozo encontrado em todas. Minha intenção principal é explicar os males e proveitos particulares que traz à alma a aceitação ou a recusa do gozo em cada coisa. Dou-lhes o nome de particulares, porque são causados primária e imediatamente por tal gênero de gozo, e não podem ser produzidos por outro gênero senão de modo secundário e mediato. Por exemplo: o dano da tibieza espiritual é resultado direto de todo e qualquer gênero de gozo, e assim é dano geral, comum às seis

divisões já ditas; o da sensualidade, porém, é dano particular nascido diretamente do gozo dos bens naturais.

2. Portanto, os danos espirituais e corporais que direta e efetivamente provêm à alma que põe o seu gozo nos bens naturais, podem ser reduzidos a seis principais: o primeiro é vanglória, presunção, soberba e desprezo do próximo. Com efeito, se alguém põe a sua estima exclusivamente em um objeto, não pode deixar de tirá-la dos outros. Daí se segue, no mínimo, verdadeira desestima dos demais. Quando se concentra a estima em algo, retira-se o coração do resto, por causa daquele apreço particular; e dessa real desestima é muito fácil cair no desprezo intencional de algumas coisas, em particular ou em geral, não só no coração, mas também expresso pela língua, dizendo: tal ou tal pessoa ou coisa não é como tal ou tal outra. O segundo dano consiste em mover o sentido à complacência e deleite na sensualidade e luxúria. O terceiro é cair em adulação e lisonja, onde há engano e vaidade, conforme diz Isaías: "Povo meu, os que te louvam, esses mesmos te enganam" (Is 3,12). E a razão é esta: se algumas vezes se pode louvar com verdade as graças e os encantos exteriores, todavia, seria difícil não resultar daí algum prejuízo, seja expondo o próximo à vã complacência e gozo inútil, seja envolvendo nisso afetos e intenções imperfeitas. O quarto dano, que é geral, faz a razão e o sentido interior perderem a sua lucidez, como sucede também no gozo dos bens temporais, e de certo modo com muito maior intensidade nos bens de que tratamos. Porque estes bens naturais são mais conjuntos ao homem do que os temporais, e assim o gozo deixa sua impressão, vestígio e assento com mais eficácia e presteza, fascinando o sentido mais profundamente. A razão e o juízo, então, obscurecidos por esta nuvem tão próxima de afeição e gozo, perdem a liberdade. Daí nasce o quinto dano: a distração da mente nas criaturas. Esse, por sua vez, produz o sexto, a frieza e frouxidão de espírito: dano que provém geralmente de todas as espécies de gozo e costuma chegar às vezes ao ponto de causar na alma grande tédio e tristeza nas coisas de

Deus, até vir a aborrecê-las. Neste gozo perde-se infalivelmente a pureza de espírito, ao menos no princípio; porque, se alguma devoção se experimenta, será muito sensível e grosseira, pouco espiritual, ainda menos interior e recolhida, consistindo mais no gosto sensitivo do que na força do espírito. Este, na verdade, está tão imperfeito que é incapaz por isso mesmo de destruir o hábito de tal gozo. Ora, é suficiente um hábito desordenado para impedir a pureza do espírito, embora a alma não consinta de modo positivo nos atos desse gozo. Perceber-se-á ter este fervor sua sede, de certo modo, muito mais na fraqueza do sentido do que na força do espírito. Isto será bem comprovado nas ocasiões, vendo-se qual a perfeição e fortaleza da alma, conquanto muitas virtudes possam existir, não o nego, juntamente com numerosas imperfeições. Mas afirmo que a suavidade e a pureza do espírito interior não permanecem conjuntamente aos gozos não reprimidos, porque reina a carne militando contra o espírito – e, embora este não perceba o dano, padece, pelo menos, oculta distração.

3. Voltando, porém, ao segundo dano – que encerra inúmeros males, os quais não se podem descrever com a pena ou exprimir com as palavras –, não nos é desconhecido nem oculto até onde ele vai e quão grande seja a desventura nascida no gozo colocado na formosura e graças naturais. Por este motivo, contam-se cada dia tantas mortes de homens, tantas honras perdidas, tantas fortunas dissipadas, tantas emulações e contendas, tantos adultérios, fornicações e pecados de luxúria, enfim, tantos santos precipitados no abismo, cujo número pode ser comparado à terça parte das estrelas do firmamento que foram derrubadas na terra pela cauda da serpente (Ap 12,4). Vemos o ouro fino, despojado do seu brilho e esplendor, esquecido na lama; os ínclitos e nobres de Sião que se vestiam de ouro fino, reputados como vasos de barro e feitos em pedaços (Lm 4,1-2). Até onde não penetra o veneno desse mal?

4. E quem não bebe pouco ou muito deste cálice dourado que oferece a mulher babilônica do Apocalipse? Sentando-se ela

sobre aquela grande besta que tinha sete cabeças e dez cornos, dá a entender não haver alto nem baixo, nem justo ou pecador, a quem não tenha apresentado o seu vinho, cativando mais ou menos o coração; pois, como está ali escrito dela, todos os reis da terra beberam do vinho de sua prostituição (Ap 17,3-4). A todos os estados e condições abraça, e até mesmo o supremo e nobilíssimo santuário do sacerdócio divino, colocando, como disse Daniel, a sua abominável taça no lugar santo (Dn 9,27). Dificilmente se encontra homem bastante forte que não seja levado a beber pouco ou muito do vinho desse cálice, isto é, deste gosto vão a que nos referimos agora. Esta é a razão de se dizer que todos os reis da terra foram embriagados por esse vinho, porque bem poucos se acharão, por santos hajam sido, que não se tenham deixado seduzir e inebriar, mais ou menos, por essa bebida de gozo e prazer da formosura e das graças naturais.

5. Esta expressão – "eles se embriagaram" – é digna de nota; com efeito, o vinho dos prazeres, por pouco que dele se prove, encanta e obscurece a razão, como acontece aos que estão embriagados. E é tão violento o seu veneno que corre perigo a vida da alma, se esta não toma imediatamente poderoso antídoto que o lance fora o mais depressa possível. Porque a fraqueza espiritual, crescendo sempre, reduzirá a mesma alma a estado tão miserável que pode ser comparado ao de Sansão, a quem foram arrancados os olhos e cortados os cabelos, onde residia sua fortaleza; como ele, ver-se-á obrigada a moer nas atafonas, cativa entre os seus inimigos. E, após todos esses males, talvez ainda encontre a morte eterna, assim como ele encontrou a morte temporal no meio dos que lhe eram adversos; a causa de todos esses danos é a bebida desse gozo que a faz morrer espiritualmente, do mesmo modo que aconteceu corporalmente a Sansão, e acontece a muitos hoje em dia. E, no fim de tudo, virão dizer-lhe seus inimigos, para sua grande confusão: "Não eras tu que rompias os laços, dobrados, e despedaçavas as queixadas dos leões, matando os mil filisteus? Não arrancavas as portas e te livravas de todos os teus inimigos?"

6. Concluamos, enfim, dando o remédio necessário contra este veneno: quando o coração se sente movido pelo gozo vão dos bens naturais, deve lembrar-se de quanto é inútil, perigoso e prejudicial alegrar-se em outra coisa que não seja servir a Deus. Deve considerar o castigo dos anjos decaídos, precipitados nos abismos pavorosos, só por causa de um olhar de complacência sobre a própria beleza e dotes naturais; e de quantos males esta vaidade não é fonte cada dia para os homens! Animem-se, portanto, a seguir em tempo o conselho do poeta os que começam a ter afeição a este gozo: "Apressai-vos desde o princípio a aplicar o remédio, porque, se o mal tiver tempo de crescer no coração, tarde virá a medicina"[18]. "Não olhes para o vinho, diz o Sábio, quando te começa a parecer louro, quando brilhar no vidro a sua cor; ele entra suavemente, mas no fim morderá como uma serpente, e difundirá o seu veneno como o basilisco" (Pr 23,31-32).

Capítulo XXIII
Dos proveitos que a alma tira não colocando seu gozo nos bens naturais.

1. Muitos são os proveitos recebidos pela alma quando aparta o coração do gozo dos bens naturais. Esta abnegação, além de dispô-la para o amor divino e para todas as virtudes, produz diretamente a humildade consigo mesma e a caridade geral para com o próximo. Realmente, se a alma a ninguém se apega em particular, em vista das qualidades naturais e aparentes que são ilusórias, conserva-se livre e pura para amar racional e espiritualmente todos os homens, como Deus quer que sejam amados. Criatura alguma merece amor senão pela virtude que nela há. Amar desse modo é amar segundo a vontade de Deus e, além disso, com grande liberdade; e se este amor nos

---

18. Encontra-se esta citação de Ovídio na *Imitação de Cristo*. Livro I, cap. XIII, "Principiis obsta; sero medicina paratur".

liga à criatura, mais fortemente ainda nos prende ao Criador. Porque, então, quanto mais cresce a caridade para com o próximo, mais também se dilata o amor de Deus; reciprocamente, quanto maior é o amor de Deus, mais aumenta o do próximo. Assim acontece porque tem esta caridade a mesma origem e a mesma razão, que é Deus.

2. Outro excelente proveito resulta à alma desse desprendimento: é o de cumprir e observar com perfeição o conselho dado por Nosso Salvador em São Mateus: "Se alguém quer vir após mim, negue a si mesmo" (Mt 16,24). Seria impossível à alma realizá-lo se colocasse o gozo em seus dons naturais, porquanto fazer algum caso de si mesmo não é negar-se nem seguir a Cristo.

3. A renúncia a esse gênero de gozo traz ainda à alma um imenso proveito: estabelece-a em uma grande tranquilidade, e afasta as distrações, recolhendo os sentidos, mormente os olhos. A alma, longe de aspirar a satisfazer-se nesses bens, não os quer olhar nem aplicar a eles os outros sentidos, a fim de não ser atraída ou ficar presa a tais atrativos; não se detém em perder tempo nem ocupar o pensamento neles, tornando-se semelhante à cautelosa serpente que fecha os ouvidos para não ouvir a voz dos encantadores, com receio de que venham a seduzi-la (Sl 57,5-6). Porque, guardando as portas da alma, isto é, os sentidos, igualmente se guarda e aumenta a tranquilidade e pureza dela.

4. As almas já adiantadas na mortificação desta espécie de gozo aí encontram outro lucro que não é dos menores: os objetos sensuais e os maus pensamentos não lhes causam a mesma impressão produzida nas almas que ainda se contentam nessas coisas. Assim, pela negação e mortificação deste gozo, o espiritual adquire grande pureza de alma e de corpo, isto é, de espírito e sentido, vindo a ter uma conformidade angélica com Deus e tornando-se verdadeiramente, na alma e no corpo, digno templo do Espírito Santo. Não poderá realizar-se isto se o coração der acesso ao gozo dos bens naturais. Não é

necessário haver consentimento ou lembranças de coisas impuras: basta o deleite produzido pela simples notícia delas para manchar a alma e os sentidos. Diz-nos o Sábio a esse respeito: o Espírito Santo se afastará dos pensamentos sem inteligência, isto é, daqueles que não são esclarecidos pela reta razão e por ela ordenados a Deus (Sb 1,5).

5. Outro proveito geral é livrar-se a alma não somente dos prejuízos e dos males enumerados acima, mas ainda ser preservada de inúmeras vaidades e de muitos outros inconvenientes de ordem espiritual ou temporal. Evita, sobretudo, cair na pouca estima em que são consideradas as pessoas muito convencidas do seu mérito e dos dons naturais percebidos em si mesmas ou no próximo. Ao contrário, são consideradas como sábias e prudentes, e na realidade o são, todas aquelas exclusivamente presas ao que agrada a Deus, sem fazer caso de outros bens.

6. Dos ditos proveitos, afinal, resulta o último bem inapreciável e útil à alma: a liberdade de espírito, tão necessária para o serviço de Deus, e com a qual se vencem facilmente as tentações, sofrendo com coragem os trabalhos e aumentando os progressos nas virtudes.

Capítulo XXIV
Terceiro gênero de bens em que a vontade pode pôr a afeição do gozo: os bens sensíveis. Sua natureza e variedade. Como a vontade se deve dirigir a Deus, renunciando aos atrativos deles.

1. É tempo de falar do gozo dos bens sensíveis: é o terceiro gênero de bens nos quais a vontade pode comprazer-se. Ora entendemos por esses bens tudo o que cai sob o domínio do sentido da visão, audição, olfato, paladar e tato, e que serve para formar os raciocínios interiores imaginários. Em uma palavra, tudo o que pertence aos sentidos corporais interiores e exteriores.

2. Para purificar a vontade e obscurecê-la em relação ao gozo dos objetos sensíveis, encaminhando-a a Deus nesses bens, é necessário pressupor uma verdade já muitas vezes declarada: o sentido da parte inferior do homem, de que tratamos neste momento, não é nem pode ser capaz de conhecer e compreender a Deus tal qual é. Assim não pode o olho vê-lo, nem a Ele nem a qualquer objeto semelhante à sua divina Essência; não pode o ouvido escutar sua voz nem qualquer som que se lhe possa comparar; o olfato é incapaz de sentir perfume tão suave; o gosto, de saborear doçura tão elevada e deliciosa; o tato, de sentir toque tão delicado e deleitável; enfim, não cabe na imaginação e mente humana sua forma, nem figura alguma que o represente. Isaías, a propósito, diz: "Que nem olho o viu, nem ouvido o ouviu, nem jamais o percebeu o coração humano" (Is 64,4; 1Cor 2,9).

3. Duas causas podem proporcionar o gozo e as delícias dos sentidos: a impressão recebida das coisas exteriores ou alguma comunicação interior de Deus. Ora, a parte sensitiva não pode, de forma alguma, conhecer a Deus, nem por via do espírito, nem pela dos sentidos, pois, não tendo capacidade para tanto, recebe sensivelmente o espiritual e o sensitivo. Consequentemente, deter a vontade nas satisfações causadas por essas apreensões exteriores seria, no mínimo, vaidade e certamente um obstáculo a impedir a força da vontade de empregar em Deus todo o seu gozo. Não pode a vontade chegar a este fim de modo perfeito, senão quando se purifica e renuncia ao gozo nesse gênero de bens, como em todos os outros.

4. Disse eu advertidamente: deter a vontade nesse gozo é vaidade; porque, se a alma não se demora nele e, logo ao experimentar na vontade certo deleite no que vê, ouve ou trata, apressa-se em elevar-se para Deus, é ótima coisa. E quando tais impressões servem de motivo e auxílio eficaz para despertar o fervor na oração, não somente não há de rejeitá-las, mas também pode e deve valer-se delas para tão santo exercício. Algumas almas são encaminhadas para Deus pela influência dos bens sensíveis; todavia, devem ter nisso muita discrição,

visando aos frutos que daí recolhem. Muitas vezes usam os espirituais dos ditos bens sob pretexto de oração e aproximação de Deus, mas fazem-no de tal modo que mais se pode chamar recreação do que oração, dando mais gosto a si mesmo que a Deus. Embora sua intenção pareça ter Deus por fim, o efeito é recrear os sentidos; e tiram daí mais fraqueza de imperfeição do que fervor da vontade para entregar-se a Deus.

5. Por esta razão, darei aqui uma regra para se conhecer quando as satisfações sensíveis são úteis ou não ao progresso espiritual: se, assim que o ouvido percebe músicas ou quaisquer sons agradáveis, o olfato aspira suaves perfumes, o paladar se deleita com alguns sabores ou sente o tato delicados toques, imediatamente, ao primeiro movimento, a notícia e a afeição da vontade se encaminham para Deus, dando-lhe mais gosto a sua ascensão para Ele do que a impressão sensível que a motivou, é prova de haver conseguido real proveito. Os objetos sensíveis, assim, podem ser usados sem receio, porque favorecem o fervor do espírito e servem ao fim para o qual foram por Deus criados e dados ao homem, isto é, elevar o espírito a melhor conhecê-lo e amá-lo. Todavia, devemos observar bem: a alma que tira desses gostos sensíveis o puro efeito espiritual nem por isso os deseja e bem pouco caso faz deles, embora, quando se apresentam, sinta muito gosto devido ao sentimento de Deus que lhe causam; assim nunca se move a buscá-los e, quando se lhe oferecem, a vontade logo os deixa e se eleva para Deus.

6. O motivo por que a alma se preocupa tão pouco com essas impressões, embora lhe sejam auxílio para a união, é o seguinte: o espírito, com esta prontidão de ir para Deus em todas as coisas, por todas as vias, sente-se tão alimentado e satisfeito com o espírito de Deus que se torna indiferente a tudo mais e nada deseja; e, se deseja essas impressões, pelo motivo espiritual, logo passa adiante, as esquece e não faz caso. Aquele, porém, cuja vontade para e se nutre nesses prazeres e não possui liberdade de espírito, deve privar-se deles, porque lhe são prejudiciais. Embora com a razão procure neles apoio para ir a Deus, todavia,

como gosta deles a parte sensível – e conforme o gosto sempre é o efeito –, é certo ser esse apoio antes obstáculo e prejuízo do que auxílio e vantagem. Apenas a alma note em si tendência para tais recreações, deve mortificá-la, pois, quanto mais a deixar crescer, mais se multiplicarão as imperfeições e fraquezas.

7. Portanto, o espiritual, em qualquer gosto que se lhe oferecer aos sentidos, seja fortuito ou propositado, aproveitará dele unicamente para ir a Deus, levantando para o Senhor o gozo de sua alma, para ser útil e proveitoso. Advirta que todo prazer, mesmo sendo de coisa muito elevada, se não for com aniquilamento e mortificação de outro qualquer gozo, é vão, sem proveito e estorva a união da vontade com Deus.

Capítulo XXV
Exposição dos danos que a alma recebe em querer pôr o gozo da vontade nos bens sensíveis.

1. Antes de tudo observemos que, se a alma não obscurecer e mortificar o gozo produzido pelos objetos sensíveis, e não o endereçar a Deus, expor-se-á a todos os danos gerais acima enumerados, nascidos dos outros gêneros de gozo: obscurecimento da razão, tibieza, tédio espiritual etc. Mas, em particular, existem muitos danos tanto espirituais como corporais, diretamente originados desse gozo das coisas sensíveis.

2. Primeiramente, se a alma não tem coragem de renunciar por amor a Deus aos gozos que lhe vêm pela vista, cai na vaidade de espírito e na distração da mente, cobiça desordenada, concupiscência, desregramento interior e exterior e, afinal, em pensamentos impuros e inveja.

3. Em segundo lugar, quem se compraz em ouvir coisas inúteis não deixa de incorrer em muitas distrações, em superfluidade das palavras, inveja, juízos temerários, volubilidade de pensamentos e, daí, em outros numerosos males não menos perniciosos.

4. O gozo de aspirar suaves perfumes produz repugnância pelos pobres – sentimento oposto à doutrina de Cristo –, inimizade à dependência, dureza de coração para as coisas humildes e insensibilidade espiritual, ao menos em proporção do apetite naquele gozo.

5. Os sabores que deliciam o paladar ocasionam diretamente gula e embriaguez, cólera, discórdia, falta de caridade para com o próximo e os pobres, como teve para com Lázaro aquele mau rico, que se banqueteava cada dia esplendidamente (Lc 16,19). Daí nascem ainda as indisposições corporais e as doenças, e também os movimentos desregrados, porque se aumentam os incentivos da luxúria. Por sua vez, fica o espírito como submerso em grande torpor; o desejo e o gosto dos bens espirituais diminuem de tal sorte que já não os pode suportar, nem mesmo se deter ou se ocupar neles. Esse gozo produz ainda o descontentamento de muitas coisas, distração dos demais sentidos e do coração.

6. Do gozo encontrado pelo tato nas coisas suaves e agradáveis, nascem muitos outros danos ainda mais funestos, que, em pouco tempo, pervertem sensivelmente o espírito, roubando-lhe a força e o vigor. Daqui nasce o abominável vício da volúpia ou incentivos para ela, na proporção desse prazer. Este gozo nutre a luxúria, torna o espírito efeminado e tímido, o sentido lânguido e melífluo, disposto ao pecado e ao mal. Infunde vã alegria e prazer no coração, desenfreia a língua, dá muita liberdade aos olhos; embota e entorpece os outros sentidos, segundo o grau do tal apetite. Tira ao juízo a sua retidão, mergulha-o na ignorância e na incapacidade espirituais, tornando-o moralmente pusilânime e inconstante; as trevas obscurecem a alma; a fraqueza se apodera do coração, fazendo-o recear mesmo onde não há o que temer. Outras vezes, o espírito de confusão, a insensibilidade de consciência e de espírito são os frutos deste gozo, porquanto debilita de tal modo a razão que fica incapaz de dar ou tomar um bom conselho, de receber os bens de ordem espiritual e moral; enfim, inútil como um vaso quebrado.

7. Assim, desse gênero de gozo se originam todos os males, aqui enumerados, em maior ou menor intensidade, segundo a força do gozo e conforme o caráter, a fraqueza e a inconstância da criatura a ele entregue. Certas naturezas, efetivamente, em pequenas ocasiões receberão mais detrimento do que outras em muito grandes.

8. Finalmente, o gozo produzido pelo tato expõe a alma a todos os males e danos apontados acerca dos bens naturais. E, assim, abstenho-me de mencioná-los novamente, como também deixo de falar em outros muitos prejuízos que traz esse gozo, como, por exemplo, a negligência nos exercícios espirituais e nas penitências corporais, a tibieza e falta de devoção na frequência dos sacramentos da Penitência e da Eucaristia.

Capítulo XXVI
Proveitos espirituais e temporais que resultam à alma da renúncia ao gozo nas coisas sensíveis.

1. Admiráveis os proveitos encontrados na privação deste gozo, uns espirituais e outros temporais.

2. O primeiro é a reparação das forças enfraquecidas pelas distrações, nas quais o exercício exagerado dos sentidos fez cair. Então, a alma recolhida em Deus conserva o espírito interior, e as virtudes já adquiridas tomam novo crescimento.

3. Não é menos excelente o segundo proveito. A abnegação desse gozo sensível transforma o homem sensual em homem espiritual e, do estado animal, eleva-o ao estado racional. Mesmo permanecendo homem, a sua vida se aproxima da vida angélica – e, de terrestre e humano, torna-se celeste e divino. Na realidade, quem for ávido desses bens sensíveis e fizer deles o objeto do seu gozo não merecerá outras qualificações senão as de sensual, animal, terrestre etc. Mas, quando se priva do gozo, pode com muita razão ser chamado espiritual, celeste e divino.

4. Essa verdade é confirmada pelo Apóstolo, quando diz que o exercício dos sentidos e a força da sensualidade contra-

dizem a força e o exercício do espírito (Gl 5,17). Portanto, se uma dessas forças faltar e enfraquecer-se, a que lhe é oposta necessariamente crescerá e se desenvolverá, desaparecido o obstáculo que impedia o seu progresso. Assim, quando se aperfeiçoa o espírito – esta parte superior da alma que tem referência e comunicação com Deus –, merece todos os mencionados atributos, porque se aperfeiçoa em bens e dons de Deus espirituais e celestiais. Esta dupla verdade se prova por São Paulo, que chama de "homem animal àquele cuja afeição da vontade se inclina para o sensível, porque não percebe o que é do espírito de Deus". E àquele que eleva a Deus a afeição da sua vontade dá o nome de "homem espiritual, que julga tudo e tudo penetra, ainda o que há de mais oculto na profundidade de Deus" (1Cor 2,14-15.10). A alma, pois, encontra aqui o admirável proveito de uma grande disposição para receber os favores divinos e os dons espirituais.

5. O terceiro proveito consiste em excessivo aumento das delícias e do gozo na vontade – mesmo sob o ponto de vista temporal –, segundo a promessa de nosso divino Salvador: "Receberá o cêntuplo" (Mt 19,29). Se renunciares a uma satisfação, o Senhor te dará cem vezes mais aqui na terra, na ordem espiritual e temporal. Mas, se te deixas seduzir pelo prazer sensível, recolherás o cêntuplo em aflições e amarguras. Por exemplo: quando o sentido da visão já está purificado e desprendido do gozo que sente em ver, a alma experimenta alegria espiritual em tudo quanto vê, seja da terra ou do céu, encaminhando-se a Deus por meio de todas as coisas. Quando purifica o sentido da audição, a alma recebe do mesmo modo o cêntuplo em gozos espirituais pelo hábito que tem de oferecer a Deus tudo o que ouve de divino ou humano. E, assim por diante, nos demais sentidos já purificados. No paraíso terrestre, nossos primeiros pais viviam no estado de inocência; nada viam, diziam ou faziam que não lhes servisse de maior sabor para a contemplação, porque tinham bem-ordenada e perfeitamente sujeita a parte sensitiva à razão. De maneira semelhante, aque-

les que têm os sentidos submissos ao espírito em todos os bens sensíveis, desde os primeiros movimentos, recebem o deleite de uma amorosa advertência e contemplação de Deus.

6. À alma pura todas as realidades superiores ou inferiores trazem benefício, ajudando-a a adquirir maior pureza, enquanto a alma impura de umas e outras costuma tirar prejuízo, por causa de sua própria impureza. O homem que não vence o gozo do apetite não experimentará ordinariamente essa alegria serena em Deus, por meio das criaturas e obras da criação. Ao contrário, o que renunciou à vida dos sentidos dirige todas as operações destes e de suas potências à divina contemplação. É reconhecido, em boa filosofia, que cada coisa age segundo a qualidade do seu ser. Assim, o homem vivendo espiritualmente, tendo mortificado a sua vida animal, claro está que, sem contradição, em todas as suas ações e movimentos espirituais, há de dirigir-se em tudo para Deus. Em consequência, a esse homem puro de coração, tudo proporciona uma notícia divina, muito cheia de gozo e prazer, casta, pura, espiritual, alegre e amorosa.

7. Daqui posso inferir a seguinte doutrina: até o homem ter o sentido tão habituado na purificação deste gozo sensível, de modo a tirar, logo ao primeiro movimento, o proveito já mencionado, isto é, encaminhar-se diretamente a Deus em tudo, tem necessidade de negar o seu gozo e prazer em tudo, a fim de retirar a alma da vida sensitiva. Se assim não fizer é para recear que, não sendo ele ainda espiritual, tire, porventura, mais forças para os sentidos do que para o espírito; predominará, então, em suas ações essa força do sentido que produz, sustenta e cria maior sensualidade. Porque, como diz nosso Salvador, "o que é nascido da carne é carne; e o que é nascido do espírito é espírito" (Jo 3,6). Nisto se repare muito, porque esta é a verdade. Aquele cujo gozo nos bens sensíveis não está ainda mortificado, não se atreva a aproveitar-se muito da força e operação dos sentidos, pensando achar nisso auxílio para progredir na via espiritual; pelo contrário, as forças da alma hão de crescer mais pela negação do gozo e apetite em todas as coisas sensíveis do que pelo uso delas.

8. Quanto aos bens da glória, merecidos na outra vida pela negação deste gozo, não há necessidade de enumerá-los aqui. Porque os dotes gloriosos do corpo, como a agilidade e a claridade, nos que se mortificaram, serão de uma excelência muito superior à daqueles que não renunciaram aos prazeres; além disso, o aumento da glória essencial da alma corresponderá ao seu amor por Deus, por quem negou as coisas sensíveis; e, na proporção da renúncia a cada gozo momentâneo e passageiro, receberá eternamente, como diz São Paulo, um peso imenso de glória (2Cor 4,17). Não quero agora referir os demais proveitos, tanto morais como temporais e espirituais, que são consequência desta noite do gozo sensível, pois são os mesmos já expostos a propósito dos outros gêneros de gozo, e aqui se produzem em um grau mais eminente. Com efeito, o prazer renunciado nos bens naturais toca mais de perto a natureza do homem e, por isso, este adquire mais íntima pureza na negação deles.

Capítulo XXVII
Começa a declarar o quarto gênero de bens, que são os morais. Diz quais sejam, e de que modo é lícito pôr neles o gozo da vontade.

1. Os bens morais constituem o quarto gênero de bens nos quais a vontade pode encontrar o seu gozo. Por eles entendemos as virtudes morais e os hábitos resultantes dos seus atos, o exercício das obras de misericórdia, a observação das leis divinas e humanas. Em resumo, tudo o que ordinariamente ocupa a atividade de um caráter inclinado à virtude.

2. A posse desses bens e o hábito que a alma tem dessas boas obras concedem mais direito para gozar-se neles do que qualquer dos três outros mencionados até aqui. Por duas razões – cada uma em particular ou ambas em conjunto – pode o homem gozar-se nesses bens: primeiramente, por causa do que são em si mesmos e, depois, em consideração à utilidade que trazem, como meio e instrumento de perfeição. E, assim, a

posse dos três outros gêneros de bens não merece gozo algum da vontade, pois, como pudemos reconhecê-lo, nenhum valor intrínseco possuem, e não podem, em sua natureza, trazer proveito algum ao homem. São caducos e transitórios, e, longe de serem úteis, geram e acarretam sofrimentos, dores e aflições de ânimo. O homem pode, na verdade, gozar-se neles pelo segundo motivo, isto é, quando lhe servem de intermediários para ir a Deus. Mas esse é resultado muito incerto e a experiência demonstra que sua alma recebe, de ordinário, mais perdas do que ganhos. Sucede o contrário com os bens morais que são, já pelo primeiro motivo, isto é, pela sua natureza e seu próprio valor, dignos de atrair a estima de quem os possui, porque consigo trazem tranquilidade, paz, reto e ordenado uso da razão, e acerto nas obras. Nada pode o homem naturalmente possuir de melhor nesta vida.

3. E, assim, porque as virtudes merecem por si mesmas ser amadas e estimadas, humanamente falando, bem se pode o homem gozar de possuí-las e exercitá-las, não só pelo que valem, como também pelos bens naturais e temporais que proporcionam. Desse modo e por esta razão, os filósofos, sábios e príncipes da Antiguidade as estimaram e louvaram, esforçando-se por adquiri-las e praticá-las. Sendo gentios, só tinham em vista os proveitos temporais, corporais e naturais da vida presente; contudo, obtiveram por este meio mais do que as vantagens e a passageira fama ambicionada; pois Deus, que ama todo o bem (mesmo no bárbaro e no gentio) e nenhuma coisa boa impede que se faça, segundo diz o Sábio (Sb 7,22), aumentava-lhes a vida, honra e senhorio, dando-lhes também a paz. Assim fez aos romanos, porque usavam de justas leis: sujeitou-lhes quase todo o mundo, pagando-lhes temporalmente os bons costumes, já que por sua infidelidade eram incapazes de prêmio eterno. Com efeito, Deus ama tanto estes bens morais que, só por Salomão lhe ter pedido a sabedoria, a fim de instruir o seu povo, governá-lo em equidade e instruí-lo nos bons costumes, agradou-se tanto que lhe respondeu: "Porque me pediste a

sabedoria para discernires o que é justo... eis pois fiz o que me pediste. Mas dei também o que tu não me pediste, a saber, riquezas e glória, em tal grau que não se achará um semelhante a ti entre os reis passados e futuros" (1Rs 3,11-13).

4. O cristão pode ter gozo em possuir as virtudes morais e naturais, e em praticar as boas obras que lhe proporcionam as vantagens temporais já enumeradas. No entanto, este primeiro motivo não deve ser o único móvel do seu gozo (como o fora para os pagãos, cuja visão não transcendia os limites da vida presente). O homem iluminado pela luz da fé, que lhe faz esperar a bem-aventurança eterna – sem a qual o universo inteiro de nada lhe serviria –, deve reger-se, no exercício das virtudes morais, pelo segundo motivo mais nobre de gozo, que é praticá-las por amor de Deus e para adquirir a vida eterna. Só deve pôr os olhos e todo o seu gozo em servir e honrar ao Senhor, com seus bons costumes e virtudes. Sem isto, de nada valem estas perante Deus, como se deduz da Parábola das Dez Virgens do evangelho. Todas tinham conservado a virgindade e praticado boas obras; cinco dentre elas, porém, não souberam pôr o seu gozo nessa segunda maneira, isto é, não o dirigiram para Deus; em vez disso, alegraram-se vãmente só em possuir aqueles bens. Desse modo foram excluídas do céu, sem nenhum agradecimento ou galardão de seu Esposo. Existiram, na Antiguidade, muitos homens virtuosos cuja vida foi cheia de boas ações, e inúmeros cristãos dos nossos dias realizam grandes obras, mas de nada lhes servirão para a vida eterna, porque não pretenderam nelas a glória e a honra devidas unicamente a Deus. Em vez de se alegrar com a bondade das suas obras e com a honestidade dos seus costumes, o cristão somente deve gozar-se quando age por amor de Deus, sem nenhum outro motivo. Porque, assim como merecem maior prêmio de glória as ações feitas unicamente para servir a Deus, do mesmo modo aquelas que forem desviadas para outros fins serão causa de maior confusão sua diante do Senhor.

5. Para dirigir, pois, a Deus o gozo dos bens morais é necessário ao cristão advertir que o valor das suas boas obras, jejuns, esmolas, penitências etc. não se funda tanto na quantidade e qualidade como na intensidade do amor de Deus com que as pratica. Serão mais valiosas à medida que forem feitas com mais pureza e perfeição de amor divino e com menos preocupação de gozo, prazer, consolo ou louvor nesta vida ou na outra. Portanto, o homem não há de apoiar o coração no gosto, consolação ou sabor e demais vantagens que muitas vezes costumam trazer esses exercícios e boas obras; deve antes recolher seu gozo só em Deus, desejando servi-lo. É necessário purificar-se e permanecer às escuras em relação a esse gozo, querendo em suas ações, feitas em segredo, que somente Deus se regozije e compraza, a fim de ser dada a Ele toda a honra e glória, sem nenhum outro interesse ou intenção. Assim a alma recolherá em Deus toda a força de sua vontade no uso dos bens morais.

Capítulo XXVIII
Sete danos aos quais se expõe a alma quando põe o gozo da vontade nos bens morais.

1. Os principais danos em que pode cair o homem, pela vã complacência nas boas obras e costumes, são sete, e muito perniciosos por serem espirituais.

2. O primeiro dano é vaidade, orgulho, vanglória e presunção. Porque não é possível gozar das próprias obras sem estimá-las. Daí resultam a jactância e os outros vícios que a acompanham, como vemos no fariseu do *evangelho* (Lc 18,12), quando orava e dava graças a Deus, orgulhando-se porque jejuava e fazia outras boas obras.

3. O segundo dano em geral se encadeia com o precedente: consiste em julgar os próximos como maus e imperfeitos em comparação à própria conduta e às próprias ações. Vem então a desestima interior para com eles, que às vezes se manifesta por palavras. É a linguagem do fariseu quando em sua oração

dizia: "Graças te dou, meu Deus, porque não sou como os mais homens, que são ladrões, injustos, adúlteros" (Lc 18,11). Desse modo, em um só ato caía em dupla falta: estimar a si mesmo e desprezar os outros. Quantos cristãos em nossos dias assim fazem, dizendo: "Não sou como fulano, não procedo como este ou aquele, nem faço isto ou aquilo". E muitos se mostram piores do que o fariseu. Este desprezava, em verdade, todo o mundo em geral, e o publicano em particular: "Não sou", dizia ele, "como este publicano". Mas aqueles a que nos referimos vão mais longe ainda, e chegam a irritar-se com os louvores dirigidos ao próximo e a invejar os que, nas ações e qualidades, lhes são superiores.

4. O terceiro dano é que estas pessoas, procurando em suas obras o que mais lhes causa gosto, ordinariamente só as fazem quando esperam receber por elas algum prazer ou louvor. E assim, conforme disse Jesus Cristo, tudo fazem para que o vejam os homens (Mt 23,5), e não agem puramente por amor de Deus.

5. O quarto dano resulta desse último: é a privação da recompensa divina por terem procurado o galardão nesta vida, em gozo e consolo, interesse de honra ou de outra maneira, nas suas obras. Afirma-nos o Senhor que essas pessoas já receberam a sua recompensa (Mt 6,2). Desse modo, ficaram só com o trabalho em suas ações, e confusas sem nenhuma paga. É tão profunda a miséria que esse dano traz aos filhos dos homens que tenho para mim esta certeza: a maior parte das obras feitas em público é ou viciosa, ou sem nenhum valor, ou imperfeita diante de Deus, por não se terem desprendido aqueles, que as fazem, dos interesses do egoísmo e respeito humano. Pode-se pensar outra coisa de certas obras e instituições feitas por alguns que as não querem fazer a não ser quando vão acompanhadas de honras, respeitos humanos e vaidades do mundo, ou com o fim de perpetuar, por tal meio, o nome da família, da linhagem e senhorios? Chegam a ponto de colocar suas armas e brasões nos templos, como se quisessem tomar o lugar das imagens, diante das quais todos dobram os joelhos!

Podemos dizer que nessas obras mais adoram a si mesmos do que a Deus. E, na verdade, assim fazem quando têm em vista um fim tão baixo, e sem esse fim não realizariam aquelas ações. Mas, deixando de lado esses homens – são os piores –, quantos há que de muitas maneiras caem, em suas obras, neste dano! Alguns querem louvor para suas ações; outros desejam receber agradecimentos; outros ainda procuram tornar suas obras conhecidas de tais e tais pessoas, e mesmo do mundo inteiro. Se dão esmola, têm o cuidado de fazê-la passar pelas mãos de terceiros, a fim de mais aumentar a sua publicidade. Enfim, alguns querem tudo isso junto. Isso é tocar a trombeta como fazem os vaidosos (Mt 6,2), diz-nos o Salvador no *evangelho*. Donde não receberão recompensa alguma de Deus pelas suas obras.

6. Se querem evitar este dano, devem ocultar as boas ações, de modo que somente Deus lhes seja testemunha, sem desejar aprovação de ninguém. Não somente hão de escondê-las a todos os olhares, mas ainda aos seus próprios olhos, não se comprazendo nelas como se algo fossem. Tal o sentido espiritual da palavra de Nosso Senhor. "Não saiba a tua esquerda o que faz a tua direita" (Mt 6,3). Em outros termos: não consideres com olhos temporais e carnais as obras espirituais que fazes. Desse modo se concentra em Deus a força da vontade e os atos frutificam na presença dele; e, longe de perder o fruto das boas obras, ter-se-á nelas grande merecimento. Assim se entende a sentença de Jó: "Se o meu coração sentiu algum oculto contentamento, e beijei a minha mão com a minha boca, eu cometi uma grande iniquidade" (Jó 31,25.27-28). A mão, aqui, é o símbolo da ação, e a boca significa a vontade que nela se compraz. Por haver aí complacência em si mesmo, declara Jó: "Se meu coração se alegrou ocultamente, obrou grande iniquidade e negação contra Deus". Como se quisesse dizer que não teve complacência nem se deleitou secretamente no próprio coração.

7. O quinto dano é não progredirem as almas no caminho da perfeição. Com efeito, estando apegadas em suas ações ao gosto e consolo, quando estes lhes faltam em suas obras e exercícios, desanimam e perdem a perseverança por não achar

neles sabor. Isto acontece ordinariamente quando Deus, querendo levar essas almas adiante, lhes dá o pão duro dos fortes e lhes tira o leite dos meninos, provando-lhes as forças e purificando-lhes o apetite terno para que possam alimentar-se com o manjar dos adultos. A tais pessoas se aplica espiritualmente a sentença do Sábio: "As moscas que morrem perdem a suavidade do unguento" (Ecl 10,1); porque, em se lhes oferecendo alguma mortificação, desfalecem em suas obras deixando de fazê-las, isto é, perdem a perseverança na qual se encontra a suavidade do espírito e a colaboração interior.

8. O sexto dano é uma tendência habitual ao engano na apreciação das coisas e das obras. Baseiam o valor destas sobre o gosto encontrado, julgando as agradáveis melhores do que as desagradáveis. Assim louvam e estimam as primeiras, desestimando as segundas. No entanto, as obras mais comumente mortificantes à natureza, sobretudo quando se é principiante, são mais preciosas aos olhos do Senhor, por causa da negação própria então praticada. Naquelas em que se busca o consolo, é mais fácil buscar a si mesmo. A este propósito, disse o Profeta Miqueias: "Eles chamam bem ao mal que obram as suas mãos" (Mq 7,3). Assim acontece porque põem o seu gozo nas obras, e não em dar gosto unicamente a Deus. Seria demasiado longo descrever o domínio que esse mal exerce tanto sobre as pessoas dadas à espiritualidade como sobre o comum dos homens. Dificilmente se encontrará alguém cujos atos tenham por móvel o puro amor de Deus, sem se apoiar em algum interesse humano de satisfação, gosto ou outro respeito.

9. Se o homem não extingue a complacência vã sentida nas obras morais, experimenta então o sétimo dano, que o torna incapaz de receber um conselho sábio e seguir direção racional no que deve fazer. Porque a fraqueza habitual que tem em procurar a própria satisfação em suas ações o encadeia de modo a não reconhecer o conselho alheio como melhor; ou se o estima como tal, não tem coragem para segui-lo. Estas pessoas se entibiam muito no amor de Deus e do próximo: o amor-próprio, mesclado a todas as suas obras, dá motivo a que se resfrie a caridade.

Capítulo XXIX
Dos proveitos auferidos pela alma na renúncia ao gozo dos bens morais.

1. Imensos proveitos resultam para a alma quando recusa aplicar vãmente o gozo da sua vontade a esse gênero de bens. O primeiro é livrar-se de muitas tentações e enganos do demônio, ocultos sob a satisfação proporcionada pelas boas obras. É a isso que se referem as palavras de Jó: "Dorme à sombra, no esconderijo dos caniços, e em lugares úmidos" (Jó 40,16). Pode ser aplicado esse texto ao demônio que se serve, para enganar a alma, dessa satisfação e dessas obras vãs, figuradas pelos lugares úmidos e pela fragilidade do caniço. Ora, não é de admirar que o inimigo nos engane secretamente sob o véu deste gozo, já por si mesmo ilusório, sobretudo se há uma certa tendência à jactância no coração. Bem disse o Profeta Jeremias: "A tua arrogância te enganou" (Jr 49,16). Com efeito, haverá ilusão maior do que a jactância? O meio para a alma livrar-se deste engano é renunciar definitivamente ao gozo vão.

2. O segundo proveito é fazer as obras com maior madureza e perfeição – o que não aconteceria havendo nelas a paixão do gozo. Esta paixão excita de tal modo o apetite irascível e o concupiscível que a razão perde toda a sua orientação. Anda assim o homem, mudando e variando nos seus projetos e ações, abandonando umas e tomando outras, começando e deixando sem acabar coisa alguma. Como o móvel das obras é o gozo, e sendo este em si mesmo muito variável, e em algumas naturezas ainda mais, sucede que, uma vez desaparecido esse gozo, desvanecem-se também as obras e os propósitos, mesmo os mais importantes. Para tais pessoas, o prazer é a alma e a força dos seus empreendimentos; não mais existindo o gozo, desaparece a perseverança e a obra se reduz a nada, como naqueles de que disse Cristo: "Que ouvem a palavra com alegria, mas depois vem o demônio e lhes tira a palavra do coração para que não perseverem" (Lc 8,12). Isto provém de que a semente divina não possuía outra força nem outra raiz em seu co-

ração senão o gozo. É, pois, excelente disposição para se conseguir êxito e perseverar no bem mortificar a vontade nesse gozo. Grande é este proveito da abnegação, como também é grande o dano oposto. O homem prudente fixa os seus olhos na substância e no fruto da obra sem considerar o sabor e o gosto dela. Não dá golpes no ar, como se costuma dizer, mas encontra em sua ação gozo estável, sem nenhum descontentamento.

3. O terceiro proveito é totalmente divino: reprimindo a vã satisfação experimentada nas suas obras, o homem se faz pobre de espírito e participa de uma das bem-aventuranças proclamadas pelo Filho de Deus: "Bem-aventurados os pobres de espírito, porque deles é o Reino dos Céus" (Mt 5,3).

4. O quarto proveito proporcionado a quem renuncia ao gozo dos bens morais é que será manso, humilde e prudente em suas obras; não se deixará dominar pela impetuosidade e precipitação, arrastado pelo apetite concupiscível e irascível do gozo. Não mais haverá para ele motivo de presunção nessas obras, pois não mais as estima com vã complacência; enfim, não agirá incautamente como faria se estivesse cego pelo gozo.

5. O quinto proveito consiste em tornar a pessoa agradável a Deus e aos homens, livrando-a da avareza, da gula, da preguiça, da inveja espiritual e de mil outros vícios.

Capítulo XXX
Começa a tratar do quinto gênero de bens, que são os sobrenaturais, nos quais a vontade se pode comprazer. Diz em que consistem, e como se distinguem dos bens espirituais. De que modo se deve dirigir a Deus o gozo que neles se encontra.

1. Agora é conveniente tratar do quinto gênero de bens nos quais pode a alma gozar-se: os bens sobrenaturais. Por eles entendemos as graças e dons concedidos pelo Senhor, superiores à habilidade e poder natural, chamados *gratis datae*, dons gratuitos. Tais são os dons de sabedoria e ciência conferidos a

Salomão, e também as graças enumeradas por São Paulo: "A fé, a graça de curar as doenças, o dom dos milagres, o espírito de profecia, o discernimento dos espíritos, a interpretação das palavras, enfim, o dom de falar diversas línguas" (1Cor 12,9-10).

2. Sem dúvida, todos esses bens são espirituais, como os do sexto gênero, do qual nos ocuparemos mais tarde; todavia, existe entre eles diferença notável, motivo para distingui-los uns dos outros. O exercício dos bens sobrenaturais tem por fim imediato a utilidade do próximo, e é para esse proveito e fim que Deus os concede, conforme diz São Paulo: "E a cada um é dada a manifestação do Espírito para proveito dos demais" (1Cor 12,7). Isto se aplica a essas graças. Os bens espirituais, porém, têm por objetivo somente as relações recíprocas entre Deus e a alma, pela união do entendimento e da vontade, conforme explicaremos mais adiante. Assim, pois, há diferença entre o objeto de uns e outros; os bens espirituais visam só ao Criador e à alma, enquanto os sobrenaturais se aplicam às criaturas; diferem também quanto à substância e, por conseguinte, quanto à operação, sendo, portanto, necessário estabelecer certa divisão na doutrina.

3. Falemos agora das graças e dos dons sobrenaturais, no sentido aqui dado. Para purificar a vã complacência que a alma neles pode achar, vem a propósito assinalar dois proveitos desse gênero de bens: um temporal e outro espiritual. O primeiro é curar doentes, dar a visão a cegos, ressuscitar mortos, expulsar demônios, anunciar o futuro aos homens, e outros semelhantes benefícios. O segundo é eterno, e consiste em tornar Deus mais conhecido e servido, seja por quem opera esses prodígios, seja pelos que deles são objetos ou testemunhas.

4. Quanto ao proveito temporal, pode-se dizer que as obras sobrenaturais e os milagres pouca ou nenhuma complacência merecem da alma, porque, excluído o proveito espiritual, pouca ou nenhuma importância têm para o homem, pois em si mesmos não são meio para unir a alma com Deus, como é somente a caridade. Com efeito, essas obras e maravilhas so-

brenaturais não dependem da graça santificante e da caridade naqueles que as exercitam; seja Deus que as conceda verdadeiramente, apesar da maldade humana, como fez ao ímpio Balaão e a Salomão, seja quando exercidos falsamente pelos homens, com a ajuda do demônio, como sucedia a Simão Mago, ou ainda pelas forças ocultas da natureza. Ora, se entre tais graças extraordinárias algumas houvesse de proveito para quem as pratica, evidentemente seriam as verdadeiras, concedidas por Deus. E estas – excluindo o seu proveito espiritual – claramente ensina São Paulo o seu valor, dizendo: "Se eu falar as línguas dos homens e dos anjos, e não tiver caridade, sou como o metal que soa, ou como o sino que tine. E se eu tiver o dom da profecia, e conhecer todos os mistérios e quanto se pode saber; e se tiver toda a fé, até ao ponto de transportar montes, e não tiver caridade, nada sou" (1Cor 13,1-2). Muitas almas que receberam esses dons extraordinários e neles puseram sua estima pedirão ao Senhor, no último dia, a recompensa que julgam ter merecido por eles, dizendo: "Senhor, não profetizamos em teu nome, e em teu nome obramos muitos prodígios?" E a resposta será: "Apartai-vos de mim, os que obrais a iniquidade" (Mt 7,22-23).

5. Portanto, jamais deve o homem comprazer-se em possuir tais dons, a não ser pelo lucro espiritual que deles possa tirar, isto é, em servir a Deus com caridade verdadeira, pois aí está o fruto da vida eterna. Por essa razão, nosso Salvador repreendeu seus discípulos quando mostravam muita alegria por terem expulsado os demônios: "Entretanto, não vos alegreis de que os espíritos se vos submetam, mas alegrai-vos de que os vossos nomes estejam escritos no céu" (Lc 10,20). O que, em boa teologia, significa: gozai-vos somente de que estejam vossos nomes escritos no livro da vida. Seja esta a conclusão: a única coisa na qual pode o homem comprazer-se é a de estar no caminho da vida eterna, fazendo todas as suas obras em caridade. Tudo, pois, que não é amor de Deus, que proveito traz e que valor tem diante dele? E o amor não é perfeito quando

não é bastante forte e discreto em purificar a alma no gozo de todas as coisas, concentrando-o unicamente no cumprimento da vontade de Deus. Desse modo se une a vontade humana com a divina por meio destes bens sobrenaturais.

Capítulo XXXI
Dos prejuízos causados à alma quando põe o gozo da vontade neste gênero de bens.

1. A meu parecer, três são os danos principais em que a alma pode cair colocando seu gozo nos bens sobrenaturais: enganar e ser enganada, sofrer detrimento na fé e deixar-se levar pela vanglória ou alguma vaidade.

2. Quanto ao primeiro dano, é muito fácil enganar os outros e a si mesmo quando há complacência nas obras sobrenaturais. Eis a razão: para distinguir quais sejam as falsas das verdadeiras, e saber como e a que tempo se devem exercitar, é necessário grande discernimento e abundante luz de Deus: ora, o gozo e a estimação de tais obras impedem muito estas duas coisas. Isso acontece por dois motivos: porque o prazer embota e obscurece o juízo; e porque o homem, movido pelo desejo de gozar, não somente cobiça aqueles bens com muita sofreguidão, mas ainda se expõe a agir fora de tempo. Mesmo no caso de serem verdadeiras as virtudes e as obras, bastam os defeitos assinalados para produzir muitos enganos, quer por não serem elas entendidas no seu sentido real, quer por não se realizarem nem trazerem proveito às almas no tempo e modo mais oportuno. É verdade que Deus, distribuidor dessas graças sobrenaturais, as concede juntamente com a luz e o impulso para obrá-las na ocasião e maneira mais conveniente; todavia, o homem ainda pode errar muito, devido à imperfeição e ao espírito de propriedade que nelas tem, não as usando com a perfeição exigida pelo Senhor e conforme a vontade de Deus. A história de Balaão confirma o que dizemos; quando este falso profeta se determinou – contra as ordens de Deus – a ir

maldizer o povo de Israel, o Senhor, indignado, o queria matar (Nm 22,22-23). Também São Tiago e São João, levados por um zelo indiscreto, queriam que caísse fogo do céu (Lc 9,54) sobre os samaritanos, pelo fato de recusarem a hospitalidade a nosso Salvador, mas foram logo repreendidos por Ele.

3. Daí se vê claramente como estes espíritos de que vamos falando determinam-se a fazer tais obras fora do tempo conveniente, movidos por secreta paixão de imperfeição, envolta em gozo e estima delas. Quando não há semelhante imperfeição, as almas esperam o impulso divino para realizar essas obras, e só as fazem segundo o modo e o momento requerido pelo Senhor; pois, até então, não convém agir. Deus, por isso, queixava-se de certos profetas, por Jeremias, dizendo: "Eu não enviava estes profetas e eles corriam, não lhes falava nada e eles profetizavam" (Jr 23,21). Acrescentando: "Enganaram ao meu povo com a sua mentira e com os seus milagres, não os havendo eu enviado, nem dado ordem alguma" (Jr 23,32). Em outro trecho diz ainda que eles tinham visões apropriadas à tendência do seu espírito e que eram essas precisamente as que divulgavam (Jr 23,26). Esses abusos não se dariam se os tais profetas não tivessem misturado o abominável afeto de propriedade a estas obras sobrenaturais.

4. Pelas citações feitas, podemos reconhecer que o dano deste gozo leva o homem a usar de modo iníquo e perverso dessas graças divinas, como Balaão e os que faziam milagres para enganar o povo; e, além disso, induz à temeridade de usar delas sem as haver recebido de Deus. Deste número foram os que profetizavam e publicavam as visões da sua fantasia, ou aquelas que tinham por autor o demônio. Este, com efeito, explora imediatamente a disposição desses homens afeiçoados aos favores extraordinários; fornece-lhes abundante matéria neste vasto campo exercendo as suas malignas influências sobre todas as suas ações; e eles assim enfunam as velas para vogar livremente com desaforada ousadia nestas prodigiosas obras.

5. O mal não para aí: o gozo e a cobiça desses bens levam essas pessoas a tais excessos que, se antes tinham feito pacto oculto com o demônio (porque muitos fazem coisas extraordinárias por esse meio), chegam ao atrevimento de se entregar então a ele por pacto expresso e manifesto, tornando-se seus discípulos e aliados. Daí saem os feiticeiros, encantadores, mágicos, adivinhos e bruxos. Para cúmulo do mal, esta paixão de gozo nos prodígios extraordinários leva a ponto de se querer comprar a peso de dinheiro as graças e os dons de Deus, a modo de Simão Mago, para fazê-los servir ao demônio. Esses homens procuram ainda apoderar-se das coisas sagradas, e – não se pode dizê-lo sem tremer! – ousam tomar até os divinos mistérios, como já tem sucedido, sacrilegamente, usurpando o adorável corpo de Nosso Senhor Jesus Cristo para uso de suas próprias maldades e abominações. Digne-se Deus mostrar e estender até eles a sua infinita misericórdia.

6. Cada um de nós bem pode compreender quão perniciosas para si mesmas e quão prejudiciais à Cristandade são estas pessoas. Observemos de passagem que todos aqueles magos e adivinhos do povo de Israel, aos quais Saul mandou exterminar, caíram em tantas abominações e enganos porque quiseram imitar os verdadeiros profetas de Deus.

7. O cristão, pois, dotado de alguma graça sobrenatural, deve acautelar-se de pôr aí o seu gozo e estimação, não buscando obrar por esse meio, porque Deus, que lha concedeu sobrenaturalmente para utilidade da sua Igreja, ou dos seus membros, movê-lo-á também sobrenaturalmente quando e como lhe convier. O Senhor, que mandava que seus discípulos não se preocupassem com que falar nem como haviam de fazê-lo, quando se tratasse de coisa sobrenatural da fé, quer também que, nestas obras sobrenaturais, o homem espere a moção interior de Deus para agir, pois na virtude do Espírito Santo é que se opera toda virtude. Embora os discípulos houvessem recebido de modo infuso as graças e os dons celestes, conforme se lê nos Atos dos Apóstolos, ainda assim fizeram oração a Deus

rogando-lhe que fosse servido de estender sua mão para obrar por meio deles prodígios e curas de doentes, a fim de introduzir nos corações a fé de Nosso Senhor Jesus Cristo (At 4,29-30).

8. O segundo dano que pode provir do primeiro é detrimento a respeito da fé, de duas maneiras. A primeira, quanto ao próximo, como, por exemplo, se uma pessoa se dispõe a fazer milagres ou maravilhas fora de tempo ou sem necessidade, não somente tenta a Deus, o que é grave pecado, como ainda poderá fazer com que o efeito não corresponda à sua expectativa. Os corações, desde logo, serão expostos a cair no descrédito ou no desprezo da fé. Porque, embora o milagre se realize, e Deus assim o permita por motivos só dele conhecidos, como fez com a pitonisa de Saul (1Sm 28,12) (se é verdade que foi Samuel que ali apareceu), nem sempre acontecerá assim. E, quando acontecer realizar-se o prodígio, não deixam de errar os que o fazem, e de terem culpa, pois usam dessas graças quando não é conveniente. A segunda maneira é que o homem pode sentir em si mesmo detrimento em relação ao mérito da fé. A estima exagerada dos milagres, cujo poder lhe foi dado, desvia-o muito do hábito substancial da fé que por si mesma é hábito obscuro; e assim, onde abundam os prodígios e os fatos sobrenaturais, há menos merecimento em crer. A esse propósito, diz-nos São Gregório: "A fé é sem mérito quando a razão humana e a experiência lhe servem de provas". Por este motivo, Deus só opera tais maravilhas quando são absolutamente necessárias para crer. A fim de que os seus discípulos não perdessem o mérito da fé quando tivessem experiência da sua ressurreição, Nosso Senhor, antes de se lhes mostrar, fez várias coisas para induzi-los a crer sem o verem. A Maria Madalena primeiramente mostrou vazio o sepulcro e depois lhe fez ouvir dos anjos a notícia desse mistério; porque a fé vem pelo ouvido, como diz São Paulo, e assim esta santa deveria acreditar antes ouvindo do que vendo. Mesmo quando o viu, foi sob o aspecto de um homem comum. Nosso Senhor quis desse modo acabar de instruí-la na fé que lhe faltava por causa de sua presença

sensível. Aos seus discípulos, primeiramente, enviou as santas mulheres a dar-lhes a nova da ressurreição, e eles depois foram olhar o sepulcro. Aos dois que iam a Emaús (Lc 24,15), juntou-se no caminho dissimuladamente, e inflamava-lhes os corações na fé, antes de se manifestar aos seus olhos. Enfim, repreendeu a todos os seus apóstolos reunidos por não acreditarem na palavra dos que lhes tinham anunciado a sua ressurreição. E a São Tomé, porque quis ter experiência tocando nas suas chagas, censurou o Senhor, quando lhe disse: "Bem-aventurados os que não viram, e creram" (Jo 20,29).

9. Vemos, portanto, que não é condição de Deus fazer milagres; antes, Ele os faz quando não pode agir de outro modo. Foi por isso que censurou aos fariseus: "Vós, se não vedes milagres e prodígios, não credes" (Jo 4,48). As almas cuja afeição se emprega nessas obras sobrenaturais sofrem grande prejuízo quanto à fé.

10. O terceiro dano é cair ordinariamente a alma na vanglória ou em alguma vaidade, quando quer gozar em tais obras extraordinárias. O próprio prazer por essas maravilhas já é vaidade, não sendo proporcionado puramente em Deus e para Deus. Eis por que Nosso Senhor repreendeu seus discípulos quando manifestaram alegria por terem subjugado os demônios (Lc 10,20); jamais lhes dirigiria esta reprimenda se não fosse vão tal gozo.

Capítulo XXXII
Dos proveitos resultantes da abnegação do gozo nas graças sobrenaturais.

1. A alma, além das vantagens encontradas livrando-se dos três danos assinalados, adquire, pela privação de gozo nas graças sobrenaturais, dois proveitos muito preciosos. O primeiro é glorificar e exaltar a Deus; o segundo, exaltar-se a si mesma. Efetivamente, de dois modos é Deus exaltado na alma. Primeiramente, desviando o coração e a afeição da vontade de tudo o

que não é Deus, para fixá-los unicamente nele. "Chegar-se-á o homem ao cimo do coração, e Deus será exaltado" (Sl 63,7). O sentido destas palavras de Davi já foi referido no começo do tratado sobre a noite da vontade. Quando o coração paira acima de todas as coisas, a alma se eleva acima de todas elas.

2. Quando a alma concentra todo o seu gozo só em Deus, muito glorifica e engrandece ao Senhor, que então lhe manifesta sua excelência e grandeza, porque, nesta elevação de gozo, a alma recebe de Deus o testemunho de quem Ele é. Isso, porém, não acontece sem a vontade estar vazia e pura quanto às alegrias e às consolações a respeito de todas as coisas, como o Senhor ainda o ensina por Davi: "Cessai, e vede que eu sou Deus" (Sl 45,11). E outra vez diz: "Em terra deserta, e sem caminho, e sem água; nela, me apresentei a ti como no santuário para ver o teu poder e a tua glória" (Sl 42,3). Se é verdade que Deus é glorificado pela completa renúncia à satisfação de todas as coisas, muito mais exaltado será no desprendimento dessas outras coisas mais prodigiosas, quando a alma põe somente nele o seu gozo; porque são graças de maior entidade, sendo sobrenaturais; e deixá-las para estabelecer unicamente em Deus sua alegria será atribuir a Ele maior glória e maior excelência do que a elas. Quanto mais nobres e preciosas são as coisas desprezadas por outro objeto, mais se mostra estima e rende-se homenagem a este último.

3. Além disso, no desapego da vontade nas obras sobrenaturais, consiste o segundo modo de exaltar a Deus. Pois, quanto mais Deus é crido e servido sem testemunhos e sinais, tanto mais é exaltado pela alma, porque ela crê de Deus mais do que os sinais e os milagres lhe poderiam dar a entender.

4. O segundo proveito, como dissemos, faz a alma exaltar-se a si mesma. Afastando a vontade de todos os testemunhos e de todos os sinais aparentes, eleva-se em fé muito mais pura, a qual Deus lhe infunde e aumenta com maior intensidade. Ao mesmo tempo, o Senhor faz crescer na alma as duas outras virtudes teologais, a esperança e a caridade. A alma goza, então,

de sublimes e divinas notícias, por meio deste hábito obscuro da fé em total desapego. Experimenta grande deleite de amor pela caridade que lhe faz gozar unicamente de Deus vivo; e, mediante a esperança, permanece satisfeita quanto à memória. Tudo isso constitui admirável proveito, essencial e diretamente necessário à perfeita união da alma com Deus.

Capítulo XXXIII
Começa a tratar do sexto gênero de bens nos quais pode a vontade se comprazer. Diz quais são e faz a primeira classificação deles.

1. Sendo o intuito de nossa obra encaminhar a alma pelos bens espirituais até a divina união com Deus, agora tratando do sexto gênero de bens, isto é, dos bens espirituais que melhor contribuem para esse fim, é necessário tanto eu como o leitor os considerarmos com muita advertência. É muito certo e comum algumas pessoas, por falta de ciência, serem-se dos bens espirituais só para satisfação do sentido, permanecendo o espírito vazio. Dificilmente se encontrará quem não tenha o espírito em grande parte prejudicado por esse domínio do sentido que toma para si as realidades espirituais e as absorve antes de chegarem ao mesmo espírito, deixando-o, desse modo, vazio e árido.

2. Voltando ao nosso assunto, entendo por bens espirituais todos aqueles cuja moção nos ajuda e dirige às coisas divinas, ou favorecem o trato da alma com Deus e as comunicações de Deus à alma.

3. Começo a fazer a divisão deles pelos gêneros supremos; classifico os bens espirituais de duas maneiras: uns agradáveis e, outros, penosos. Cada gênero desses se subdivide também em duas espécies. Entre os bens espirituais agradáveis, uns revelam coisas claras e distintas, outros, obscuras e confusas; e entre os penosos, igualmente, alguns são de coisas claras e distintas, e, outros, confusas e obscuras.

4. Todos esses bens podem ser divididos segundo as potências da alma: uns, relacionados com os conhecimentos intelectuais, pertencem ao entendimento; outros, por serem afeições, pertencem à vontade; e outros, afinal, por serem imaginários, entram no domínio da memória.

5. Deixemos para depois a explicação dos bens penosos, pois fazem parte da noite passiva, onde falaremos deles. Ponhamos também de lado aqueles bens agradáveis cujo objeto são as coisas confusas e obscuras, pois encontrarão seu lugar mais além, quando tivermos que tratar da notícia geral, confusa e amorosa na qual se consuma a união da alma com Deus. No Livro II, quando estabelecemos as divisões entre os conhecimentos do entendimento, fizemos menção dessa notícia geral, adiando intencionalmente esse assunto para estudá-lo no fim de tudo. Trataremos agora dos bens agradáveis, que são de coisas claras e distintas.

Capítulo XXXIV
Dos bens espirituais que podem distintamente cair no entendimento e na memória. Como deve a vontade proceder no gozo que aí encontra.

1. Não pouco teríamos que fazer aqui com o grande número das apreensões da memória e do entendimento, ensinando à vontade como proceder acerca do gozo nelas encontrado, se não houvéramos tratado largamente de tudo isso no Livro II e no Livro III. Efetivamente já indicamos aí o modo de dirigir essas duas potências para a união divina, através dessas apreensões; da mesma forma deve proceder a vontade. Por este motivo, não é necessário repetir aqui tudo quanto já foi dito. Basta ensinar que, assim como a memória e o entendimento devem renunciar a todas as ditas apreensões, a vontade por sua vez se há de despojar do gozo oferecido por elas. A mesma atitude das duas primeiras potências a respeito de todas as apreensões distintas deve ser a da vontade, porque o entendi-

mento e as outras potências nada podem admitir ou negar sem o consentimento da vontade; e assim a mesma doutrina que serve para um caso servirá também para o outro.

2. Veja-se, portanto, nos lugares referidos tudo quanto aqui se requer, observando que a alma incorrerá em todos os danos e perigos ali declarados se não souber encaminhar o gozo da vontade para Deus, no meio de todas as apreensões.

Capítulo XXXV
Dos bens espirituais agradáveis que podem ser objeto claro e distinto da vontade. De quantas espécies são.

1. Podemos reduzir a quatro gêneros todos os bens nos quais a vontade pode distintamente comprazer-se: os que nos movem à devoção, os que nos incitam a servir a Deus, os que nos dirigem a Ele e os que nos levam à perfeição. Trataremos de cada um segundo esta ordem, começando pelos primeiros, a saber: as imagens e retratos dos santos, os oratórios e cerimônias religiosas.

2. Pode haver, quanto a essas imagens e quadros, muita vaidade e gozo inútil. Sendo tão importantes para o culto divino e tão necessários para mover a vontade à devoção, como o demonstra o uso e a aprovação da Santa Igreja – e, portanto, convém nos aproveitarmos desse meio para despertar nossa tibieza –, todavia, muitas pessoas põem muito mais o gozo na pintura e no ornato exterior do que no seu significado.

3. A Santa Igreja ordenou o uso das imagens para dois fins principais: reverenciar nelas os santos e mover a vontade despertando a devoção dos fiéis, por meio delas, para com os mesmos santos. Quando esses dois efeitos se produzem, as imagens são muito proveitosas, e o seu uso necessário. E, assim, devem ser preferidas aquelas que retratam os santos mais ao vivo e ao natural, movendo a maior devoção; só este motivo justifica a preferência, e não o preço e a curiosidade

do feitio ou ornato exterior. Há quem repare mais na arte e valor da imagem do que no santo nela representado. Em vez de dirigirem a sua devoção espiritual e interior ao mesmo santo invisível, põem-na no ornato e na confecção material daquela imagem que deveriam esquecer, pois é apenas motivo para a alma se afervorar; e aplicam ao objeto exterior o amor e gozo da vontade com deleite e satisfação do sentido. Com este modo de agir, impedem totalmente o verdadeiro espírito que requer o aniquilamento do afeto em todas as coisas particulares.

4. Ver-se-á bem o que afirmamos no uso detestável adotado em nossos tempos por certas pessoas que, não tendo ainda aborrecido o traje vão do mundo, adornam as imagens segundo os costumes modernos inventados cada dia pelos mundanos para seus passatempos e vaidades, e com este traje frívolo e repreensível vestem as ditas imagens. Isto aos santos sempre foi e é sumamente odioso. Parece que tais pessoas, por sugestão diabólica, querem canonizar as suas próprias vaidades, ornando com estas as sagradas imagens, não sem grave injúria aos mesmos santos. Desse modo, a honesta e séria devoção da alma, que lança e arroja de si até a sombra de qualquer vaidade, é substituída por uma espécie de ornato de bonecas; e alguns chegam a servir-se das imagens como se fossem ídolos em que põem toda a sua complacência. Vereis ainda outras pessoas que não se fartam de acrescentar imagens a imagens, e querem que sejam de tal ou qual feitio e espécie, colocadas de determinada maneira, para deleitarem ao sentido, enquanto a devoção do coração é bem diminuta. Têm tanto apego a essas imagens como Micas ou Labão aos seus ídolos: o primeiro saiu de casa bradando em altas vozes porque lhos roubavam, e o segundo, após ter percorrido longo caminho para os recuperar, muito encolerizado, revolveu toda a tenda de Jacó para encontrá-los (Jz 18,24; Gn 31,34).

5. A pessoa verdadeiramente devota faz do invisível o objeto principal de sua devoção; não necessita de muitas imagens, antes, usa de poucas, escolhendo as mais ajustadas ao

divino que ao humano; procura conformar as imagens e a si mesma ao estado e à condição da outra vida, e não segundo o traje e modo deste século. Têm em vista não somente livrar o apetite de ser movido pela figura deste mundo, mas ainda não dar ocasião a que essas imagens lhe tragam a lembrança dele como aconteceria se oferecessem aos olhos alguma coisa semelhante às do século. Longe de apegar o coração às que usa, bem pouco se aflige se lhas tiram, porque busca dentro de si mesma a viva imagem de Cristo crucificado, e nele se goza por tudo lhe ser tirado e tudo lhe faltar. Até quando lhe subtraem os motivos e meios mais próprios para a sua união com Deus, fica sossegada. Efetivamente, é maior perfeição conservar-se a alma com tranquilidade e satisfação interior na privação de todos esses meios do que possuí-los com apego e apetite. Embora seja bom recorrer às imagens que ajudam à devoção, escolhendo por este motivo as que mais movem a alma, todavia, não é perfeito apegar-se a elas com propriedade, a ponto de entristecer-se quando lhas tiram.

6. Tenha por certo a alma o seguinte: quanto mais estiver presa a qualquer imagem ou motivo sensível, menos subirá a sua oração e devoção até Deus. Sem dúvida, podem ser preferidas algumas imagens a outras, por retratarem mais expressamente os santos, excitando assim maior devoção; porém unicamente por esta causa é permitido afeiçoar-se a elas, sem aquele apego e propriedade a que nos referimos. De outro modo, todo o proveito e fruto que havia de tirar o espírito em elevar-se a Deus, por esses motivos de devoção absorvê-lo-ia o sentido, estando engolfado no gozo desses mesmos instrumentos; e, aquilo que me deveria ajudar a alma, por minha imperfeição me serve de obstáculo, tanto como o apego e a afeição desordenada a qualquer outra coisa.

7. Sobre este ponto das imagens, talvez alguma objeção me seja feita por quem não haja compreendido bastante a desnudez e pobreza de espírito requerida para a perfeição. Mas nada se pode opor, certamente, ao reconhecer a imperfeição

muito comum insinuada na escolha dos rosários. É raro encontrar pessoa que não tenha alguma fraqueza a esse respeito, desejando que sejam de tal forma e não de outra, de cor determinada, preferindo um metal a outro, com tal ou tal ornamento etc. No entanto, Deus não ouve mais favoravelmente as orações feitas com este ou aquele, pois a matéria do objeto não tem importância alguma. As orações ouvidas por Deus são de preferência as que saem de um coração simples e verdadeiro, cuja única pretensão é agradar ao Senhor, sem cuidar deste ou daquele rosário, a não ser por causa das indulgências.

8. Tal o modo e a condição de nossa vã cobiça que em tudo quer fazer presa; como bicho roedor, come as partes sãs, e nas coisas boas e más faz o seu ofício. Com efeito, que significa a tua predileção por um rosário curiosamente trabalhado? E por que preferes seja desta matéria e não de outra, senão para assim satisfazer o teu gosto? Por que escolhes esta imagem de preferência àquela, pelo motivo do seu preço e da sua arte, sem reparar se te inflamará mais no amor divino? Certamente, se empregasses teu apetite e gozo somente em amar a Deus, serias indiferente a isto ou àquilo. Causa grande aborrecimento ver algumas pessoas espirituais tão apegadas ao modo e feitio desses objetos e à curiosidade e vã complacência no uso deles, jamais se satisfazendo; andam sempre a trocar uns por outros, mudando e olvidando a devoção do espírito por esses meios visíveis. Muitas vezes a eles se apegam com afeto desordenado, bem semelhante ao que têm a outros objetos temporais; e desse modo de proceder resulta-lhes não pouco dano.

Capítulo XXXVI
Continua a falar das imagens. Ignorância de certas pessoas a este respeito.

1. Muito haveria que escrever sobre a pouca inteligência de muitas pessoas a propósito das imagens. Às vezes, chega a tanto a sua inépcia que confiam mais em uma imagem do que

em outra, na persuasão de serem mais ouvidas por Deus por aquela do que por esta, embora ambas representem a mesma realidade, como, por exemplo, duas de Jesus Cristo ou duas de Nossa Senhora. Isto acontece porque põem a sua afeição na figura exterior, preferindo uma à outra, mostrando assim grande ignorância no modo de tratar com Deus e de prestar-lhe a devida honra e culto, o qual só olha a fé e pureza do coração daquele que ora. Se Deus concede mais graças por meio de determinada imagem do que por outra do mesmo gênero, não é porque haja na primeira algo especial para esse efeito (embora haja diferença no exterior), mas somente porque as pessoas se sentem movidas a mais devoção por meio daquela. Se tivessem a mesma devoção para com ambas as imagens (e ainda sem esses meios), receberiam os mesmos favores divinos.

2. A diferença das formas ou a beleza material da imagem não são motivo para Deus fazer milagres e mercês; serve-se o Senhor daquelas diferenças não para as imagens serem estimadas com preferência de umas e outras, mas unicamente para despertar nas almas a devoção adormecida, e o afeto dos fiéis à oração. Ora, como por meio daquela imagem este resultado é produzido, isto é, se acende a devoção nas almas, movendo-as a mais oração (porque uma e outra são meios para Deus atender ao que lhe é pedido), então costuma o Senhor conceder suas graças por aquela determinada imagem, operando milagres. Não procede Deus assim por causa da imagem, em si mesma apenas uma pintura, mas por causa da devoção e fé que as almas têm para com o santo representado. Se tivesses, pois, a mesma devoção e fé em Nossa Senhora, diante de uma como de outra imagem (pois ambas representam a mesma Senhora), receberias as mesmas graças, e ainda sem imagem alguma. Vemos por experiência como Deus faz os seus prodígios e graças por intermédio de certas imagens cuja escultura ou pintura deixa muito a desejar, não oferecendo interesse algum à curiosidade; assim o faz para impedir os fiéis de atribuírem qualquer coisa nesses prodígios à escultura ou à pintura da imagem.

3. Muitas vezes Nosso Senhor escolhe as imagens colocadas nos lugares solitários e apartados para conceder suas mercês. De um lado, porque a devoção dos fiéis aumenta com o sacrifício de se transportarem até onde elas estão, e torna mais meritório o seu ato; de outro, porque se afastam do barulho e do tumulto da multidão para orar, como fazia o divino Mestre. Por isso, quem faz alguma peregrinação, é bom fazê-la quando não vão outros peregrinos, embora seja em tempo extraordinário. Quando há grande concurso de gente, jamais aconselharia que se fizesse, pois ordinariamente se volta mais distraído do que quando se foi. Muitos fazem essas romarias mais por recreação do que por devoção. Havendo piedade e fé, qualquer imagem produz efeitos bons nas almas, mas, fora disso, nenhuma imagem trará proveito. Bem viva imagem era nosso Salvador em sua vida mortal; e, todavia, não aproveitava àqueles que não tinham fé, por mais que estivessem em sua divina companhia e presenciassem as suas obras maravilhosas. Era esta falta de fé a causa de não serem operados muitos milagres pelo mesmo Senhor em sua terra, como diz o evangelista (Lc 4,23-24).

4. Quero declarar também aqui alguns efeitos sobrenaturais produzidos pelas imagens em certas pessoas. Deus às vezes infunde nessas imagens virtude particular, de modo a ficar impressa com muita força na mente aquela figura, e, ao mesmo tempo, a devoção causada na alma, como se estivesse sempre presente; e assim, cada vez que a pessoa se lembra da imagem, sente despertar a mesma devoção experimentada a primeira vez que a viu, e esse efeito se produz com maior ou menor intensidade. Sucederá que em outra imagem, embora mais primorosa, não achará a mesma pessoa aquele espírito.

5. Muitas almas também sentem maior devoção diante de algumas imagens do que de outras, e não será esse efeito sobrenatural; tratar-se-á apenas de gosto ou afeição da natureza. Assim como entre as pessoas pode haver simpatia e inclinação para uma que talvez seja menos formosa, e que, entretanto,

contentará mais a alguém, ocupando-lhe a imaginação e prendendo-lhe o afeto, porque lhe agrada aquela forma e figura, do mesmo modo acontece com as imagens. Julgarão aquelas almas ser devoção o sentimento de afeto nascido de tal ou qual imagem, e não será talvez mais do que afeição e gosto natural. Outras vezes, olhando uma imagem, parece-lhes vê-la mover-se ou fazer sinais, e se lhes manifestar por qualquer modo, ou lhes falar. Tudo isso, bem como os efeitos sobrenaturais a que já nos referimos, pode vir da parte de Deus, produzindo bons e verdadeiros frutos, seja para aumentar a devoção, seja para proporcionar à alma alguma ajuda a que se possa apoiar em sua própria fraqueza, evitando as distrações; porém, muitas vezes, são astúcias do demônio, com o fim de prejudicar e iludir as almas. Portanto, daremos doutrina sobre esta matéria no capítulo seguinte.

Capítulo XXXVII
Como se deve dirigir para Deus o gozo encontrado pela vontade nas imagens, de modo a não constituírem estas motivos de erro ou obstáculo.

1. Assim como as imagens são de grande proveito, trazendo-nos a lembrança de Deus e dos seus santos, movendo a nossa vontade à devoção, quando as usamos de forma conveniente, também podem ser fonte de inúmeros erros quando a alma não sabe dirigir-se por elas a Deus nos efeitos sobrenaturais que produzem. Um dos principais meios empregados pelo demônio para surpreender as almas incautas e afastá-las do verdadeiro caminho da vida espiritual é precisamente este de coisas sobrenaturais e extraordinárias que manifesta nas imagens, tanto nas corporais e materiais aprovadas pela Igreja como nas representações interiores que costuma imprimir na imaginação, sob a aparência de tal ou tal santo ou da sua imagem. Transfigura-se assim o demônio em anjo de luz, dissimulando-se sob os mesmos meios que nos são dados para ajuda e

remédio de nossas fraquezas, para desse modo surpreender a nossa inexperiência. Uma alma boa deve ter maior cuidado e receio naquilo que lhe parece bem, pois o mal traz consigo o próprio testemunho de si.

2. Estes são os danos encontradiços nesta matéria: ser impedida no seu voo para Deus, servir-se das imagens de modo grosseiro e ignorante, ser enganada natural ou sobrenaturalmente por meio delas. Para evitá-los, e também para purificar o gozo da vontade no uso das imagens, dirigindo-se por elas a Deus conforme a intenção da Igreja, só uma advertência basta à alma: já que as imagens nos servem de motivo para o invisível, é necessário que a afeição e o gozo da vontade se encaminhem exclusivamente à realidade por essas imagens representadas. Portanto, tenha o fiel este cuidado: vendo a imagem, não queira embeber o sentido naquela figura, seja corporal ou imaginária, bem lavrada ou ricamente ornada; quer lhe inspire devoção sensível ou espiritual, quer lhe manifeste sinais extraordinários. Não faça caso desses acidentes nem se detenha na imagem, mas eleve o espírito para o invisível que ela representa, aplicando o sabor e gozo da vontade em Deus com oração e devoção interior a Ele, ou ao santo que é ali invocado. Não deixe o sentido ficar preso à pintura, impedindo o espírito de voar à realidade viva. Dessa maneira, a alma não será enganada, porque não se prenderá ao que lhe disser a imagem; elevar-se-á, pelo contrário, acima do sentido, e pelo espírito, com grande liberdade, até Deus; e também não terá mais confiança em uma imagem do que em outra. Quando encontrar em alguma delas sobrenaturalmente maior devoção, elevando-se logo com o afeto para Deus, receberá mais copiosas graças. Na verdade, quando o Senhor concede essas e outras semelhantes mercês, inclina o gozo e a afeição da vontade para o invisível, e assim quer sempre que o façamos, em total renúncia da força e sabor de nossas potências em relação a todo o visível e sensível.

Capítulo XXXVIII
Continua a explicar os bens que movem a alma à devoção: oratórios e lugares consagrados à oração.

1. Parece-me ter já demonstrado quanta imperfeição pode ter o espiritual quando se detém nos acessórios das imagens, e como a imperfeição talvez seja mais perigosa, porque, sob o pretexto de serem coisas santas, as almas se acreditam em segurança, refreando menos o atrativo natural de propriedade. Enganam-se assim frequentemente, no gosto experimentado no uso desses objetos piedosos, imaginando-se cheios de devoção, quando, porventura, apenas se trata de tendência e apetite natural, que se aplica a esses objetos como se poderia aplicar a outros.

2. Comecemos a falar dos oratórios. Certas pessoas acrescentam imagens sobre imagens no seu oratório, comprazendo-se na ordem e ornamentação com que dispõem tudo, para ficar o mesmo oratório bem-adornado e atraente. Quanto a Deus, não pensam em reverenciá-lo mais, e, pelo contrário, cuidam menos disso, porque empregam todo gozo e complacência naquelas pinturas e ornatos, desviando-o da realidade invisível, como dissemos. Sem dúvida, todo ornamento e decoração, e toda reverência para com as imagens, é sempre pouca; por isso, aqueles que as tratam com pouco respeito e veneração são dignos de censura, bem como os pintores e escultores que as fazem tão grosseiras e imperfeitas que antes tiram a devoção do que a aumentam. Por este motivo deveriam vedar a fabricação de imagens aos que nesta arte não são peritos. Não obstante, que relação existe entre o culto oferecido às imagens e o espírito de propriedade, apego e apetite nesses ornamentos e atavios exteriores que de tal maneira cativam o teu sentido a ponto de impedir tanto o teu coração de unir-se a Deus e amá-lo, esquecendo tudo por seu amor? Se faltares a este dever por causa daqueles objetos sensíveis, não somente o Senhor deixará de agradecer tudo quanto fazes, mas também te dará o castigo merecido, por não teres buscado em tudo seu divino beneplácito, de preferência ao teu gosto. A festa da en-

trada triunfal de Nosso Senhor em Jerusalém (Mt 21) apoia o que afirmamos. Enquanto o povo o recebia com palmas e cantos, Sua Majestade chorava. A causa de suas lágrimas era ver os corações tão afastados dele, acreditando pagar a dívida de reconhecimento por aqueles sinais e manifestações exteriores. Mais faziam festa a si mesmos do que a Deus. Assim acontece a muitos em nossos dias, quando há alguma solenidade em qualquer lugar: costumam alegrar-se muito nos festejos e folguedos, gostando de ver e de serem vistos, ou comprazendo-se em comer ou ainda buscando outros motivos humanos, bem longe de procurarem o agradável a Deus. Nessas tendências e intenções tão baixas, nenhum gosto dão ao Senhor, sobretudo, se os promotores de tais festas misturam coisas profanas e ridículas, próprias para excitar o riso e a distração dos assistentes, ou procurando atrair a atenção do povo em vez de despertar a devoção nas almas.

3. E que dizer de outras intenções de algumas pessoas nessas festas, ou quando as celebram por interesse de lucro? Estes têm o olho da cobiça mais aberto sobre o próprio ganho do que sobre o serviço do Senhor. Não ignoram a insensatez da sua conduta, e Deus, que os vê, ainda melhor o sabe. Saibam que, se não têm reta intenção, fazem mais festa a si do que a Deus. Tudo quanto é feito para a própria satisfação, ou para agradar aos homens, Deus não aceita como feito a si. Antes, sucede muitas vezes estarem os homens folgando de tomar parte nas festas religiosas, e Deus estará se irritando contra eles, como aconteceu aos filhos de Israel cantando e dançando em torno do seu ídolo (Ex 32,7-28), imaginando honrar a Deus, quando muitos milhares dentre eles foram exterminados pelo Senhor. Ou ainda poderá suceder como aos sacerdotes Nadab e Abiú, filhos de Aarão, que foram mortos com os turíbulos nas mãos porque ofereciam fogo estranho (Lv 10,1-2). De igual modo, o que penetrou na sala do festim sem estar revestido da túnica nupcial foi, por ordem do rei, lançado, de pés e mãos atados, nas trevas exteriores (Mt 22,12). Mostram-nos esses

diversos castigos até que ponto desagradam a Deus as irreverências cometidas nas reuniões feitas em sua honra. Ó Senhor, meu Deus, quantas festas vos fazem os filhos dos homens, nas quais o demônio tem a sua parte maior do que a vossa! O inimigo se alegra nessas festas porque, aí, como tratante faz a sua féria. Quantas vezes, Senhor, podereis vós dizer nessas ocasiões: "Este povo honra-me com os lábios, mas o seu coração está longe de mim" (Mt 15,8), isto é, o seu culto é destituído de fundamento! Deus deve ser servido unicamente pelo que Ele é, sem que se interponham outros fins: não o servir, pois, por esse motivo, é não o reconhecer como causa final de nosso culto.

4. Voltando a falar dos oratórios: há pessoas que procuram ornamentá-los mais para satisfazer o próprio gosto do que para honrar a Deus. Outras fazem tão pouco caso da devoção desses lugares como se fossem salões mundanos; e ainda outras pessoas os estimam tão pouco a ponto de terem mais gosto nas coisas humanas do que nas divinas.

5. Mas, deixando isto de parte, dirijamo-nos aos que fiam mais fino, como se costuma dizer; queremos falar daqueles que se têm em conta de gente devota. Essas pessoas se preocupam de tal modo em contentar as próprias inclinações naturais para decorar seus oratórios que nisso gastam todo o tempo que deveriam dar a Deus pela oração e pelo recolhimento interior. Não compreendem que nesta desordem, sem recolhimento e paz para a alma, encontram tanta distração como nos outros cuidados temporais; a cada passo se inquietam nos seus apetites, mormente se alguém tentasse tirar-lhes aquele gozo.

Capítulo XXXIX
Como se deve usar dos oratórios e igrejas, encaminhando o espírito para Deus.

1. Para dirigir a Deus o espírito nesse gênero de bens que movem à devoção convém advertir que é permitido e mesmo útil aos principiantes algum prazer e gosto sensível nas ima-

gens, oratórios e outros objetos visíveis de piedade. Como não perderam ainda o gosto das coisas temporais, e não estando ainda a sua alma mortificada, este gosto sensível nos motivos de devoção lhes é indispensável para afastá-los dos prazeres terrestres. Assim acontece à criança a quem se apresenta um objeto antes de retirar o que ela tem na mão, a fim de distraí--la e impedir que chore, vendo-se com as mãos vazias. Para progredir, porém, na perfeição, é preciso desprender-se até dos gostos e apetites em que a vontade pode comprazer-se, porque o puro espírito não se prende a objeto algum, estabelecendo--se unicamente no recolhimento e trato íntimo com Deus. Se faz uso de imagens e oratórios, é de modo passageiro, e logo se eleva a Deus, esquecendo tudo o que é sensível.

2. É bom escolher para a oração os lugares mais aptos para tal exercício; contudo, deve-se escolher de preferência aqueles que menos embaraçam os sentidos e o espírito para a união com Deus. Pode-se aplicar, a esse respeito, a palavra de Nosso Senhor à samaritana, quando esta lhe perguntou qual era o lugar mais adequado para a oração, se o templo ou o monte. Jesus respondeu que a qualidade da verdadeira oração não dependia de um ou de outro lugar, mas que o Pai se agradava daqueles que o adoravam em espírito e em verdade. Podemos concluir dessas palavras que, embora as igrejas e os oratórios se destinem, sem dúvida, exclusivamente à prece e sejam apropriados para a oração, todavia, para o íntimo trato da alma com Deus, deve ser dada a preferência aos lugares que menos possam ocupar e prender o sentido. Não existe razão para certas pessoas escolherem sítios agradáveis e amenos; em vez de recolherem o espírito em Deus, antes o detêm em recreação e gosto sensível. Um lugar solitário e mesmo agreste facilita mais a oração, pois o espírito, não sendo retido e limitado pelas realidades visíveis, sobe em voo seguro e direto para Deus. Enfim, se os lugares exteriores algumas vezes ajudam o espírito a se elevar, é sempre sob a condição de serem logo olvidados quando a alma se une a Deus. Nosso Salvador, para nos dar

exemplo, escolhia habitualmente para orar os lugares solitários, não favorecendo muito os sentidos, mas antes levantando o espírito ao céu, tais como as montanhas que se levantam da terra e ordinariamente são destituídas de vegetação, não oferecendo recreação sensível.

3. Desse modo, o verdadeiro espiritual não cuida senão em procurar o recolhimento interior, sem se prender a tal ou tal lugar, nem a esta ou àquela comodidade, porque isso seria estar atado ao sentido; busca, porém, esquecer tudo escolhendo para isso o lugar mais desprovido de objetos e encantos sensíveis, para poder gozar de seu Deus, na solidão de toda criatura. É notável ver algumas pessoas espirituais unicamente preocupadas em compor os seus oratórios e dispor os lugares de oração, segundo os próprios gostos e inclinações. Não se preocupam com o recolhimento interior, que é o mais importante; bem pouco espírito possuem, pois, se o possuíssem, não poderiam achar gosto nesses modos e maneiras; antes, achariam cansaço.

Capítulo XL
Prossegue, encaminhando o espírito ao recolhimento interior nas coisas já ditas.

1. Existem almas que nunca chegam a entrar nas verdadeiras alegrias do espírito, porque jamais suprimem definitivamente o apetite do gozo imoderado dos objetos exteriores e sensíveis. Observem bem essas almas que, se as igrejas e os oratórios materiais são lugares consagrados especialmente à oração, e se a imagem é o objeto que reaviva o fervor, isto não quer dizer que se deva empregar todo o gosto e sabor nesses meios visíveis, esquecendo de orar no templo vivo, isto é, no recolhimento interior. Para chamar nossa atenção para este ponto, o Apóstolo São Paulo disse: "Não sabeis vós que sois templo de Deus, e que o espírito de Deus mora em vós?" (1Cor 3,16). A esta consideração nos convida a palavra, já citada, de Nosso

Senhor à samaritana: "Aos verdadeiros adoradores, em espírito e verdade, é que convém adorar" (Jo 4,24). Muito pouco caso faz Deus de teus oratórios e lugares de oração bem-dispostos e acomodados, se por empregares neles teu gozo e apetite tens menos desnudez interior que a pobreza de espírito na renúncia a tudo que podes possuir.

2. Se queres purificar a vontade do apetite e gozo e vã complacência nos objetos exteriores, elevando-a livremente para Deus na oração, deves ter o cuidado de conservar a consciência pura e de guardar toda a tua vontade para Deus e a tua mente verdadeiramente fixa nele. E, como disse, é preciso escolheres o lugar mais afastado e solitário que puderes encontrar, aplicando então todo o gozo da vontade em invocar e glorificar a Deus. Quanto a essas pequenas satisfações exteriores, não faças caso delas, procurando antes negá-las. A alma, acostumada a saborear a devoção sensível, jamais conseguirá chegar à força do deleite espiritual achado na desnudez do espírito mediante o recolhimento interior.

Capítulo XLI
De alguns danos em que caem as almas entregues ao gozo sensível dos objetos e lugares de devoção.

1. A procura das doçuras sensíveis causa ao espiritual muitos prejuízos, interiores e exteriores. Com efeito, quanto ao espírito, jamais chegará ao recolhimento interior, que consiste em privar-se e esquecer-se de todos os gozos sensíveis, entrando no profundo centro de si mesmo, para aí adquirir com eficácia as virtudes. Quanto ao exterior, o homem encontra o inconveniente de não se acomodar em todos os lugares para orar, não se dispondo a fazê-lo senão naqueles que lhe causam gosto. E assim, muitas vezes, faltará à oração, pois, como se diz vulgarmente, só sabe ler na cartilha da sua aldeia.

2. Além disso, esta tendência natural torna-se causa de grande inconstância, porque a alma é incapaz de permanecer

muito tempo no mesmo lugar e de perseverar no mesmo estado. Vê-la-eis hoje aqui, e amanhã ali; ora se retira em uma ermida, ora em outra; orna um dia um oratório, e no seguinte ornará outro. Pomos nesse número as pessoas inconstantes que passam a existência mudando de estado e de maneira de viver. Como não se sustêm nos exercícios espirituais senão pelo fervor e gozo sensível, jamais fazem sérios esforços para recolher-se no seu interior pela abnegação da vontade e pela paciência em suportar as menores contrariedades. Apenas descobrem um sítio favorável à sua devoção ou um gênero de vida adaptado ao seu gosto e ao seu humor, logo o buscam, abandonando o que anteriormente ocupavam. Mas como foram impelidas por aquele gosto sensível, depressa procuram outra coisa, porque a sensibilidade é por sua natureza inconstante e variável.

Capítulo XLII
Três espécies de lugares devotos. Como a vontade deve proceder a respeito deles.

1. Encontro três espécies de lugares próprios para mover a vontade à devoção. A primeira se acha em certos sítios, certas disposições de terreno que, pela agradável variedade dos seus aspectos, despertam naturalmente a devoção, pondo sob os nossos olhos vales ou montanhas, árvores ou uma pacífica solidão. Esses meios são vantajosos, desde que a vontade imediatamente se transporte para Deus, esquecendo-os; pois, como se sabe, para alcançar o fim não se deve usar do meio mais do que é suficiente. Se alguém procura, com efeito, recrear o apetite e satisfazer os sentidos, experimentará antes secura e distração para o espírito; porque somente o recolhimento interior é capaz de produzir gozo e fruto espiritual.

2. Portanto, chegadas a esses lugares, as pessoas devem esquecê-los, procurando permanecer unidas a Deus no interior. Se ficam presas ao sabor e gosto do sítio, mudando daqui para ali, mais buscam recreação sensitiva e instabilidade de ânimo

do que sossego espiritual. Sabemos como os anacoretas e outros santos eremitas, nos vastíssimos e ameníssimos desertos, escolheram o menor lugar suficiente para habitarem, edificando estreitíssimas celas e covas onde se encerravam. Em uma dessas São Bento viveu três anos. Outro solitário, que foi São Simão, atou-se com uma corda a fim de não transpor os limites fixados por esse laço voluntário; e, assim, grande número de outros, cuja enumeração seria demasiado longa. Esses santos estavam persuadidos de que, se não extinguissem a cobiça e o apetite de achar gosto e sabor espiritual, jamais chegariam a ser espirituais.

3. A segunda espécie é mais particular: são alguns lugares onde Deus se digna conceder a certas pessoas favores espirituais excelentes e muito saborosos. Seja no meio dos desertos ou fora deles, pouco importa. As almas favorecidas por essas graças inclinam-se instintivamente para o lugar onde as receberam, sentindo, muitas vezes, grandes desejos de aí voltar. Todavia, isso não significa que tornem a encontrar as mesmas graças, já uma vez recebidas, pois não dependem de sua própria vontade. Deus concede esses favores quando, como e onde lhe apraz, sem prender-se a lugar, ou tempo, nem ao arbítrio daquele a quem os concede. Se o coração estiver despojado de todo apego, poderá ser-lhe útil ir orar algumas vezes nesses lugares, e isto por três razões. Primeiramente, ainda que Deus não se prenda a um lugar particular, para conceder suas graças, parece desejar receber nesse mesmo lugar os louvores da alma, tendo-lhe ali outorgado os favores. A segunda razão é sentir a alma maior necessidade de testemunhar o seu reconhecimento pelos benefícios recebidos quando se encontra naquele sítio. A terceira razão consiste em despertar-se mais a devoção com a lembrança do que ali recebeu.

4. Por essas razões, o desejo de rever esses lugares é sempre louvável; porém, ainda uma vez, não se deve imaginar que Deus esteja obrigado, por um primeiro benefício, a renovar os seus dons sempre no mesmo lugar, sem poder fazê-lo em

outros; aliás, a própria alma é centro mais conveniente e mais apto para as graças de Deus do que qualquer lugar exterior. Lemos na *Sagrada Escritura* que Abraão erigiu um altar no próprio sítio onde Deus lhe aparecera, e invocou ali seu santo nome. Mais tarde, na sua volta do Egito, o patriarca se deteve no mesmo local para oferecer as suas preces sobre o altar já edificado (Gn 12,8; 13,4). Também Jacó marcou o lugar onde o Senhor a ele se mostrara, no alto da escada misteriosa, colocando uma pedra ungida com óleo (Gn 28,13-18). Agar, em sinal de veneração, deu nome ao lugar onde o anjo lhe aparecera, e com grande estimação por esse mesmo lugar disse: "Eu vi aqui as costas daquele que vê a mim" (Gn 16,13).

5. A terceira espécie refere-se a alguns lugares particulares que o Senhor designou para ali ser invocado e servido. Tais foram o Monte Sinai, onde Deus deu a lei a Moisés (Ex 24,12); a montanha indicada a Abraão para imolar o seu filho (Gn 22,2); e também o Monte Horeb, onde Deus quis manifestar-se a nosso pai Elias (1Rs 19,9).

6. A causa por que Deus escolhe esses lugares, de preferência a outros, para aí ser louvado, só Ele a conhece. Quanto a nós, é suficiente saber que tudo está ordenado para nosso proveito e para serem ouvidas as nossas preces feitas em qualquer lugar, com sincera fé. No entanto, os santuários especialmente dedicados a seu divino serviço oferecem mais segurança às nossas orações, tendo sido consagrados pela Igreja a esse fim.

Capítulo XLIII
De outros meios de que muitas pessoas se servem para orar e que consistem em grande variedade de cerimônias.

1. Os gozos inúteis e a propriedade de imperfeição que muitas pessoas têm nas coisas de devoção, já mencionadas, são ainda um pouco toleráveis por não haver malícia no seu modo de agir. Mas é insuportável o apego manifestado por algumas almas a respeito de certas maneiras de cerimônias introduzidas

por pessoas pouco ilustradas e destituídas de simplicidade na fé. Deixemos agora de lado as práticas que consistem no uso de palavras estranhas ou expressões sem significação, bem como outras coisas profanas que pessoas supersticiosas, de consciência grosseira e suspeita, ordinariamente entremeiam em suas orações. Tudo isso é evidentemente mau e pecaminoso porque, nessas cerimônias, algumas vezes existe pacto oculto com o demônio, provocando a ira de Deus, e não a sua misericórdia; não preciso, portanto, falar aqui sobre isso.

2. Limito-me a tratar de certas cerimônias que, não sendo manifestamente suspeitas, são adotadas em nossos dias por muita gente, com devoção indiscreta. Essas pessoas prestam tanta importância e crédito às minuciosidades que acompanham as suas preces e todos os seus exercícios espirituais que, se o mínimo lhes falta ou sai dos limites daqueles modos e maneiras, logo imaginam tudo perdido, parecendo-lhes que Deus não ouvirá suas orações. A sua confiança, em vez de se apoiar na realidade viva da prece, baseia-se nas cerimônias supérfluas, não sem grande desacato e agravo ao Senhor. Querem, por exemplo, a missa celebrada com certo número de velas, nem mais nem menos, oferecida por este ou aquele sacerdote, em determinado dia, a tal ou tal hora, nem antes nem depois. Tratando-se de outro ato religioso, deve-se executá-lo em época precisa, juntar-lhe tal número de orações, realizá-las de certo modo com cerimônias determinadas, nada podendo ser mudado. Ainda é necessário que a pessoa indicada para esse mister goze de certas prerrogativas ou determinadas qualidades; se, por acaso, vem a faltar uma única circunstância no que está previamente marcado, nada se faz.

3. Mas o pior e intolerável é a pretensão dessas pessoas querendo sentir os efeitos das orações feitas com aquelas cerimônias, ou desejando saber se alcançarão os fins nelas colimados. Proceder deste modo não é menos do que tentar a Deus e injuriá-lo gravemente; e o Senhor, sendo tão ofendido, permite algumas vezes ao demônio enganar essas almas, por

meio de sentimentos a apreensões muito alheias ao proveito espiritual. Elas bem merecem que assim lhes suceda, por causa da propriedade e apego às suas orações, desejando que se faça a sua própria vontade, de preferência ao beneplácito divino. E assim, porque não querem pôr toda a sua confiança em Deus, jamais tirarão proveito com as suas cerimônias.

Capítulo XLIV
Como se deve dirigir para Deus o gozo e a fortaleza da vontade nesses exercícios de devoção.

1. Quanto mais as almas confiam nessas vãs cerimônias, tanto menos confiança põem em Deus, e não alcançarão dele o que desejam. Há alguns que oram mais pelas suas pretensões pessoais do que para honrar a Deus; e, embora persuadidos de estar a realização de suas petições sempre subordinada à vontade divina, o espírito de propriedade e o gozo vão que os animam levam-nos a multiplicar as preces para obter o efeito dos pedidos. Fariam melhor dando outro fim às suas súplicas, ocupando-se em coisas mais importantes, como em purificar deveras a consciência, e ocupar-se, de fato, no negócio de sua salvação eterna. Todas as outras diligências, fora destas, devem ser relegadas a segundo plano. Obtendo de Deus o que é mais essencial, obtém-se igualmente todo o resto, desde que seja para o maior bem da alma, mais depressa e de modo muito melhor do que se fosse empregada toda a força para alcançar essas graças. Assim prometeu o Senhor, dizendo pelo evangelista: "Buscai, pois, primeiramente o Reino de Deus e a sua justiça, e todas estas coisas se vos acrescentarão" (Mt 6,33).

2. Esta é aos olhos divinos a prece mais perfeita; e, para satisfazer as petições íntimas do coração, não há melhor meio do que pôr a força de nossas orações naquilo que mais agrada a Deus. Então, não somente o Senhor nos dará o que lhe pedimos, isto é, as graças necessárias à nossa salvação, mas ainda nos concederá os bens que julgar mais convenientes e melhores às nossas almas, ainda mesmo quando não lhos peçamos.

Davi no-lo faz compreender em um salmo: "Perto está o Senhor de todos os que o invocam; de todos os que o invocam em verdade" (Sl 144,18). Ora, os que o invocam em verdade são precisamente esses que pedem os dons mais elevados ou, em outras palavras, as graças da salvação. Referindo-se a estas, o mesmo Davi acrescenta: "Ele cumprirá a vontade dos que o temem, e atenderá à sua oração, e salvá-los-á. O Senhor guardará a todos os que o amam" (Sl 144,19-20). Esta expressão – "Perto está o Senhor" – significa a sua disposição em ouvir as súplicas e satisfazer naquilo mesmo que nem pensaram em pedir. Lemos a respeito de Salomão que, tendo solicitado uma graça muito do agrado do Senhor, isto é, a sabedoria para governar seu povo seguindo as leis da equidade, ouviu esta resposta: "Pois que a sabedoria agradou mais ao teu coração, e não me pediste riquezas, nem bens, nem glória, nem a morte dos teus inimigos, e nem ainda muitos dias de vida, pois me pediste sabedoria e ciência para poderes governar o meu povo, sobre o qual eu te constituí rei, a sabedoria e a ciência te são dadas e, além disso, dar-te-ei riquezas e bens e glória, de modo que nenhum rei, nem antes de ti nem depois de ti, te seja semelhante" (2Cr 1,11-12). Deus, fiel à sua promessa, fez com que os inimigos de Salomão lhe pagassem tributo, e todos os povos vizinhos vivessem em paz com ele. Semelhante fato lemos no *Gênesis*: Abraão pedira a Deus para multiplicar a posteridade de Isaac, seu legítimo filho. Essa prece foi ouvida pelo Senhor, que prometeu realizá-la, dando a Isaac uma geração tão numerosa quanto as estrelas do firmamento. E acrescentou: "E quanto ao filho da tua escrava, eu o farei também pai de um grande povo, por ser teu sangue" (Gn 21,13).

3. Desse modo, pois, as almas devem dirigir para Deus as forças e o gozo da vontade nas suas orações, não se apoiando em invenções de cerimônias que a Igreja Católica desaprova e das quais não usa. Deixem o sacerdote celebrar a santa missa do modo e da maneira conveniente, segundo a liturgia determinada pela Igreja. Não queiram usar de novidades, como se

tivessem mais luz do que o Espírito Santo e a sua Igreja. Se não são atendidas por Deus em uma forma simples de oração, creiam que muito menos as ouvirá o Senhor por meio de todas as suas múltiplas invenções. De tal modo é a condição de Deus que, se o sabem levar bem e a seu modo, alcançarão dele quanto quiserem, mas, se as almas o invocam por interesse, de nada adianta falar-lhe.

4. Quanto às outras cerimônias de várias orações e devoções ou práticas de piedade, não se deve aplicar a vontade em modos e ritos diferentes dos ensinados por Cristo. Quando os discípulos suplicaram ao Senhor que lhes ensinasse a rezar, Ele, que tão perfeitamente conhecia a vontade do Pai eterno sem a menor dúvida, lhes indicou todo o necessário para o mesmo Pai nos ouvir. Para isso se contentou em ensinar-lhes as sete petições do *Pater Noster*, onde estão incluídas todas as nossas necessidades espirituais e temporais. Não acrescentou a essa instrução outras fórmulas ou cerimônias; longe disso, em outra circunstância, ensinou-lhes o seguinte: "Quando orares, não faças questão de muitas palavras, porque o Pai celeste bem sabe tudo quanto convém a seus filhos" (Mt 6,7-8). Só lhes recomendou, com insistência, que perseverassem na oração, isto é, nessa mesma oração do *Pater Noster*. E noutra passagem, diz: "É preciso orar sempre, e não cessar de o fazer" (Lc 18,1). Mas não ensinou grande variedade de petições, senão que repetissem muitas vezes com fervor e cuidado aquelas da oração dominical que encerram tudo o que é a vontade de Deus, e consequentemente tudo o que nos convém. Quando, no horto de Getsêmani, Nosso Senhor recorreu por três vezes ao Pai eterno, repetiu de cada vez as mesmas palavras, como referem os evangelistas: "Meu Pai, se é possível, passe de mim este cálice; todavia, não se faça nisto a minha vontade, mas sim a tua" (Mt 26,39). Quanto às cerimônias que nos ensinou para a oração, são apenas de dois modos: seja no segredo de nosso aposento, onde, afastados do tumulto e de qualquer olhar humano, podemos orar com o coração mais puro e desprendido, confor-

me aquelas palavras do evangelho: "Mas tu, quando orares, entra no teu aposento e, fechada a porta, ora a teu Pai ocultamente" (Mt 6,6), retirando-nos a orar nos desertos solitários, como Ele próprio fazia nas horas melhores e mais silenciosas da noite. Dessa forma, não será preciso assinalar tempo limitado às nossas orações, nem dias marcados, preferindo uns aos outros, para nossos exercícios devotos; não haverá também razão para usar de modos singulares expressões estranhas em nossas preces. Sigamos em tudo a orientação da Igreja, conformando-nos ao que ela usa, porque todas as orações se resumem nas mencionadas petições do *Pater Noster*.

5. Não quero condenar algumas pessoas que escolhem certos dias para as suas devoções, ou para jejuar e fazer outras coisas semelhantes; pelo contrário, antes aprovo essas práticas devotas. Merece repreensão somente o modo e as cerimônias com que as fazem, pondo limites e formalidades nessas devoções. Foi isso que reprovou Judite aos habitantes de Betúlia, quando os censurou por terem fixado a Deus o tempo em que esperavam receber o efeito da sua misericórdia; e assim lhes disse: "E quem sois vós para limitar o tempo da misericórdia de Deus? Não é esse o meio de atrair a sua misericórdia, mas, antes, de excitar a sua cólera" (Jt 8,11-12).

Capítulo XLV
Trata do segundo gênero de bens espirituais distintos, em que a vontade pode comprazer-se vãmente.

1. Há uma segunda espécie de bens distintos agradáveis, nos quais a vontade pode achar gozo inútil. São os que provocam ou persuadem a servir o Senhor, e por isso os chamamos "provocativos": referimo-nos aos pregadores. Podemos considerá-los sob duplo aspecto; isto é, no que diz respeito aos mesmos pregadores e no que se relaciona com os ouvintes. A uns e outros há muito que advertir, indicando-lhes o modo de orientar para Deus o gozo da vontade nos sermões.

2. Em primeiro lugar, se o pregador quer ser útil ao povo e não se expor ao perigo de vaidosa complacência em si mesmo, é bom lembrar-lhe que a pregação é um exercício mais espiritual do que vocal. Sem nenhuma dúvida, a palavra exterior é o meio indispensável; todavia, a sua força e eficácia dependem inteiramente do espírito interior. Por sublime que seja a retórica e a doutrina daquele que prega, por elevado que seja o estilo com o qual apresenta os seus pensamentos, o fruto será proporcional, ordinariamente, ao espírito que o anima. Embora a Palavra de Deus seja em si mesma eficaz, e Davi pôde dizer que "o Senhor emite sua voz, voz poderosa" (Sl 67,34), todavia, o fogo também tem a virtude de queimar e, no entanto, não inflama um objeto ao qual falte a disposição necessária.

3. Ora, para assegurar os frutos da doutrina, ou da Palavra de Deus, duas disposições são requeridas: uma no pregador e outra no ouvinte. Habitualmente, o resultado do sermão depende da disposição do que prega. Diz-se com razão: tal mestre, tal discípulo. Lemos nos Atos dos Apóstolos que os sete filhos daquele príncipe dos sacerdotes dos judeus tinham o costume de esconjurar os demônios com a mesma fórmula de que se servia São Paulo; um desses malignos espíritos se pôs em furor contra eles e gritou-lhes: "Eu conheço a Jesus, e sei quem é Paulo, mas vós quem sois?", e, apoderando-se deles, arrancou-lhes as roupas e os deixou feridos (At 19,15). Assim aconteceu porque esses homens não possuíam as disposições necessárias para semelhante missão, e não porque Cristo proibisse que os demônios fossem expulsos em seu nome. Uma vez, os apóstolos, vendo um homem, que não pertencia ao número dos discípulos, expulsar o demônio em nome de Cristo, quiseram opor-se a ele; logo o Senhor os repreendeu, dizendo: "Não o estorveis, porque não existe ninguém que, tendo em meu nome feito um milagre, possa no mesmo instante se pôr a falar mal de mim" (Mc 9,38). Deus tem ojeriza dos que, ensinando a sua lei, não a guardam, e, pregando o bem, não o praticam. A esse respeito, São Paulo exclama: "Tu, pois, que a outro

ensinas, não te ensinas a ti mesmo? Tu que pregas que se não deve furtar, furtas?" (Rm 2,21). E o Espírito Santo, pela voz de Davi, diz ao pecador: "Por que falas tu dos meus mandamentos e tomas o meu testamento na tua boca? Posto que tu tens aborrecido a disciplina e postergaste as minhas palavras" (Sl 49,16-17). Faz-nos compreender, por aí, que o Senhor recusará a tais homens o espírito necessário para produzir fruto nas almas.

4. Ordinariamente estamos vendo: quanto mais a vida do pregador é santa e perfeita, mais a sua palavra é fecunda, produzindo maior fruto nos ouvintes, mesmo sendo vulgar o seu estilo, diminuta a sua retórica e comum a sua doutrina, porque do espírito vivo se lhe comunica o calor. E o outro, de vida imperfeita, pouco proveito fará nas almas, não obstante a sublimidade do estilo e a elevação da doutrina. Certamente o bom estilo e modo de pregar, a doutrina elevada, são de natureza a impressionar os ouvintes, produzindo ótimos resultados, quando tudo isso vem acompanhado de bom espírito; porém, sem esse espírito interior, embora possam ter certo gozo, e a inteligência ficar satisfeita, a vontade receberá pouco ou mesmo nada desses sermões. E assim costuma permanecer frouxa e remissa para agir, como estava antes, apesar das mais belas palavras maravilhosamente ditas pelo orador. Não servem essas frases senão para encantar os ouvidos, como um concerto musical ou o som harmonioso dos sinos. Mas o espírito, como digo, não sai dos seus limites mais do que antes, porque não tem a voz do pregador virtude para ressuscitar o morto, tirando-o de sua sepultura.

5. Pouco importa ouvir uma música soar melhor do que outra, se não me move mais do que a primeira a praticar obras. Porque, embora tenham dito maravilhas, logo se esquecem, pois não pegarão fogo à vontade. Porque, além de não produzirem de si mesmo muito fruto, aquela presa que o sentido faz no gosto da tal doutrina impede que passe ao espírito, ficando-se só na estima do modo e dos acidentes com que é dita, louvando o pregador nisto e naquilo, e seguindo-o por esse motivo mais

do que pela emenda que daí se tira. São Paulo dá muito bem a entender esta doutrina aos coríntios, dizendo: "Eu, irmãos, quando vim ter convosco, não vim pregando a Cristo, com sublimidade de doutrina e de sabedoria; e as minhas palavras e a minha pregação não eram em retórica de humana sabedoria, mas na manifestação do espírito e da verdade" (1Cor 2,1-4).

6. Porque, embora a intenção do Apóstolo e a minha não seja condenar o bom estilo e a retórica, nem o bom termo, pois muito importam ao pregador, como, aliás, a todos os negócios; porque o bom termo e estilo até as coisas caídas e estragadas levanta e reedifica, assim como o mau termo às boas estraga e perde...[19].

---

19. Como se vê, São João da Cruz deixou incompleto este tratado. Todos os manuscritos existentes terminam com esta frase.

Conecte-se conosco:

- **f** facebook.com/editoravozes
- **◉** @editoravozes
- **𝕏** @editora_vozes
- **▶** youtube.com/editoravozes
- **☎** +55 24 2233-9033

www.vozes.com.br

Conheça nossas lojas:

www.livrariavozes.com.br

Belo Horizonte – Brasília – Campinas – Cuiabá – Curitiba
Fortaleza – Juiz de Fora – Petrópolis – Recife – São Paulo

EDITORA VOZES LTDA.
Rua Frei Luís, 100 – Centro – Cep 25689-900 – Petrópolis, RJ
Tel.: (24) 2233-9000 – E-mail: vendas@vozes.com.br